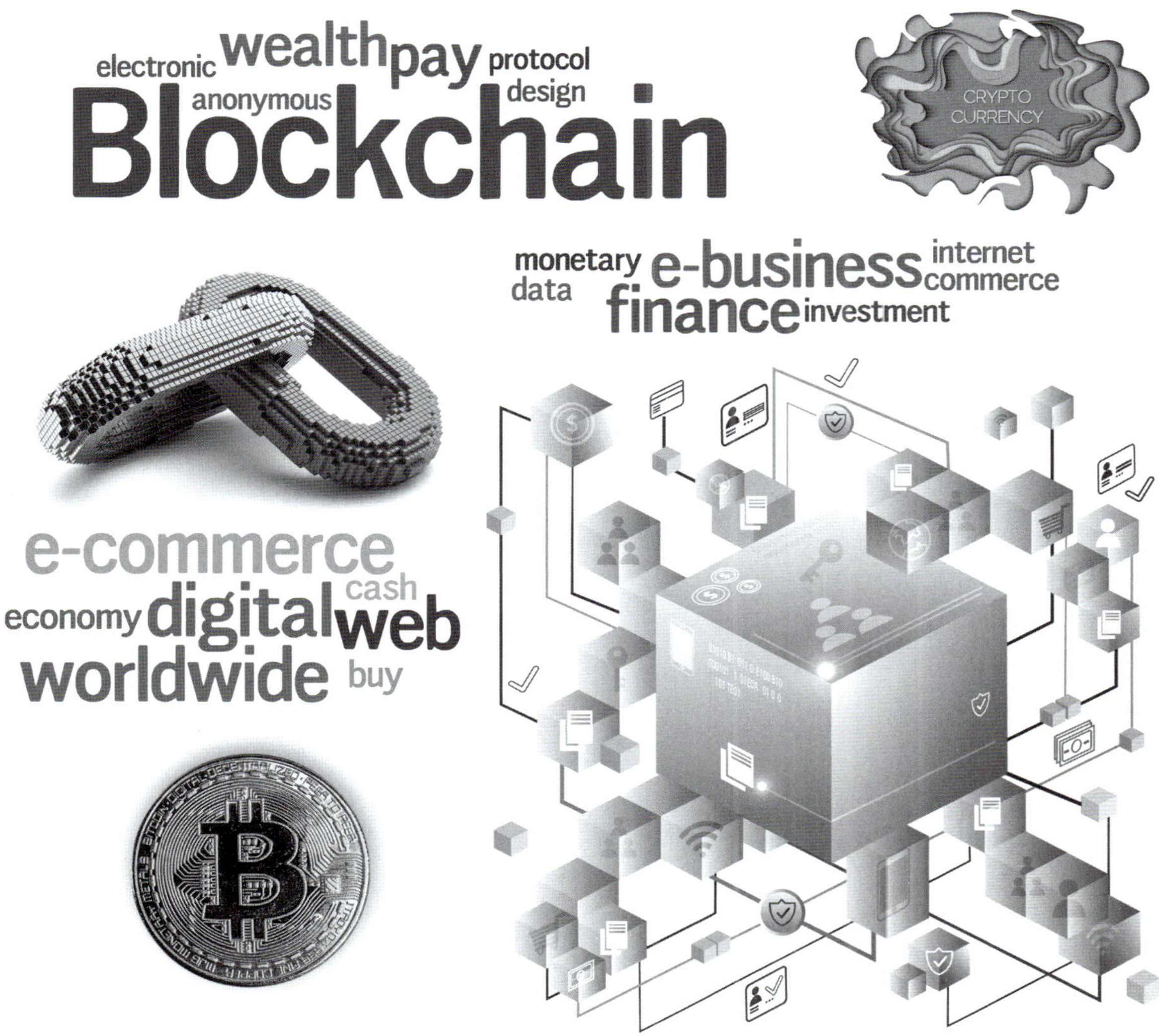

아이디어 창출을 위한

블록체인 기술과 활용의 이해

유순덕 지음

홍릉과학출판사

저자 약력

유순덕(koreasally@gmail.com)

- 현재 한세대학교 국제경영학과 교수
- 전자금융(2015), 전자금융 넌 도대체 누구?(2017), ICDL 디지털 마케팅(2018)의 저자임
- 빅데이터, 핀테크, 블록체인, 창업 기술 등 관련 분야에서 활동 중

아이디어 창출을 위한

블록체인 기술과 활용의 이해

인　쇄 : 2019년 5월 13일 초판
발　행 : 2019년 5월 21일 초판
저　자 : 유순덕

발행인 : 송 준
발행처 : 홍릉과학출판사
주　소 : 서울시 강북구 인수봉로 50길 10
등　록 : 1976년 10월 21일 제5-66호

전　화 : 02-999-2274~5
팩　스 : 02-905-6729

http://www.hongpub.co.kr
hongpub@hongpub.co.kr

ISBN : 979-11-5600-671-8(93000)

정　가 : 18,000원

머리말

지금 이 시간에도 지구 어디에선가 새로운 기술들이 만들어지고 이를 통해 우리의 삶은 변화하고 있다. 그러나 우리는 이 변화를 직접 깨닫기까지는 많은 시간을 필요로 한다. 4차 산업혁명으로 인해 우리의 삶이 변화하고 있다고 하지만 정작 우리는 크게 느끼지 못한다. 그러나 2000년 초반 인터넷 발달 시기, 2007년 스마트폰 등장을 바라보면, 우리의 삶이 그 이전과 대비하여 얼마나 변화 했는지를 알 수 있다.

2007년 이전 휴대전화를 사용하던 시절에는 인터넷을 이동 중에 언제 어디서나 접할 수 없었지만 스마트폰으로 인해 모든 정보를 이동하면서 실시만으로 접하는 환경은 정보의 민주주의 시대를 열었다. 이로 인해 우리가 이전에 생각하지 못했던 새로운 직업이 생성되고 있으며 대표적인 사례로 1인 크리에이터 등장을 들 수 있다. 특정 집단의 전유물인 정보의 생산을 개개인이 직접 생산할 수 있고 잘못된 정보의 생산도 증가했지만 오류 정보의 정정도 많은 사람이 참여하게 되면 순식간에 이루어지는 환경이다.

본 교재에서 설명하는 블록체인 기술도 이런 환경 변화를 가속하는 주요 동력이 되고 있다. 기존의 정보는 특정 집단이 중앙서버 시스템에서 보관하고 관리하는 체계를 가지고 있으며 이로 인해 등장하는 정보의 의도적인 변경 등으로 신뢰성 문제가 발생했다. 그러나 블록체인 기술은 중앙서버에서 관리하던 정보를 개개인들이 각자 보관함으로 인해 보관된 정보의 변경 등이 거의 불가능하고 투명하게 관리되는 정보 운용의 민주주의가 도래했다.

이 기술은 중앙은행이 통제 관리하는 화폐 시스템과는 정반대 구조로서, 개개인이 직접 화폐를 발행하고 관리하는 직접금융시장을 비트코인 등을 통해 시장 경제에 적용하여 그 가치를 인정 받았다. 이 변화는 경제의 근본인 금융시장에 적용했다는 것에 큰 의의를 가지고 미래에는 모든 정보가 개개인들이 보관 관리함으로써 운영의 투명성을 확보하고 특정 정보의 독과점 현상을 제거할 수 있다는 것에 중요한 의의를 가진다.

이 변화 속에서 그럼 과연 우리는 무엇을 해야 하는가? 라는 숙제가 남는다. 우리는 새롭게 등장하는 기술들에 대해 정확히 알고 이를 활용하여 우리가 할 일을 찾고 또 새로운 아이디어를 접목하여 새로운 서비스를 발굴해야 한다. 스마트폰 발달에 따라 기존에는 상상하지 못했던 카카오톡 같은 새로운 서비스 발굴로 우리의 삶이 얼마나 변화 했는지 여러분들은 알고 있다. 이러한 새로운 서비스의 발굴을 통해 새로운 일자리가 창출되고, 그 분야에서 여러분들이 기여할 수 있게 되며 세상은 또 다른 기술을 탄생시킴으로서 지속적으로 세상을 변화 시킬 수 있다.

본 교재는 블록체인 기술에 대해 본질적인 이해와 시장 경제에 대한 영향성을 학습을 통해 습득시키고 이를 여러분들이 어떻게 적용할 것인가에 대한 고민을 통해 새로운 아이디어를 창출할 수 있는 동기 부여가 되었으면 한다. 또한 4차 산업혁명 등 거대한 시장의 흐름과 변화를 읽어내고 이해하는데 도움이 되었으면 한다.

누군가에게는 새로운 것을 배우는 것은 당연한 일이지만 생계를 유지하기 위해 매일 끼니를 적정해야 했던 시절에 새로운 것을 배운다는 것이 소원이었다는 어머니가 있었고, 시대를 잘 타고 태어난 현재의 그 자녀인 저자는 배움의 즐거움을 누리고 산다. 이 환경을 만들어준 부모님을 비롯한 동료교수, 한세대학교, 더 나아가서는 대한민국이라는 국가에 감사하다.

강의 계획표

주	해당 장	주제
1	1장	4차 산업혁명
2	2장	비즈니스 모델
3	3장	블록체인
4	4장	블록체인 기반 비즈니스 모델
5	5장	기술 표준화를 위한 컨소시엄
6	6장	암호화폐
7	7장	ICO
8	중간고사	
9	8장	ICO의 참여
10	9장	암호와 보안의 기초
11	10장	블록체인 기술 이해
12	11장	블록체인과 보안
13	12장	합의 알고리즘
14	13장	블록체인 플랫폼
15	14장, 15장	토큰 경제, 블록체인이 가져올 산업변화 전망
16	기말고사	

차례

PART I 블록체인의 이해

PART II 블록체인의 활용

PART III 블록체인 기술

PART IV 블록체인 기반 환경변화

PART

I

블록체인의 이해

CHAPTER 01

4차 산업혁명

1. 산업혁명

산업혁명이라는 용어는 역사학자 아놀드 토인비가 최초로 Lectures on the Industrial Revolution of the Eighteenth Century in England라는 책에서 사용한 것으로 알려져 왔다. 역사적 흐름을 통해 조명하면, 산업혁명은 기계나 기술의 발명으로 갑자기 발생된 것이 아니라 이미 수백 년 간 지속적으로 쌓여온 기술과 사회적 조건이 모여 어떤 시점으로 경제·사회적으로 급속도의 변화가 일어난 현상이다. 산업혁명이란 전 세계에 빠른 변화를 가져다 준 혁명을 말하며, 인류 역사 중에서 근대의 시작이 되는 사건으로 보고 있으며, 본격적으로 과학 기술이 개발되기 시작한 시기를 말한다. 인류는 각 시대마다 겪은 성장의 정체를 산업혁명이라는 기술 혁신을 통해 극복 하였으며, 그러한 기술을 토대로 경제·사회에 대한 혁신적인 변화를 가져오는데 성공했다.

1차 산업혁명은 가내 수공업 중심의 생산 방식이 공장 생산체계로 변화된 기계혁명으로 주로 유럽과 미국에서 18세기부터 19세기에 걸쳐 발생 하였다. 대표적인 것으로 1784년에 제임스 와트의 수력 증기기관을 활용하여 철도, 면사 방적기 등을 개발한 것과 같은 기계적 혁명을 예로 들 수 있다. 이로 인해서, 사람의 수작업 대신에 기계를 이용해 제품을 대량 생산하는 방법이 사용되었고, 증기 기관차는 물류 활동을 활발하게 할 수 있도록 도움을 주었다.

2차 산업혁명은 1870년에서 1914년 사이에 발생한 것으로, 석유와 전기 에너지를 이용하여 대량 생산 체계를 구축 하였다. 2차 산업혁명은 1차 산업혁명의 연장선으로 볼 수 있으며, 공장에 전력이 공급되고 컨베이어 벨트를 이용한 대량 생산 환경이 도입 되었다. 대표적 사례는 미국의 자동차 회사 포드의 'T형 포드'와 같이 컨베이어 벨트와 전기를 통한 대량 생산 체계의 구축을 들 수 있다. 발전기와 전동기가 발명되면서 석탄의 생산지로부터 멀리 떨어져 있는 곳에도 전기를 쉽게 공급 받아 공장을 가동할 수 있게 되었고 기계화와 분업에 기초한 대량생산 시스템이 확산 되었다. 이에 따라 사람들은 더욱 질 좋고 저렴해진 재화를 풍부하게 공급 받을 수 있게 되었으며, 또한 자동차, 유선전화, 텔레비전이 개발되어 개인 간의 연결성을 증대시켰다.

3차 산업혁명은 1980년대에 시작 되었으며, 아날로그 전자 및 기계장치에서 디지털 기술의 사용을 의미한다. 3차 산업혁명을 통해서 디지털 기술의 사용을 기반으로 자동화와 정보화를 실현하고 정신노동의 일부를 기계로 대체하면서 지식 서비스 산업의 기반을 조성하였다. 컴퓨터를 이용한 자동화 시스템을 통해 대량생산이 가능해지고 이로 인해서, 업무용 메인프레임 컴퓨터, 개인용 컴퓨터, 인터넷 등을 통한 정보화 기술 시대가 도래 하게 되었다.

4차 산업혁명은 3차 산업혁명 기반인 물리학, 디지털, 생물학 등의 경계가 없어지고 여러 분야의 기술이 새롭게 '융합' 되어 기술 혁신이 발생하는 것을 말한다.

산업혁명은 최초 18세기 부터 오늘날까지 여전히 지속되고 있으며, 수백 년에 거친 각 시기의 산업혁명의 특징을 정리하면 다음과 같다. 제1차(18C)는 수력, 증기기관, 기계식 생산 설비를 위한 동력 기술을 이용하고 제2차(19~20C)는 노동 분업을 통한 대량생산 체계 확보를 위한 자동화에 중점을 두었다. 제3차(20C 후반)는 인터넷, 통신망 발달에 따른 디지털 혁명으로 산업간 융합이 이루어지는 단계를 거치고 있다. 제4차(21C~)는 3차 산업혁명을 기반으로, 융합 사이버 물리시스템의 발달을 통해 디지털과 바이오산업, 물리학 등의 경계를 융합하는 기술혁명이다.

[표 1-1] 각 산업혁명의 특징

구분		특징
제1차 (18C)	• 동력 – 수력 및 증기기관 – 기계식 생산설비	• 개별적인 기술혁신이 상호연관을 맺으면서 서로를 강화 • 농업 중심의 경제에서 공업 중심의 경제로 전환
제2차 (19~20C)	• 자동화 – 노동 분업, 전기 – 대량생산	• 오늘날의 많은 기술시스템이 2차 산업혁명을 매개로 출현 • 인류의 일상생활이 기술에 크게 의존하는 단계로 진입 • 과학이 기술 혁신에 활용되기 시작
제3차 (20C 후반)	• 디지털 – 전자기기, IT – 자동화 생산	• 다른 분야의 기술이 결합 혹은 융합되는 현상이 가시화 • 과학기술이란 용어가 사용될 정도로 과학과 기술이 밀접한 관계 형성 • 첨단기술을 매개로 광범위한 사회적 문제가 잇달아 등장 • 벤처기업이 중요한 혁신 주체로 등장 • 서비스 산업의 급속히 확대 • 세계 경제의 글로벌화가 진전
제4차 (2015~)	• 융합 사이버물리시스템 (Cyber-physical system)	• 3차 산업혁명을 기반으로한 디지털과 바이오산업, 물리학 등의 경계를 융합하는 기술혁명

2. 4차 산업혁명

1차 산업혁명은 동력의 발전, 2차 산업혁명은 자동화의 도입, 3차 산업혁명은 디지털 시대의 진입으로 인해 산업혁명이 시작 되었다. 현재 이러한 3차 산업혁명을 기반으로 각 관련 기술들이 융합하여 새로운 기술 혁명을 제공하고 있으며, 이를 4차 산업혁명이라고 부르게 되었다.

4차 산업혁명은 스위스 다보스에서 열리게 되었던 세계경제포럼(WEF : World Economy Forum)에서 처음 언급된 개념이다. 세계 경제포럼에서는 '4차 산업혁명'을 '3차 산업혁명을 기반으로 한 물리학과 바이오산업, 디지털 등의 경계를 융합하는 혁신적인 기술혁명'이라고 정의하고 있다.

4차 산업혁명은 영향력, 속도, 범위 등의 측면에서 3차 산업혁명과는 달리, 인류가 한 번도 경험하지 못했던 새로운 서비스를 접하게 되어 파괴적 기술에 의한 산업구조의 재편, 전반적인 시스템의 변화 및 새로운 서비스 등장, 혁신적인 기술 진보 등이 4차 산업혁명의 주요 특성으로 제시되고 있다.

4차 산업혁명은 기술 및 학문의 경계가 없어지고 여러 분야의 기술이 융합됨으로써 나타난 새로운 기술 혁신의 시대이며 4차 산업혁명의 핵심 키워드는 바로 연결과 융합이다. 정보통신기술의 발달로 전 세계적인 소통이 가능해지고 개별적으로 발달한 각종 기술의 원활한 융합이 가능해지고 있다. 정보통신기술과 바이오산업, 제조업 등 여러 다양한 산업 분야에서 이뤄지는 연결과 융합은 새로운 부가가치를 창출해 내고, 모든 것이 상호 연결되고 지능화된 사회로 변화하고 있다.

4차 산업혁명은 인공지능(AI), 사물인터넷(IoT), 빅데이터(Big data) 등과 같은 정보통신 기반의 파괴적인 영향력을 가진 기술들이 등장하고 그 활용성이 무한대로 확대되면서 경제·사회 전반에 혁신적 변화를 촉발하는 현상이다. 4차 산업혁명은 현재 일부 산업 현장에서 진행되고 있는 제조와 인공지능, 빅데이터의 결합이 기술 측면에서 혁명적인 경쟁력 향상을 가져올 것이라는 의미에서 붙여진 명칭이다.

4차 산업혁명을 이끌고 있는 주요 기술은 사물 인터넷(IoT : Internet of things), 사이버물리 시스템, 빅데이터, 인공지능, 블록체인 등이 있다. IoT는 사물 인터넷으로서 사물들에 부착된 센서가 인터넷망을 통해 다양한 정보를 실시간으로 제공하는 환경을 말하며, 이렇게 수집된 정보를 분석하여 궁극적으로 인간의 활동을 지원하는 자동화된 서비스로 제공된다. 사이버물리 시스템은 물리적인 시스템들이 가상공간 서비스와 결합하여 제조사업, 운송 시스템 등 다양한 오프라인 인프라와 결합되어 제공되는 환경을 말한다.

IoT 등 새롭게 등장하고 있는 서비스뿐만 아니라 기존에 보유하고 있는 시스템 등을 통해 수집되는 정보를 분석해 새로운 가치를 창출할 수 있는 인프라 서비스를 제공하는 것이 빅데이터이다. 이 기술은 수많이 모아진 데이터를 기반으로 인간처럼 생각하고 판단할 수 있게 하는 알고리즘 기술 발달에 힘입어 알파고와 같은 인공지능 시스팀을 시장에 제공하고 있다.

블록체인은 우리의 생활 속에서도 등장하고 있는 데이터를 보관하는 방법을 중앙 집중식이 아닌 분산 장부 형태로 보관 관리하는 기술로서 다양한 산업에서 안고 있던 보안의 취약성, 운영 및 관리 비용의 과다 지출 등을 해결하는 방안으로 제시되고 있다.

융합, 초연결성 등으로 대변되는 오늘날의 4차 산업혁명 시대에서는, 기술 발전과 융합의 속도가 더욱 가속화 되면서 생산성을 높이고 생산·유통 비용을 낮춤으로써 시민들의 소득수준과 삶의 질을 향상시켜 줄 것이라고 기대된다. 4차 산업혁명은 기존의 제조·생산 시스템에 소비자의 요구를 반영하고 융합해서 새로운 부가가치를 창출하는 것이라고 할 수 있다.

3. 4차 산업혁명 특징

기존의 산업혁명의 역사를 살펴보면, 산업혁명이 성립하기 위한 조건은 다음과 같다. (1) 해당 산업혁명을 선도하는 핵심 기술이 분명히 존재해야 하고, (2) 핵심 기술은 다른 기술혁신과 연결되면서 포괄적인 연쇄효과를 유발해야 하며, (3) 해당 산업혁명으로 인한 경제적 구조의 변화가 이전의 시기와 구분되어야 하고, (4) 사회 문화적 차원에서도 이전의 시기와 구분되는 변화가 있어야 한다.

4차 산업혁명의 특징을 속도, 범위, 시스템의 영향으로 분류하여 설명하면 다음과 같다.

[표 1-2] 4차 산업혁명의 주요 특징들

구분	내용
속도(Velocity)	인류가 느껴보지 못한 빠른 속도의 혁신적인 기술 진보
범위(Scope)	전 산업 분야에서 파괴적인 기술의 영향력에 의해 대대적으로 재편
시스템의 영향 (System Impact)	관리, 생산, 지배구조 등을 포함하여 관련 시스템의 큰 변화가 예상

4차 산업혁명은 초연결성(Hyper-Connected), 초지능화(Hyper- Intelligent)로 융합되는 특성을 가지고 있으며, 이를 통해 모든 것이 상호 연결되고, 보다 지능화된 사회로 변화가 예상된다.

사회는 이미 초연결 사회로 진입하고 있으며, 사물인터넷(IoT)과 클라우드 등의 정보통신 기술(ICT)의 급진적인 발전과 확산은 사물과 사물, 인간과 인간, 인간과 사물 간의 연결성을 기하 급수적으로 확장시키고 있다. 2020년까지 인터넷 플랫폼 가입자가 30억 명에 이를 것이며, 500억 개의 스마트 디바이스로 인해 상호간 네트워킹이 현재보다 훨씬 더 강화될 것이라는 전망은 초연결 사회로의 진입을 우리에게 암시하고 있다. 사물인터넷, 빅데이터, 인공지능, 로봇공학, 3D 프린팅, AR/VR 등이 4차 산업혁명의 핵심 원동력으로 등장하고 있다.

[표 1-3] 분야별 특징

구분	초연결성	초지능성	예측 가능성
분야	사물인터넷(IoT), 클라우드, 정보통신기술(ICT)	인공지능(A.I), 빅데이터	딥 러닝(Deep Learning)
내용	사람과 사물, 사물과 사물이 인터넷 통신망으로 연결	초연결성으로 비롯된 막대한 데이터를 분석하여 일정한 패턴 파악	분석 결과를 토대로 인간의 행동을 예측

4. 기존 산업혁명과의 차이점

기술 융합의 산물로 등장하는 4차 산업혁명은 다음과 같은 측면에서 이전의 산업혁명들과 차이점을 가진다.

[표 1-4] 기존 산업혁명과 4차 산업혁명의 차이점

기존의 산업혁명(1 · 2 · 3차)	4차 산업혁명
기계가 인간의 육체노동을 대체	기계가 인간의 지적 능력까지 대체
사람–사람 간의 연결성 강화	사람–사물, 사물–사물 간 연결성 강화
실제 공간을 중심으로 한 변화	실제공간이 가상공간과 결합하여 변화

출처: 현대경제연구원, 4차 산업혁명의 등장과 시사점

운영적 측면에서 살펴보면, 조직구조, 구성원, 조직운영, 노동형태 부분에서 이전 산업혁명과는 다른 양상을 가진다.

[표 1-5] 운영적 측면에서의 차이점

구분	기존 산업혁명(1 · 2 · 3차)	4차 산업혁명
조직구조	중앙집권화	분권화
구성원	통일성/타율성	다양성/자율성
조직운영	수직적 지배와 통제	수평적 연대와 보충
노동형태	단순한 노동 → 복잡한 노동	노동의 단순화/종말

출처 : 블록체인 : 4차 산업혁명의 핵심 기술, 이인호(2017)

4차 산업혁명 기술을 통해 융합 생산성을 높이고, 유통 및 생산 비용을 낮춰 소득의 증가와 삶의 질 향상이라는 긍정적인 효과를 기대할 수 있다. 그러나 4차 산업혁명으로 사회적 불평등, 그리고 빈부 격차뿐만 아니라 기계가 노동자를 대체하면서 우려되는 노동시장의 붕괴와 같은 부정적인 요소들이 등장할 수 있는 가능성이 있다. 미래의 노동 시장은 '고기술/고임금'과 '저기술/저임금'간의 격차가 과거보다 커질뿐만 아니라 일자리 양분으로 인해 중산층의 지위가 훨씬 축소될 가능성이 크다. 따라서 4차 산업혁명에 따른 미래의 전반적인 고용문제와 필요한 직무역량의 변화에 대해 개인 및 기업, 정부의 선제적 대응책 마련이 필요하다.

시민들을 대상으로 한 정부의 평생학습을 위한 재훈련 교육시스템의 인프라를 구축하고 기업 또한 적극적인 교육 훈련기회 제공과 투자 확대뿐만 아니라 근로자의 적극적인 참여가 이루어져야 한다.

5. 4차 산업혁명의 주요기술

최근 기술 변화는 모바일과 인터넷을 중심으로 활발히 진행 중이며, 그 과정에서 유무선 통합, 방송과 통신의 융합, 더 나아가 사람과 사물의 연결이 가능한 지능형 기술로 발전·변화하고 있다. 또한 정보 활용 플랫폼도 PC 중심에서 모바일, 더 나아가 TV, 냉장고, 자동차와 같은 일상생활과 밀접한 관련이 있는 기기에 확산되고 있다.

최근 정보화가 진행되는 모든 과정에서 오랜 시간 동안 축적된 각종 데이터를 활용·분석하는 빅데이터 관련 기술, 사람과 사물, 사물과 사물까지 연결하는 사물인터넷(IoT) 기술, 시공간의 제약을 극복하고 효율적인 방법으로 원하는 서비스를 제공하는 클라우드 기술, 산업화에 혁명을 가져올 수 있는 3D 프린팅 기술 등이 4차 산업혁명 기술이 폭넓게 활용 및 확산되고 있다. 또한, 금융, 관광, 의료, 에너지 등 경제사회 거의 모든 분야와 정보가 연계되어 우리의 삶에 긴밀히 영향을 미치고 있으며, 앞으로도 4차 산업혁명 기반 ICT(Information Communication Techology) 기술 및 서비스가 지속적으로 개발되어 새로운 경제 사회적 가치창출이 활발해 질 것으로 보여진다.

4차 산업혁명을 이끌고 있는 주요 기술을 살펴보면, 블록체인, 빅데이터, 인공지능, 사물인터넷, 로봇공학, 양자암호, 나노기술, 3D프린팅 등이 부상하며, 이들 주요기술이 융합되어서 새로운 기술을 창출할 것이다. 다음은 4차 산업혁명의 주요 기술을 살펴보았다.

블록체인(Blockchain) 기술은 당사자 간 거래정보를 네트워크에 참여하는 모든 구성원이 공동으로 보관하는 분산 장부(Distributed ledger) 기술로서 기존의 중앙집중식 운영 모델로 발생하는 보안 허술, 많은 관리비용 등의 문제점을 해결하는 대안으로 제시되고 있다.

빅데이터(Bigdata)란 기존 데이터베이스 관리 도구의 능력을 넘어서는, 대량의 정형 또는 데이터베이스 형태가 아닌 비정형의 데이터의 집합을 포함한 데이터로부터 패턴을 분석하고 가치를 추출하는 기술이다. 빅데이터 분석은 인공지능을 중심으로 한 소프트웨어와 방대한 데이터를 처리하는 빅데이터 기술로서 빅 데이터 기반으로 통계분석을 하기 위해서는 많은 양의 데이터가 필요하다.

인공지능(AI : Artificial Intelligence)이란 기계로부터 만들어진 지능을 말하며 컴퓨터 공학에서 이상적인 지능을 갖춘 존재, 혹은 시스템에 의해 만들어진 지능을 말한다. 인공지능은 작게는 장치가 더 똑똑해지고 완성도가 높아져서 나의 생활 패턴을 이해하며, 스스로 알아서 동작하는 약한 인공지능부터, 생태계 전체의 생활 및 환경으로 부터 최적의 해법을 제시하는 높은 범용성을 지닌 강한 인공지능으로 나뉜다. 이러한 기술을 이용하여 인간의 생산성을 최대한으로 올려주는 도구이다.

사물인터넷(IoT : Internet of Things)은 각종 사물에 센서와 통신 기능을 내장하여 인터넷에 연결하는 기술로서, 무선 통신을 통해 각종 사물을 연결하는 기술이다. 사물인터넷 환경은 사물들에 부착된 센서가 인터넷망을 통해 다양한 정보를 실시간으로 제공하는 환경을 말하며, 이렇게 수집된 정보를 분석하여 궁극적으로 인간의 활동을 지원하는 자동화된 서비스로 제공된다.

사물 인터넷은 실생활에 해당하는 모든 정보를 온라인으로 넘기는 O2O를 통해, 인공지능을 이용한 최적의 해법을 제시하고, 시행하게 하여 생산성을 최대한 올릴 수 있도록 만들어주는 도구이다. 병원의 경우 모든 행동이나 사물을 인터넷에 연결한 두, 최적화를 한다면 기다리는 시간을 훨씬 줄일 수 있다. 따라서 환자도 빠른 서비스를 받아서 좋고, 병원도 생산성이 올라갈 수 있게 된다. 넓은 범위의 네트워크 상에서 개별 사물의 신원을 확인하기 위해서 개별 사물에 IP 주소를 부여한다. 네트워크 구축으로 사물들은 스스로가 취합한 정보를 필요에 따라 다른 사물과 교환하는 방식으로 새로운 정보를 창출한다. 감각 부여(센서 부착)로 이불의 경우 습도센서와 감압센서를 통해 사용자가 수면 중 몇 번이나 뒤척였는지, 어느 정도의 땀을 흘렸는지 등을 측정 할 수 있다. 대표적으로 언급되는 무인운송수단 기술은 인간이 운전을 직접 하지 않고 그 사이에 다른 일들을 더 할 수 있으며, 안전하게 이동할 수 있어서 생산성이 향상될 수 있다.

로봇공학은 로봇에 관한 공학 기술적 연구를 행하는 학문 분야로써 인간이 지니는 감각을 갖도록 하려는 센서 공학, 인간의 지능에 가까운 능력을 갖도록 하기 위한 인공지능이나 컴퓨터 과학, 인지 공학 및 생물 공학 등으로 이루어지는 종합적 학문 분야이다. 4차 산업혁명은 로봇의 인공지능 도입으로 인간의 육체적 노동뿐만 아니라 창의적인 노동까지 대체가 가능한 시대이다. 사람을 도와주는 로봇(ex. 청소 로봇; 노인 보조 로봇 등)에 의해 사회 전체의 생산성이 올라갈 것이며 인간의 불필요한 노동이 줄어들 것이다.

기존에 있던 대부분의 암호체계가 대부분 수학적 복잡성에 기반 하는데 비해서, 양자암호는 자연현상에 기반하고 있는 특징을 띄고 있으며, 암호에 사용되는 일회용 비밀번호를 생성하는 가장 이상적인 방법 중의 하나다. 중간에 도청자가 난입할 경우에는 그 존재가 드러나게 되며, 곧바로 신호가 왜곡되어 도청자도 정확한 정보를 얻을 수 없는 철저한 보안성을 띄고 있다. 다른 말로 양자 키 분배(Quantum Key Distribution)체계 라고도 하는데, 보안업계도 양자난수를 모든 IT 기기에 적용할 수 있다면 해킹 불가능한 암호 체계를 구현할 수 있을 것으로 예상하고 있다.

나노기술이란 10억 분의 1 수준의 정밀도를 요구하는 극 미세가공 과학기술을 의미한다. 우리가 사용하는 선크림에도 나노기술이 사용되고 있다. 선크림에 포함된 산화 티타늄이나 산화아연 등의 무기물을 100나노미터 이하로 만들어 투명하다. 나노 기술(Nano Technology, NT)은 의학, 전자 공학, 생체재료학 에너지 생산 및 소비자 제품처럼 광대한 적용범위를 가진 새로운 물질과 기계를 만들 수 있어, 생산성 향상에 공헌을 할 수 있다.

3D 프린팅은 3D 디지털 도면을 기반으로 레이어에 재료를 배치하여 실제 개체를 제작하는 프로세스 이다. 가공의 용이성 등 여러 문제 덕분에 초창기에는 대부분 재료로 플라스틱을 사용하였으나 점차 고무, 종이, 콘크리트, 금속에 식품까지 재료의 범위가 점점 넓어지고 있기 때문에 단순한 조형물 출력뿐만 아니라 건축, 설계 등이 가능하다. 컴퓨터로 제어되기 때문에 만들 수 있는 형태가 다양하며 불량품이 나올 확률이 적고, 다른 제조기술에 비해 사용하기 쉽다. 3D 프린팅은 산업 전반에 걸쳐 제조 기술의 큰 변화를 가져올 것으로 예상되고 있다. 4차 산업혁명 이전의 시대에서는 대부분 자기에게 맞지 않는 제품을 구입하여 그 제품에 맞추어 활용 해왔다. 그러나 이제는 개인 맞춤형 시대이므로,

3차원 프린팅를 이용하여 시간과 비용 면에서 저렴하게 본인에게 맞는 장치를 만들 수 있다. 예를 들면, 자신만의 음식, 자신만의 집, 자신에게 맞는 인체조직, 자신에게 맞는 약 등이 있다. 3D 프린터를 사용하여 다품종 소량 생산을 통해 효율성을 확보할 수 있다.

[표 1-6] 4차 산업혁명의 주요기술

구분	내용
1) 블록체인	• 당사자 간의 거래정보를 네트워크에 참여하는 모든 구성원이 공동으로 보관하는 분산 원장(Distributed ledger) 기술 • 기존의 중앙집중식 운영 모델로 발생하는 보안 허술, 많은 관리비용 등의 문제점을 해결하는 대안으로 제시됨
2) 빅데이터	• 디지털 환경에서 생성되는 다양한 형태의 데이터를 의미하며 규모가 방대하고 생성 주기도 짧은 대규모의 데이터를 의미 • 증가한 데이터의 분석을 바탕으로 사람들의 행동 패턴 등을 예측할 수 있고, 이를 산업 현장에 활용할 경우 시스템의 최적화 및 효율화 등이 가능
3) 인공지능	• 작게는 장치가 더 똑똑해져서 사람의 생활 패턴을 이해하고, 스스로 학습하여 알아서 동작하는 약한 인공지능부터, 생태계 전체의 생활 및 환경으로 부터 최적의 해법을 제시하는 슈퍼 컴퓨터와 같은 강한 인공지능을 이용하여 인간의 생산성을 올려주는 도구를 말함
4) 사물인터넷	• 실생활에 해당하는 오프라인의 모든 정보를 온라인으로 넘기는 O2O를 통해, 인공지능을 이용한 최적의 해법을 제시하고, 시행하게 하여 생산성을 최대한 올리는 도구 • 사물에 센서가 부착되어 실시간으로 데이터를 수집하여 인터넷 등으로 주고받는 기술이나 환경을 의미 • IoT가 도입된 기기는 사람의 개입 없이 상호간 정보를 직접 주고받으면서, 필요상황에 따라 정보를 해석하고 스스로 작동하는 자동화된 형태
5) 로봇공학	• 사람을 도와주는 로봇(ex. 청소 로봇; 노인 보조 로봇 등)에 의해 사회 전체의 생산성 향상을 할 수 있음
6) 양자암호	• 기존에 존재하는 대부분의 암호체계가 대부분 수학적 복잡성에 기반 하는데 비해, 양자암호는 자연현상에 기반하고 있는 특징을 띄며, 암호에 사용되는 원타임 패드를 생성하는 이상적인 방법 중 하나임 • 중간에 도청자가 난입할 경우 그 존재가 드러나며, 신호가 왜곡되어 도청자도 정확한 정보를 얻을 수 없는 보안성을 갖고 있음 • 다른 말로 양자키 분배(Quantum Key Distribution)체계라고도 하며 보안업계도 양자난수를 모든 IT 기기에 적용할 수 있다면 해킹 불가능한 암호 체계를 구현할 수 있을 것으로 예상하고 있음
7) 나노기술	• 나노 기술은 의학, 전자 공학, 생체재료학 에너지 생산 및 소비자 제품처럼 막대한 적용범위를 가진 새로운 물건과 기계를 만들 수 있어, 생산성 향상에 큰 기여를 할 수 있음
8) 3D 프린팅	• 대부분 자기에게 맞지 않는 제품을 구입하여 그 제품에 맞추어 제작/생활 해왔으나 이제는 개인 맞춤형 시대이므로, 3D 프린팅를 이용하여 저렴하고 빠르게 자신에게 맞는, 자신만의 제품을 제작할 수 있음

6. 4차 산업혁명의 가치와 영향

4차 산업혁명은 지금까지 있었던 기존 산업혁명과는 질적으로 차이가 있다. 기존 산업혁명은 인간의 신체노동을 대신 수행하는 기술을 기반으로 하였으나, 4차 산업혁명은 이제 인간고유의 일이었던 지능적인 일을 대체할 수 있는 기술에 기반하고 있다.

기존에는 기업 내에서 공장 기계화나 사무 자동화가 중심이었으나, 4차 산업혁명은 분업이라는 것이 기업을 뛰어넘어 사용자와 소비자도 분업 네트워크에 참여 할 수 있게 한다. 또한 지능화에 의한 공장 무인화 등으로 선진국 기업의 리쇼어링 등 국제 분업의 성격을 변화시켜, 국가 간 생산과 고용 및 부가가치 배분을 양극화하고 있다. 과거에는 양적인 효율성 증대에 역점이 두어진 반면, 4차 산업혁명은 기업가치의 핵심이 무형자산(intangible asset) 중심으로 바뀌는 등 경제구조에 질적인 변화를 초래하고 있다.

세계경제포럼(WEF) 등은 4차 산업혁명 시대에 필요한 기술로 블록체인 기술을 제시하고 2027년에는 전 세계 GDP의 10%가 블록체인 기술 기반으로 저장될 것으로 예측하고 있다.

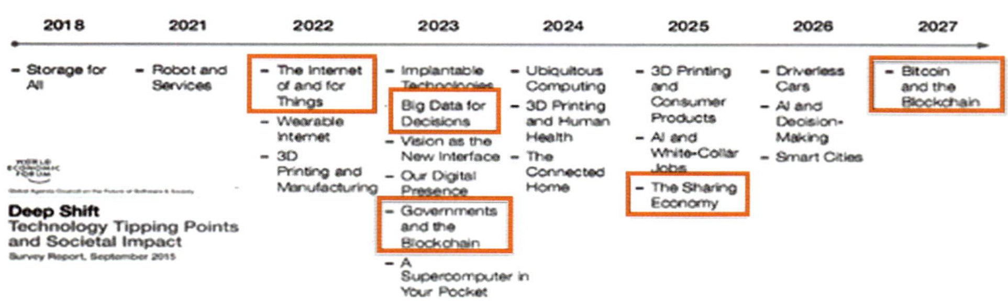

출처 : 기술의 전환점과 사회적 영향, 2015.5. World Economic Forum

[그림 1-1] 블록체인 기술 변화 예측

4차 산업혁명은 데이터에 의해 출발하는 혁명으로 모든 장소, 모든 물건에 부착된 센서를 통해 데이터가 실시간으로 수집, 분석(정제)되어 시스템에 주입되면서 기계와 공장을 가동하고 있다. 모든 사람이 스마트폰과 SNS를 통해 일터나 일상적 삶에서 상시적으로 데이터를 생산하고 사람과 사람, 사람과 기계, 기계와 기계 사이에 데이터와 정보를 주고받으며 상호 통신을 한다.

새로운 센서와 데이터는 새로운 비즈니스를 창출하고 있다. 사물 인터넷(IoT)은 사물의 움직임과 인간의 모든 행동을 유용한 정보와 지식으로 포착하고, 인공지능 기술과 알고리즘은 로봇과 인간 사이의 보다 정교하고 미묘한 상호 작용과 교류까지도 허용한다. 그러므로 소비자와 생산자를 이어주는 네트워크 생태계가 미래 삶의 경쟁력을 좌우할 것이다.

디지털 기술을 다양한 전문 지식과 융합시키면서 다양한 소비자와 사용자의 요구를 채우고, 편의와 이익을 제공하면서 새로운 비즈니스 모델을 통해 부가가치를 창출한다. 수십 년 경력의 전문의의 MRI 사진 판독 기술에 인공지능의 기계학습을 적용함으로써 전문의를 능가하는 속도와 정확성을 입증시킬 수 있다. 또한 주식 종목 분석 및 거래 관련 전문 지식 및 판단을 컴퓨터 알고리즘으로 내장시킨 "프로그램기반 자동거래"가 미국의 주식매매 50%를 차지하고 있다.

4차 산업혁명은 사용자 생성 콘텐츠나 경험이 부가가치 창출의 원천이다. 네트워크로 상호 연결된 사용자들 간의 상호 작용하는 시스템이 곧 개인 간 거래 또는 서비스 가치를 새롭게 창출하고 있다. 인터넷 연결과 플랫폼 알고리즘을 통해 개인과 개인을 연결함으로써 누군가의 유휴자산이 다른 사람에게는 득이 될 수 있다는 점에 착안하여 서비스가 만들어지고 있다. 예를 들면, 영국의 보로우마이도기(BorrowMyDoggy)는 휴가나 출장으로 인해 그동안 애완견을 돌보기 어려운 사람과, 애완견을 키울 수는 없으나 잠깐만 같이 지내고 싶은 사람을 상호 연결해 줌으로써 수수료 수입을 올리고 있다.

인터넷과 디지털 기술 및 알고리즘 기술을 활용하여 개인이 소유한 유휴 자산과 시간을 새롭게 인식하여 시장교환 대상 및 경제적 자산으로 전환하고 있다. 경제적 가치는 있으나 시장이 형성될 만큼 충분한 구매자와 판매자를 확보하기 어려웠던 한계를 이제는 완전히 보급된 인터넷을 적극 활용한 정보공유로 문제를 해결했다. 특히 이러한 방법을 통해 상거래 '알고리즘 기술'을 통해 '익명인 간 거래 성사'를 위한 필요 조건인 가격 비교, 품질, 대금 결제 및 물품 배송 등에 대한 신뢰를 확보할 수 있다. 따라서 비물질적 무형자산이 기업가치의 중심이 되고 있다.

기업의 경쟁력의 원천은 컴퓨터 정보화와 알고리즘, 제품혁신 역량, 인적 자본 및 조직 역량 등, 토지나 건물인 유형 자산이 아닌 비물질적 무형자산(Intangible capital)이 핵심이다. 이전까지는 표준 규격제품의 대량 생산을 통한 자기 생산 제품의 판매와 이를 뒷받침할 대량생산능력과 같은 물질적 자산이 기업 가치의 원천이었다. 4차 산업혁명 시대의 기업 가치는 소비자 니즈와 시장 환경 변화에 곧바로 대응할 수 있는 정보능력, 혁신기량, 조직역량 등의 무형자산이다.

연습문제

01 빈칸에 들어갈 단어들의 순서로 알맞은 것을 고르시오.

㉠ 1차 산업혁명 : __________ 중심의 생산 방식에서 공장 생산체계로 변화 ㉡ 2차 산업혁명 : _____와 _________를 이용한 대량 생산 체계 ㉢ 3차 산업혁명 : 아날로그에서 ______ 기술의 사용 ㉣ 4차 산업혁명 : 여러 분야의 기술이 새롭게 ___되어 기술 혁신이 발생하는 것

① ㉠ : 가내 수공업 ㉡ : 석유, 전기에너지 ㉢ : 정보화 ㉣ : 융합
② ㉠ : 가내 수공업 ㉡ : 석탄, 열에너지 ㉢ : 디지털 ㉣ : 융합
③ ㉠ : 가내 수공업 ㉡ : 석유, 전기에너지 ㉢ : 디지털 ㉣ : 융합
④ ㉠ : 가내 수공업 ㉡ : 석탄, 열에너지 ㉢ : 정보화 ㉣ : 융합

02 다음 글 상자에서 ㉠, ㉡, ㉢에 들어갈 말로 알맞은 것을 고르시오.

4차 산업혁명은 기술 및 학문의 경계가 없어지고 여러 분야의 기술이 ㉠됨으로, 새로운 기술 혁신의 시대이며 4차 산업혁명의 핵심 키워드는 바로 ㉡과 ㉠이다. 정보통신기술의 발달로 전 세계적인 소통이 가능해지고 개별적으로 발달한 각종 기술의 원활한 ㉠이 가능해지고 있다. 다양한 산업 분야에서 이뤄지는 ㉡과 ㉠은 새로운 부가가치를 창출해 내고, 모든 것이 상호 연결되고 ㉢된 사회로 변화시킬 것이다.

① ㉠ : 연결 ㉡ : 융합 ㉢ : 정보화
② ㉠ : 연결 ㉡ : 융합 ㉢ : 획일화
③ ㉠ : 융합 ㉡ : 연결 ㉢ : 지능화
④ ㉠ : 융합 ㉡ : 연결 ㉢ : 디지털화

03 4차 산업혁명의 특징으로 틀린 것을 고르시오.

① 초연결성

② 속도

③ 탈중개성

④ 초지능성

04 4차 산업혁명의 주요 기술로, 실생활에 해당하는 모든 정보를 온라인으로 넘기는 O2O를 통해 최적의 해법을 제시하고, 시행하게 하여 생산성을 최대한 올릴 수 있게 만들어주는 도구는?

① 인공지능

② 사물인터넷

③ 3D 프린팅

④ 로봇 공학

05 기존에 존재하는 대부분의 암호체계가 대부분 수학적 복잡성에 기반 하는데 비해, (　　　)는 자연현상에 기반하고 있는 특징을 띄며, 암호에 사용되는 원타임 패드를 생성하는 이상적인 방법 중 하나이다. 빈칸에 들어갈 단어는?

① RSA

② 대칭키 암호시스템

③ 공개키 암호 시스템

④ 양자 암호

정답	1. ③	2. ③	3. ③	4. ②	5. ④

CHAPTER 02

비즈니스 모델

1. 비즈니스 모델

비즈니스 모델(Business Model)이란 조직 및 집단이 고객을 위한 가치를 어떻게 창조하고 전달함으로써 수익을 창출해 내는가를 설명하는 것으로, 간단하게 말하면 비즈니스 모델은 사업의 핵심 운영요소와 그 요소들 간의 관계를 논리적으로 설명한 것이다.

헨리 체스브로에 따르면, 비즈니스 모델(Business Model)이란 "아이디어 및 기술과 경제적 성과를 연결하는 프레임워크"이다. 일부 연구자들에 의하면 비즈니스 모델의 정의는 "비즈니스를 전개하기 위해 필수적인 구성 요소들을 모아놓고 상호 관계를 모델화 시켜놓은 것"이다. 체스보로(Chesborough)와 로젠블룸(Rosenbloom)에 따르면, 비즈니스 모델이란 '상품과 서비스, 그리고 기업이 그 모델을 활용하여 벌어들이는 경제적 이윤간의 연결고리'라고 정의를 내리고 있다. 이를 위해서는 협력자, 고객, 유통 채널과 상품 그리고 수익 모델이 확보 되어야 한다.

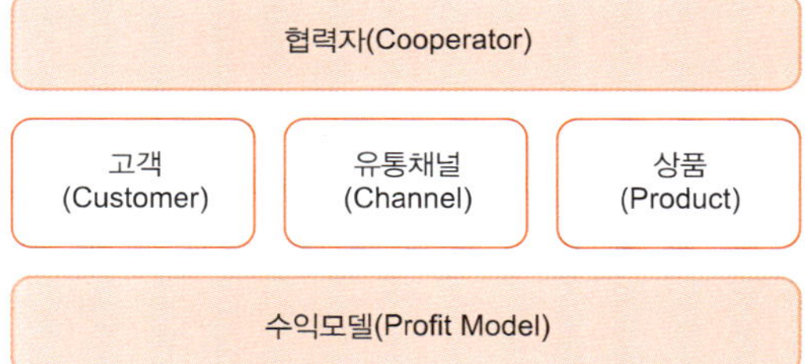

[그림 2-1] 비즈니스 모델의 구성요소

비즈니스 모델은 제품과 서비스를 통해 사회적 가치와 경제적 가치를 모두 창출 할 수 있어야 한다. 이를 위해 일부 연구학자들은 비즈니스 모델을 여러 각도로 해석하여 다음과 같은 구성요소인 (1) 가치제안, (2) 표적시장, (3) 가치사슬/조직, (4) 전달방식, (5) 수익흐름, (6) 경쟁전략으로 분류하여 설명하고 있다.

비즈니스 모델을 제시할 때는 (1) 어떤 가치를 시장에 제공 할 수 있는지? (가치제안, Value proposition), (2) 누구를 대상으로 제품과 서비스를 제공할 수 있는지? (표적 시장, Target customer), (3) 가치와 수익을 어떻게 창출 할 수 있는지? (가치사슬, How), (4) 어떻게 소비자에게 전달을 할 것인지? (전달방식, Delivery design), (5) 어떻게 수익으로 연결? (수익흐름 Profit Process), 지속적으로 성장이 가능할 수 있는 경쟁 우위는 무엇인지? (경쟁전략, Competitive Strategyd)에 대해 검토를 해야 한다.

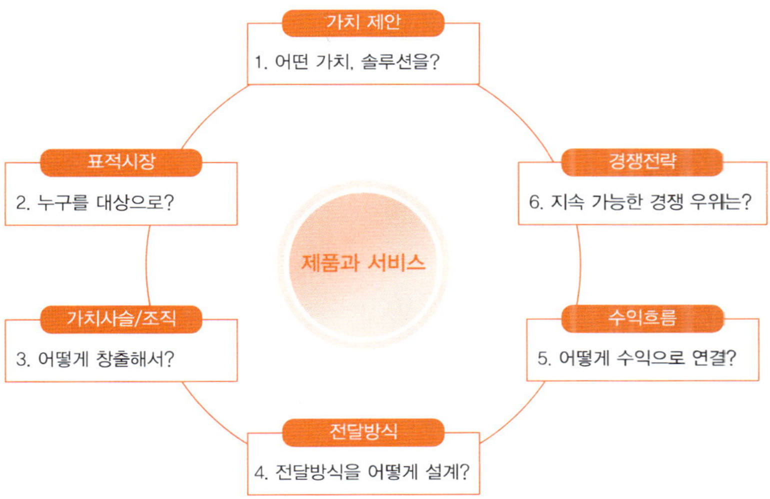

[그림 2-2] 비즈니스 모델의 구성요소

비즈니스 모델은 기업이 고객의 요구를 충족시키는데 있어 보다 향상된 가치를 창조하고 그것을 전달하기 위한 기업의 상대적 능력과 역량을 고려하며, 그 모델을 구현하기 위해 요구되는 자본에 대한 정당성을 부여할 수 있어야 한다.

고객 가치 제안은 미래 고객 수요를 반영한 것이고, 이를 바탕으로 한 수익 구조를 설계하는 것이 기업이 가질 수 있는 경쟁력의 원천이다. 지속가능한 경영을 위해서는 선순환 구조를 만들어야 하고 경쟁자로 부터의 진입 장벽을 만들어야 한다. 또한 비즈니스 모델은 지속적인 혁신이 이루어져야 한다. 가치 창출을 위한 활동들이 선순환 구조를 형성함과 동시에 경쟁자가 모방이 불가능하도록 설계를 해야 한다.

비즈니스 모델을 평가하고 운영하는 것은 다음과 같은 역할자로 분류가 될 수 있다.

[표 2-1] 역할자에 따른 비즈니스 모델

구분	내용
창업자 또는 신규 비즈니스 모델 제시자	• 사업의 논리적 설명 도구: 사업의 특징과 강점을 상대방에게 제공할 수 있음 • 아이디어의 도출 수단 : 성공한 비즈니스 모델을 잘 이해하면 새로운 사업의 비즈니스 모델로 다시 연결해 활용하여 성공할 수 있음 • 자기 사업 개선 기회를 찾는 수단
투자자	• 사업의 타당성 검증 도구로 활용 : 체계적으로 정의된 사업의 핵심요소를 살펴보고 요소간의 상호관계의 논리적 모순 여부를 검증한다. 즉 창업가의 사업 구상을 검증하는 도구로 활용

2. 비즈니스 모델, 사업전략 및 전술, 사업계획

이미 설명한 바와 같이 비즈니스 모델은 조직이 고객을 위한 가치를 어떻게 창조하고 전달을 통하여 수익을 획득하는가를 설명하는 것이다.

비즈니스 모델을 수립 한다는 것은 모든 것이 추상적이다. 이를 구체화 하기 위한 자료들이 사업전략과 사업계획서이다. 다음은 비즈니스 모델 및 사업전략, 사업계획서와의 차이점에 대해 살펴보고자 한다.

사업전략은 불확실한 상태에서 하나 이상의 목적을 달성하기 위한 높은 차원의 계획이며 사업전략을 추상화하거나 직접 구현한 것이 비즈니스 모델이다.

사업계획서는 비즈니스 모델에 따른 사업을 수행 시 어떻게 진행 할 것인가에 대해 작성된 문서이다. 이는 비즈니스의 목적, 사업의 수익성을 제시하는 근거, 사업 수행을 위한 구체적인 계획을 제공하는 문서이다. 즉 비즈니스 모델을 수행하기 위해 구체적으로 작성한 문서이다. 비즈니스 모델은 사업계획서에 제시하는 구체적인 내용을 보유하지 않는 경우가 많이 있다.

[표 2-2] 비즈니스 모델, 사업전략 및 전술, 사업계획서의 개념

구분	내용
비즈니스 모델	• 비즈니스 모델에서 보통 사업의 목적, 근거, 구체적인 계획까지는 다루지 않음 • 비즈니스 모델을 위한 전략적인 선택들을 모은 후 상호 정렬함
사업전략	• 좋은 전략 수립을 위해 다양한 비즈니스 모델에 대한 검토가 필요 • 사업전략은 불확실한 상태에서 하나 이상의 목적을 쟁취하기 위한 높은 차원의 계획
사업전술 (사업계획서)	• 일정한 목적을 달성하기 위한 수단이나 방법 • 어떤 비즈니스의 목적과 그것이 달성하다고 믿는 근거 그리고 이를 위한 구체적인 계획이 포함된 문서(ex. 사업계획서)

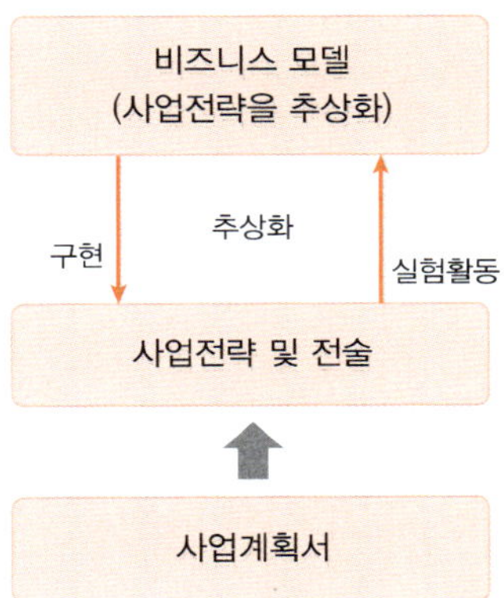

[그림 2-3] 비즈니스 모델, 사업 전략, 전술 간의 관계

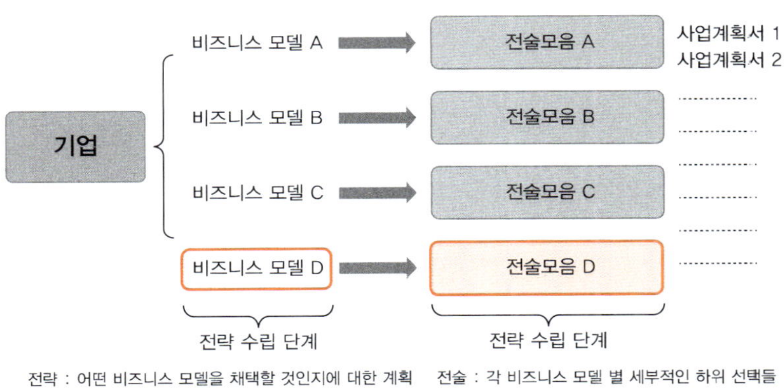

[그림 2-4] 사업전략과 전술과의 관계

비즈니스 모델은 전략, 전술에 걸쳐 중심부에 위치한다. 비즈니스 전략은 전술보다 큰 개념으로 특정한 목표를 수행하기 위한 행동 계획을 말한다. 전술은 전략 목적을 달성하기 위한 방안이다. 즉 전술은 전략의 하위 개념으로서 일정한 목적을 달성하기 위한 수단 또는 방법을 말한다.

3. 비즈니스 모델 수립을 위한 접근 방법

기존에도 비즈니스 모델 수립을 위한 접근법은 다양한 시각에서 존재해 왔다. 다음은 비즈니스 모델 방법은 (1) 개념, 계획, 실행에 대해 통합적으로 접근하기, (2) 고객 중심의 서비스, (3) 입체적 관점의 전략적 수립하기, (4) 반복실행을 통한 순환학습을 담기, (5) 기존 혁신 방법론을 유기적으로 활용하기, (6) 비즈니스 모델의 매력도를 진단하기, (7) 비즈니스 모델을 다면체인 입체 모형으로 분석, (8) 기타 등으로 진행 할 수 있다.

개념, 계획, 실행에 대해 통합적으로 접근

현재 진행하고 있는 사업은 아무리 많은 사전 시장 조사를 해도 80% 이상의 신제품 및 서비스가 실패한다고 알려져 있다. 이는 결국 시장과 제품과 서비스 간에 공급자와 소비자 간의 기대에 대한 차이가 존재하기 때문이다. 따라서 초기 시장에서의 반응을 토대로 기존 비즈니스 모델 가설이 잘못될 가능성이 있으므로 지속적인 변경과 개선 사항을 찾아내야 한다. 이 과정을 통해 진정으로 시장에서 원하는 서비스 및 제품을 만들어 낼 수 있다.

비즈니스 모델 수립은 새로운 것을 시장에 도입하고 반응을 확인하는 과정이고 이를 위해 비즈니스 개념을 구체화시키는 것이 계획이고, 계획의 실행을 통해 비즈니스 모델이 시장에 제공된다.

비즈니스 모델 디자인은 개념적으로 보면, 비즈니스 핵심 요소를 선택하고 정렬하는 명확하고 구체화된 계획이다. 따라서 성공적인 비즈니스를 구현하기 위한 계획과 이를 실현하는 과정에서 다양한 시행착오를 경험하는 것은 비즈니스 모델의 성공여부와 밀접한 연관성을 가진다.

비즈니스 개념을 희귀한 보석류의 원석에 비유하면, 계획은 원석을 보석으로 만들기 위해 세공 디자인을 하는 것이고, 실행은 원석을 실제로 깎아서 보석으로 가공시키는 것이다. 이와 같이 원석, 세공 디자인, 세공 작업이 모두 문제없이 진행되어야 값진 보석이 만들어진다. 따라서 성공적인 비즈니스 모델을 시장에 공급하기 위해서는 비즈니스 계획뿐만 아니라 비즈니스 개념과 비즈니스 실행이 효과적으로 통합되어 효율적으로 운영되어야 한다.

기업에서는 비즈니스 개념을 사업기획서의 형태로 그리고 세부적인 계획 및 재무적인 검토는 사업계획서의 형태로 사용한다. 이는 성공적인 비즈니스 모델을 시장에 제공하기 위한 과정이며 이는 시장에서 원하는 문제를 해결해 주는 방법이다.

고객 중심의 서비스 측면으로 접근

모든 서비스는 고객의 요구 사항을 해결하는데서 출발하며 결과적으로 고객의 만족을 이끌어 내는 과정이다. 일반적인 사례를 보면, 신발가게에 가면 신발이 발에 맞는지 알 수 없어 사지 못하는 경우를 대비하여 신어보게 하고 적극적인 구매 활동을 하도록 유도한다. 이는 소비자의 비 구매 요인을 해소하고 경험을 통해 구매 욕구를 증대하는 과정이다. 이와 같이 소비자인 고객의 반응을 기반으로 시작한 서비스는 고객의 만족을 유도함으로써 공감을 거쳐 구매에 이르게 된다.

문제를 제시하는 고객, 공감하는 고객에게 집중하는 것이 고객 중심 사고의 핵심이자 본질이다. 따라서 고객이 비즈니스 모델을 구성하는 가장 기본적인 축이 된다. 이러한 고객 관점 중심축은 '고객 - 문제 - 해법 - 공감'의 단계를 가진다. 고객의 공감을 이끌어내기 위해서는 고객이 가지고 있는 불만이나 문제들을 기업이 해결해 주어야 한다.

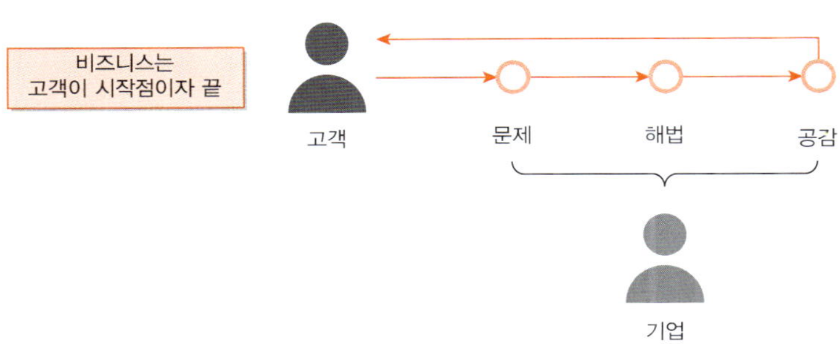

[그림 2-5] 비즈니스에서 고객의 위치

입체적 관점의 전략 수립

앞서 소개한 고객 관점 중심축인 '고객 - 문제 - 해법 - 공감'을 연결하게 되면 하나의 면이 만들어지는데, '전략적 고려'를 위한 계층이 하나 더 있다고 가정하여 이 면의 연결 부위들을 하나씩 연결한다. 그러면 아래의 입체적 도형이 완성된다.

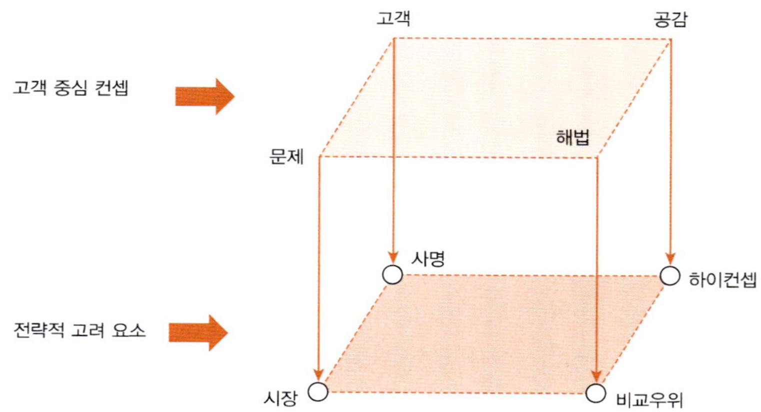

[그림 2-6] 고객 중심 콘셉트를 전략적 고려 요소에 대응시킨 결과

사명(Mission)이란 기업이 고객에게 지키고자 하는 약속이다. "우리는 이러 저러한 가치를 제공하겠다"는 선언문과 같다.

앞서 고객중심 관점에서 본다면 고객 문제의 총합이 곧 시장(Market)이다. 전략적 관점에서는 시장의 크기(=문제의 총합) 및 시장의 특성과 매력의 정도를 검토해야 한다. 재무적이고 수치적인 견해는 아니더라도 어느 정도 고려는 해야 한다.

검증 방안으로 경쟁 제품 대비 비교 우위(Advantage)를 판별하는 것이 중요하다. 이는 철저하게 고객이 보유한 문제를 기준으로 한 경쟁 제품 간 상대적인 비교 우위를 뜻한다. 그러므로 같은 제품 분류에 있는 경쟁 제품뿐만 아니라 좀 더 폭넓게 경쟁 관계를 고려하여 전략을 수립하여야 한다. 또한 제시한 문제가 중요하며 대응 해법이 적절한지에 대해 고객에게 공감을 얻으려면 다양한 방식으로 검토해야 한다.

반복 실행을 통한 순환 학습

성공적인 비즈니스 모델이 공통적으로 갖춘 특징 중 하나는 선순환(Virtuous cycle) 구조를 가지고 있다는 것이다. 이러한 구조가 확보되기 위해서 비즈니스 모델 구성 요소들이 잘 배치되어 있는 것도 중요하지만 모든 요소가 유기적으로 작동해야 한다. 따라서 시행착오를 반복하며 현실에 맞춰서 조정하는 과정이 필요하며, 비즈니스 모델을 설계할 때 끊임없는 시장 피드백과 학습을 반영해야 한다.

최초 비즈니스 모델 실행 이전에는 기회 탐색, 아이디어 발상, 실행과 테스트, 학습 영역 등에 주로 계획에 해당하는 내용을 적는다. 그리고 비즈니스 모델이 실행되고 조정되면서 실행 결과를 반영한 내용으로 수정해 간다. 카카오톡 서비스의 사례를 보면, 초기에는 불안전한 서비스로 고객 불만이 등장 했지만 지속적인 업그레이드를 통해 고객의 요구사항을 수렴하고 변화하는 과정을 통해 현재의 안정적인 서비스를 유지하고 있다.

기존 혁신 방법론을 유기적으로 활용

성공적인 비즈니스 모델을 확보하기 위한 다양한 방법론이 존재한다. 이 방법론의 장점을 현재 진행하고자 하는 서비스 모델을 위해 유기적으로 활용하려는 노력이 필요하다. 이를 통해 채택한 비즈니스 모델이 성공으로 갈 수 있는 확률을 증가시킨다. 투입과 결과의 흐름을 파악하고 전체적으로 여러 가지 접근법의 장단점을 잘 활용 하면 성공 확률을 높이는 좋은 방법이 된다.

예를 들면 블루오션 전략은 비 고객을 고객으로 삼는 신 시장 창출 전략, 가치 캔버스를 이용해 경쟁사와 다른 독특한 고객 가치 제안을 구성하는 차별화 전략을 포함한다. 이를 개념 수립 단계에서 활용하면 고객 가치 제안의 기반이 되는 새로운 고객 문제 정의가 가능해진다.

서비스 전반에서 디자이너가 사용자와 함께하는, 사용자 중심의 서비스 디자인 방법론에서 주로 활용되는 참여적 고객 관찰 기법은 고객의 숨겨진 요구를 관찰을 통해 찾게 도와준다. 또한 사용자 여정 맵을 통해 고객이 서비스를 접할 때 겪는 좋고 나쁜 경험을 따라가면서 고객 문제를 발견할 수 있다.

계획 영역에서 정의된 내용을 상세화하기 위해서는 알렉산더 오스터왈더가 제시한 비즈니스 모델 캔버스(Business Model Canvas)의 9가지 빌딩 블록으로 내용을 옮겨서 빠진 부분을 채워주면 된다. 서비스와 관련된 개념일 경우 서비스 시나리오, 서비스 블루프린트(백엔드를 포함한 프로세스), 프로토 타이핑을 같이 전개하면 계획 수립 과정을 구체화할 수 있다.

실행 영역에서는 기회 탐색-아이디어 발상-실행과 테스트-학습과 피봇의 순환적 과정을 린스타트업의 개념을 활용해 구체화시킬 수 있다. 린스타트업은 개발 방법론과 실천철학, 실전적 이론들이 접목하여 스타트업을 위한 과학으로 불리고 있다.

린스타트업의 핵심 개념 중 하나가 MVP(최소 유효제품 · Minimum Viable Product)인데, 제품에 대한 시장이 존재하고 가치를 인정받을 수 있는지를 알기 위한 최소 기능만을 갖춘 마켓 테스트용 상용 제품이 MVP이다. 린스타트업의 핵심적인 접근방식은 이 MVP에 대한 시장의 반응을 측정하고 기존의 가설을 검증한 후 비즈니스 모델을 빠르게 조정해나가는 것이다.

비즈니스 모델의 매력도 진단

사업을 진행하기 전에 비즈니스 모델의 매력도에 대해 측정하는 것은 매우 어렵다. 그럼에도 불구하고 사업의 성공 확률을 증가시키기 위해, 비즈니스 모델이 충분히 매력적인지 판단하기 위해 진단 도구들이 필요하다. 문제, 해법, 공감, 협력자, 수익 모델에 걸쳐서 파악하여 비즈니스 모델을 실행하면 효율적인 운영을 할 수 있다.

문제영역을 진단하는 방법 중 하나는 고객의 숫자와 문제의 중요도를 동시에 추측하여 평가하는 것이다. 중요한 문제인데 고객 숫자가 높은 경우 매력적인 모델로 평가될 수 있다. 그리고 제시한 해법 이외에 추가적인 더 우수한 해법이 있는지 검토하는 것이 필요하다. 문제는 중요한데 고객 숫자가 많지 않거나, 고객 숫자는 많은데 문제는 중요하지 않은 경우라면, 좀 더 면밀히 시장성을 한 번 더 고민해야 한다. 그래도 큰 문제가 없다고 판단되면 넘어가도 된다. 이를 기반으로 각 요인 별로 측정값을 제시하여 비즈니스 모델의 매력도를 측정할 수 있다.

비즈니스 모델을 다면체인 입체 모형으로 분석

비즈니스 모델을 다면체인 입체모형으로 분석 하는 것은 시장에 서비스 하고자 하는 서비스 모델을 다양한 관점으로 조명하는 단계이다. 각 다양한 관점을 명기하고 이를 하나의 관점으로 살펴보고 어떤 각도로 분석하는 것이 현명한 지 각 관점별로 분석을 했을 경우 등장하는 장점과 단점을 면밀하게 검토해야 한다.

예를 들면, 서비스 모델에 대한 관점에 대해 다음과 같이 고려 할 수 있다.

(1) 나의 고객은 과연 누구인가?
(2) 내가 고객과 임직원에게 제시할 사명이 과연 무엇인가?
(3) 이 문제가 과연 고객에게 중요하며 사회적으로도 가치가 있는지?
(4) 전혀 다른 차원의 해법은 존재하지 않는지?
(5) 다른 협력자들과 어떻게 협력할 수 있을까?
(6) 이제까지 놓치고 있는 위험 요인이 있다면 무엇인지?
(7) 이 사업은 어느 정도의 상태에 도달해야 성공했다고 말할 수 있을까?

상기의 관점을 대상으로 해당 서비스 모델에 대해 장점, 단점 등을 정리하여 장점은 두각시키고 단점을 극복할 수 있는 방안을 검토해야 한다.

기타

비즈니스 모델의 다양한 유형을 만들어내기 위해 핵심 요소를 먼저 선택한다면 고객, 상품, 채널, 수익 모델, 비즈니스 모델의 핵심요소 등과 다양한 조합으로 다양한 비즈니스 모델 유형을 창출 할 수 있다.

비즈니스 모델 수립 방법은 상기의 방법 외에도 많은 방법이 언급되고 있다. 첫째로는 STOF 모델이 있으며 더불어 둘째로 RCOA 모델이 있다. 셋째 Four Box Model의 경우 기업이 성장하기 위해 필요한 것인 핵심자원, 프로세스, 수익모델을 통한 고객가치를 제안하는 것으로 오늘날 기업이 가치를 창출하고 제공하는 방식을 이해하는 것이 기업이 앞으로 나아갈 곳을 결정하는데 중요하다. 또한 마지막으로 넷째는 9 Building Block Model 등이 있다.

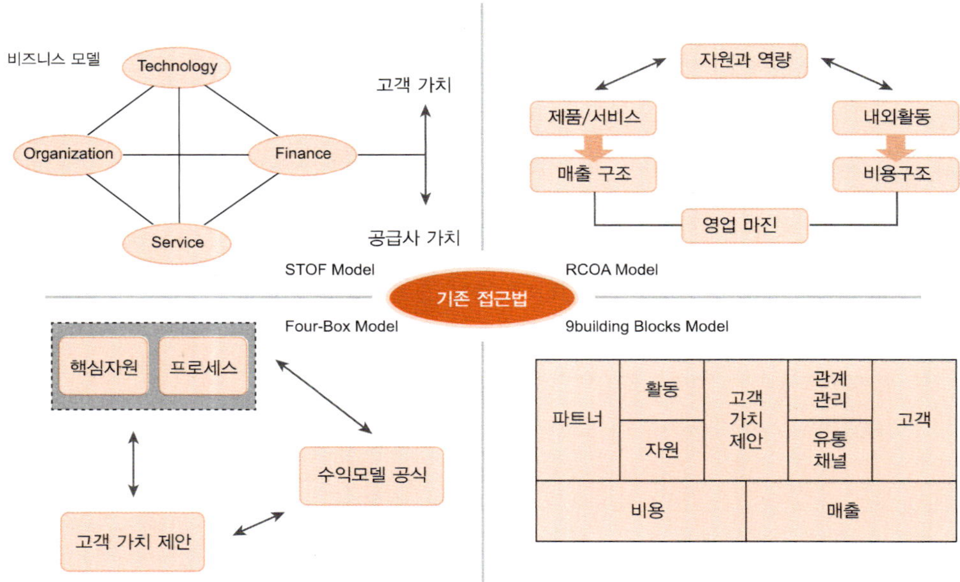

[그림 2-7] 비즈니스 모델 접근법

비즈니스 모델은 기업이 고객의 니즈를 충족시키는데 있어 보다 우월한 가치를 창조하고 전달하기 위한 기업의 상대적 능력과 활동을 고려하며, 그 모델을 실현하기 위해 요구되는 재무 자본에 대한 정당성을 부여할 수 있어야 한다.

성공적인 비즈니스 모델을 만들기 위해서는 그 모델이 가지고 있는 경쟁력과 지속성을 보유하고 있어야 한다. 목표 고객에 대한 명확한 가치 제안으로 보다 많은 고객을 확보하고, 이를 수익과 연결시킬 수 있을 때 경쟁력이 있다. 다양한 비즈니스 모델 접근법을 통해서 자신의 비즈니스 모델 유형을 확립하고 보다 큰 고객 가치를 전달하고 확보하기 위한 수단으로 사용하여야 한다.

연습문제

01 다음 글 상자의 빈칸에 들어갈 말로 알맞은 것은?

> 비즈니스 모델(Business Model)이란 하나의 조직이 고객을 위한 ______((을)를 어떻게 창조하고 전달을 통하여 수익을 얻는 것을 설명하는 것으로, 비즈니스 모델이란 사업의 핵심 운영요소와 이들 간의 관계를 논리적으로 설명한 것이다.

① 활동
② 신념
③ 가치
④ 자산

02 비즈니스 모델의 구성요소로 짝지은 것 중 틀린 것을 고르시오.

① 가치선택, 경쟁전략
② 경쟁전략, 수익흐름
③ 전달방식, 가치사슬
④ 가치조직, 표적시장

03 비즈니스 모델을 구체화하기 위한 자료들 중, 불확실한 상태에서 하나 이상의 목적을 달성하기 위한 높은 차원의 계획을 뜻하는 것은?

① 비즈니스 모델
② 사업 전술
③ 사업 전략
④ 사업 계획서

04 고객 중심 서비스의 단계를 순서대로 나열한 것으로 알맞은 것은?

① 고객 - 문제 - 해법 - 공감

② 문제 - 고객 - 공감 - 해법

③ 고객 - 공감 - 문제 - 해법

④ 문제 - 해법 - 공감 - 고객

05 다음 비즈니스 모델들의 공통점으로 알맞은 것은?

1. STOF Model	2. RCOA Model
3. Four-Box Model	4. Building Blocks Model

① 린스타트업을 활용하고 있다.

② 미래에 사용될 목적으로 개발 중인 비즈니스 모델이다.

③ 실행영역에서 기회 탐색-아이디어 발상-실행, 테스트-학습과 피봇의 순환적 과정을 사용하였다.

④ 시장에서 사용되고 있는 비즈니스 모델이다.

정답	1. ③	2. ①	3. ②	4. ①	5. ④

CHAPTER

03 블록체인

1. 블록체인 개념

산업혁명 이후 산업화와 도시화가 본격화 되면서 인구가 많아지고 거래량도 늘어나게 되는 결과로 산업화의 산물인 은행이 등장하게 되었다. 은행은 본연의 역할을 충실히 해냈지만 서서히 문제가 생기기 시작했다. 은행의 금융 시스템이 노후화 된 것이다. 특히 디지털과 인터넷, 스마트폰이 금융의 파이프 라인을 급속도로 녹슬게 만들었다.

[표 3-1] 현재 금융 서비스의 문제점

구분	내용
송금의 문제	• 글로벌 시대가 되면서 환전과 해외송금의 거래량 액수가 증가 • 국제 은행 간 해외 송금은 파이프 라인이 다단계라 시간이 오래 걸리고 수수료도 발생 • 가난한 국가들의 국민들은 은행 계좌를 개설할 수 없을 정도로 빈곤층들이 존재
중복 대출로 인한 거품경제 조장	• 은행은 계속 숫자만 바꿔가며 대출을 해주며 대출 마진을 획득하고 은행에 대출을 받을 때, 복잡한 신원보증 과정을 거쳐야 함 • 인터넷을 넘어 모바일 시대가 되었는데도 은행과 정부의 시스템은 시대의 흐름을 따라가지 못함
보안의 문제	• 우리가 은행과 거래하는 모든 내역은 은행 서버에 있는 장부에 기록되며 만일 은행의 한 직원이 나쁜 마음을 먹고 거래 내역을 조작하거나 왜곡시켜 버리면 큰 혼란에 빠질 수 있음

미국에서 금융위기가 발생했던 2008년에 사토시 나카모토라는 프로그래머가 커뮤니티 사이트에 '비트코인'이라는 제목의 논문을 올렸다. 또 논문에서 전자화폐라는 표현을 하면

서 비트코인 시스템에서 사용되는 현금 정도로 제시 했다.

중간에 어떠한 금융기관도 거치지 않고 직접 P2P 방식으로 개인과 개인이 직거래 할 수 있는 온라인 시스템, 이것을 비트코인 서비스라고 정의를 내린 것이다. 그러나 당시에는 사람들의 관심을 끌지 못했고 주위의 사람들도 관심이 없자 사토시 나카모토가 논문 속 내용을 직접 구현해서 시스템을 만든 것이다. 이때부터 비트코인의 제네시스 블록(최초 생성블록)이 생성되었다.

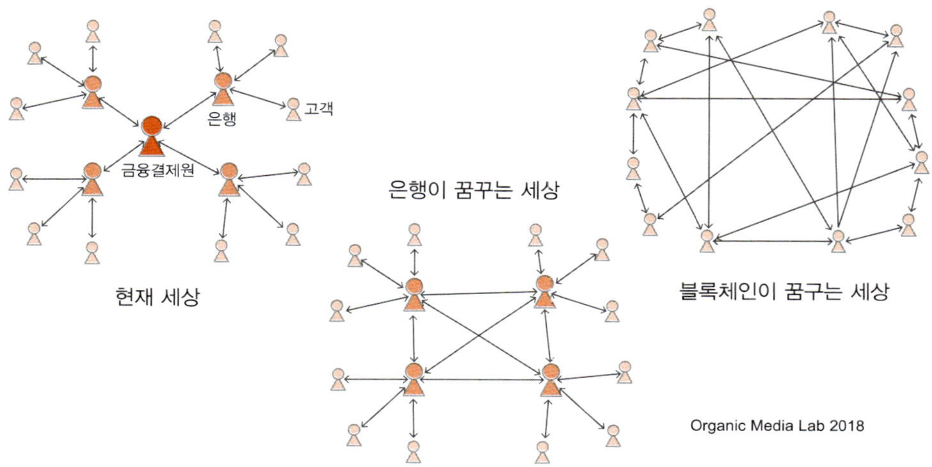

[그림 3-1] 기존 시스템과 블록체인 시스템의 차이

블록체인(Blockchain)은 당사자 간의 거래정보를 네트워크에 참여하는 모든 구성원이 공동으로 보관 및 저장하는 분산 장부(Distributed ledger) 기술이며, 거래정보의 검증을 위해 10분 동안 발생한 거래를 모아 묶은 형태를 블록이라고 한다. 그리고 개념적으로 그 블록들이 순차적으로 연결된다는 의미에서 블록체인이라그 불리 운다. 즉 블록(Block)이란 발생한 비트코인 거래를 약 10분단위로 모은 것으로, 채굴이 일어나는 단위를 말하며 블록체인은 현재까지의 블록을 모두 연결한 것이다. 블록체인은 현재까지 발생한 비트코인 거래를 시간 순으로 기록된 것이며 네트워크 상의 모두에게 공개된 공공원장이다.

저장 및 관리과정은 일정기간 동안 발생한 모든 거래 정보를 블록(Block) 단위로 기록(ex. 비트코인은 10분마다 신규 블록을 생성)하여, 모든 구성원들에게 전송하고, 블록의 유효성이 확보될 경우 기존의 블록에 추가연결(Chain)하여 보관하는 방식이다. 그리고 저장방식,

데이터, 네트워크, 암호 등의 기술적 요소가 결합한 집합 개념으로 네트워크상의 모두가 접근 가능하고, 트랜잭션의 기록 및 관리(블록형성)가 가능한 개방형(Public)과 허가 받은 경우에만 네트워크에 접속 가능한 폐쇄형(Private)으로 구별한다.

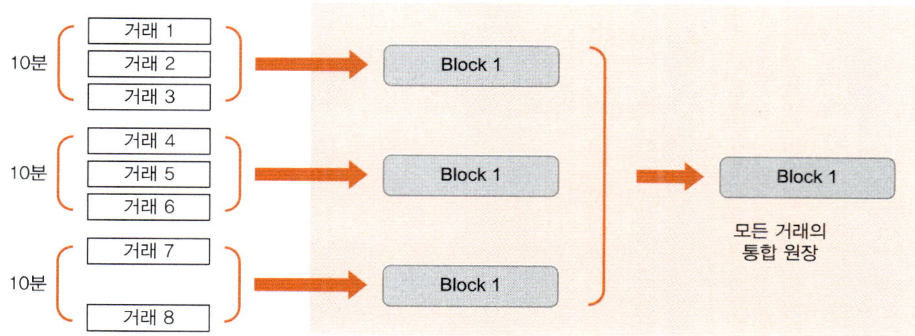

출처 : https://www.slideshare.net/SeongBokLee/ss-48425470

[그림 3-2] 블록과 블록체인

네트워크의 전체 구성원이 공동으로 거래정보를 기록·검증·보관함으로써 중앙은행이나 행정기관 등과 같은 "공인된 제3자(Trusted 3rd party)"의 공증 없이도 거래기록의 신뢰성 확보가 가능하다. 또한 거래가 새로 발생할 때 마다 각 구성원이 보관 중인 장부를 똑같이 업데이트 하기 때문에 해킹 시 모든 장부를 변조해야 한다는 점에서 보안성이 상당히 높은 기술이다.

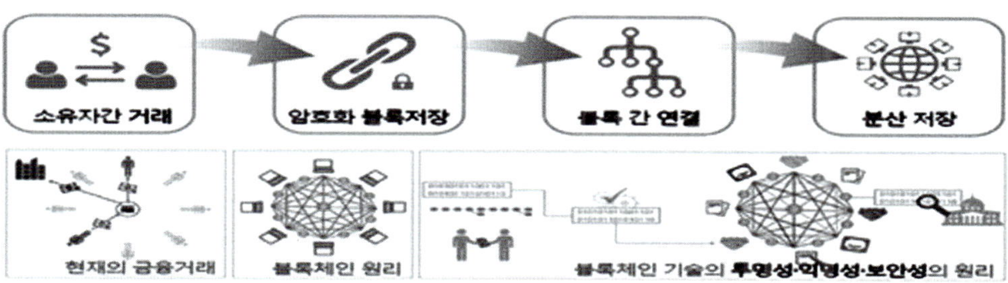

[그림 3-3] 블록체인 개념도

블록체인 시스템은 인터넷 상에서 중간 관리자가 없이 거래 당사자 간의 직접 거래(금융 거래 뿐 아니라 다양한 유형의 거래)를 가능하게 하는 시스템이다. 예를 들어, 블록체인을 이용하면 은행이나 트랜스퍼와이즈(P2P 외환 송금 서비스)와 같은 기업 없이 다른 나라에 있는 개인과 안전하게 외환거래가 가능하다.

블록체인 시스템은 분산 장부(좁은 의미의 블록체인)이므로, 즉 모든 거래 참여자들이 거래를 기록하고 공유하는 공개장부를 기반으로 작동하는 시스템으로 다음과 같은 특성을 지니고 있다.

(1) 개방되어 있어 국가나 지역의 관계없이 누구나 참여하거나 접근할 수 있다.
(2) 다운되지 않으며, 누구도 멈출 수 없고, 해킹이 불가능하다.
(3) 거래의 실행이 100% 보장되며 누구든지 거래의 내용 및 결과를 확인할 수 있다.
(4) 거래 결과는 영원히 저장되며 위변조가 불가능하다.

블록체인은 기술적으로 공개키 알고리즘과 해쉬(Hash) 암호화 기술, 분산처리 구조에 따른 저비용을 무기로, 은행이라는 단일 기관에서 전부 처리하는 현재의 중앙 집중식 원장 구조를 분산 원장 구조(Distributed Ledger)로 대체 가능하게 한다.

블록체인 기술은 지급결제 중계 시스템에 가장 위협적이며, 금융회사나 제3자(Trusted third party, TTP)의 개입 없이도 인터넷만 가능하다면 당사자 간 P2P 금융거래가 가능한 편의성을 갖고 있기 때문에 지급결제 중개시장에 이용되고 있다.

2. 블록체인 특징 및 한계 요인

블록체인 특징

블록체인의 특징을 살펴보면, 블록체인은 신규 블록이 생성되면 참여자들이 기존에 갖고 있던 장부들과 전부하는 작업을 통해 그 내용이 상이한 경우 해당 블록은 시스템에 등록이 불가하다. 따라서 장부를 조작하려면 새로운 블록이 연결되기 전에 모든 참여자의 저장 장소(ex. 컴퓨터)를 해킹해야 하는데 블록체인이 수시로 갱신되므로 사실상 불가능하다.

블록체인 방식 도입으로 참가자들이 보안 시스템을 별도로 구축할 필요가 없으며, 거래 절차 및 시간이 단축되어 거래와 운영비용 절감의 효과를 볼 수 있다. 이와 같은 1차적인 특징 외에도 산업에 영향을 줄 수 있는 다음과 같은 특징을 보유하고 있다.

첫째, 우리가 블록체인 기술을 주목 해야 할 이유 중의 하나는 블록체인 기술이 가져올 '데이터베이스 민주주의' 환경 때문이다. 블록체인 기술로 인해 발생하는 근본적인 변화는 디지털 환경에서 신뢰 프로세스를 구현할 수 있다는 것이다.

둘째, 블록체인 기술은 '개인 정보의 통제권을 개인에게 제공'한다는 점에서 기존 체계를 파괴할 수 있는 잠재력을 보유하고 있는 것이다.

셋째, 모든 정보를 수집하고, 검증 관리하는 중간 관리자를 제거함으로써 블록체인은 디지털 세상에서 사회적, 경제적 활동을 더욱 민주화된 것으로 발전시킬 수 있는 기술을 제공하고 있다. 이는 인증, 안전성 확보 등의 중재자 역할 뿐만 아니라, 거래를 연결해주는 서비스(플랫폼) 등 관련 비즈니스에 충격을 제공할 수 있는 탈 중재자 및 중재기관 형태를 보유하고 있다. 또한 공급사슬 내 정보가 공급사슬 참여자 모두에게 공유 가능하며, 고객들은 생산업체나 제조업체와 바로 거래 가능하도록 유도하는 공급사슬(Supply Chain)의 민주화 체계를 만들어낸다.

블록체인 기반의 계약은 기존 거래 비용을 줄일 수 있을 뿐만 아니라, 기계 대 기계, 기계 대 인간 계약을 가능케 하는 인공지능 경제로의 변화를 가속화 해주고 있다. 블록체인의 구조적 특징으로는 탈중앙, 분산 네트워크, 탈중개성, 타임스탬핑, 합의 알고리즘이 있다.

[표 3-2] 블록체인 특성 및 응용

기술 구조적 특징	상대적 이점 (기존 시스템 대비)	응용주체(분석대상)	응용분야
탈중앙(Decentralization)	보안성 및 신뢰성	암호화폐 (Cryptocurrency)	화폐, 결제, 송금, 자동차, 의료, 유통, 부동산, 미디어, IoT 등
분산네트워크(Distributed N/W)	투명성(Transparent)	금융기관(Finanace)	
탈중개성(P2P–based)	신속성(Instanteous)	산업특화(industry)	
타임스탬핑(Time–Stamping)	효율성(Efficiensy)	공공조직(Public)	
합의 알고리즘 (Consensus Algorithem)	안정성(Stability)	민간기업(Firm)	

블록체인 기술의 핵심은 '중앙기관 없는 P2P 신뢰 네트워크' 구축이다. 탈중앙, 분산네트워크, 탈중개성은 그러한 블록체인 기술의 핵심을 뒷받침 해 준다. 타임 스탬핑은 어느 시점에 데이터가 존재했다는 사실을 증명하기 위해 특정 위치에 시각을 표시하는 것이다. 블록체인은 일종의 분산 장부로서 각 노드가 자신의 장부를 가지고 있고 각 장부의 내용은 동일하게 유지되어야 한다. 따라서 하나의 블록이 잘못되더라도 다른 장부에 전부 기록되어 있기 때문에 다수의 노드들이 합의를 통해 하나의 블록체인을 유지하게 되어 블록체인은 합의 알고리즘을 통해 제3자의 중앙통제 없이도 데이터베이스의 오류와 무결성을 입증할 수 있다.

블록체인 한계 요인

블록체인 기반의 분산형 장부(Ledger) 기술은 주요 비즈니스 처리 과정을 전환할 수 있는 잠재력이 있으나, 모든 첨단 기술처럼 위험을 유발할 가능성을 동시에 가지고 있다. 따라서 블록체인 한계 요인에 대해 살펴보면 다음과 같다.

첫째, 보안과 위험이 동시에 상존하고 있는 기술이다. 금융 서비스와 보험 회사가 관심을 보이는 블록체인의 주요 기능 중 하나는 트랜잭션의 보안성을 제공하고 보안 위협을 낮추는 것이다. 기록된 내용(레코드)이 변경되면 블록체인을 확인하는 사용자가 이를 즉시 파악할 수 있기 때문이다. 그러나 블록체인의 또 다른 측면은 블록을 각각 공유함으로써 오히려 정보가 노출될 수도 있다는 것이다.

둘째, 정보 공유로 범죄에 악용될 가능성이 높다. 예를 들면, 키 관리로서 글로벌 결제 프로세서인 스위프트(SWIFT)를 사용한 사이버 범죄가 등장하고 있으며 블록체인은 이런 문제를 막을 수 없는 상황이다. 블록체인은 한 번 기록이 되면 변경할 수 없는 것으로 실수로 잘못 제작하거나 체인을 악용하려는 사기성 거래도 등장 할 수 있다. 즉 금전적 이득을 획득 하려는 금융범죄에 이용될 수 있다.

셋째, 접근 권한과 승인에 대한 방법론 제시 미비이다. 승인을 취소하는 방법은 어떻게 할 것인지?, 승인과 암호화 관리를 위해 운용해야 할 키 세트의 수는 얼마인가? 체인이 기능하는 방식은? 사용할 합의(Consensus) 알고리즘은 무엇인지? 암호화를 사용하고 있는가? 노드의 수는 얼마인가? 블록체인 내·외부에 스토리지가 있는가? 등 관련 기술을 어떻게 구현 하느냐가 매우 중요한 일이지만 아직 대부분 기업들이 해답을 찾아가고 있는 상황이다.

넷째, 엔터프라이즈급 배포를 하고 활용할 수 있도록 기술 개발이 진행되고 있다. 블록체인이 전자상거래에서 결제와 송금, 정산 등 기업용으로 적절한 기술처럼 보일 수도 있으나 2019년 현재 초창기 기술로서 미성숙한 기술이 포함되어 있다. 그리고 수많은 인재가 블록체인 분야에서 일하고 있지만, 상호 운용성, 규모와 보안 측면에서 대형 시스템에서 요구하는 내용을 충분히 다루어 본 경험자가 부족한 실정이다.

다섯째, 스토리지 문제이다. 블록체인 기술을 도입하는 경우 스토리지와 관련된 의사결정을 해야 한다. 컴퓨팅 리소스(자원)를 많이 요구하는 거래처리(트랜잭션)는 지연시간(latency) 문제 때문에 다수의 데이터베이스에 분산하여 저장해야 하므로 더 많은 컴퓨팅 자원(장비) 또는 스토리지가 필요하게 될 것이다.

여섯째, 합의된 공통 표준에 대한 논의가 미흡하다. 블록체인을 이용하기에는 공통 표준과 프로세스를 합의 해야 한다. 여러 금융 기관과 협력하고 있는 R3 컨소시엄 등이 참여하여 다양한 표준을 정립하고 있지만 표준화 정립을 위해서는 시간이 필요한 실정이다.

[표 3-3] 블록체인 기술의 한계 요인

구분	내용
보안과 위험이 상존	• 블록을 각각 공유함으로써 오히려 정보가 노출될 수도 있다는 것
정보공유로 범죄 노출 가능성 증대	• 블록체인에 사용하는 키를 훔칠 수 있는 것으로 범죄를 더 효과적으로 추적할 수 있을 뿐만 아니라 이를 완벽하게 방지하는 것은 불가능
접근권한과 승인절차로 거래 지연	• 합의(Consensus) : 거래승인에 필요한 구성원들의 합의 과정이 거래 속도에 영향을 미침
최첨단 기술의 한계	• 여러 분야에 적용하기에는 아직 기술적 완성도가 낮음 • 엔터프라이즈급 배포를 하고 활용할 수 있는 시기에 아직 도달하지 못함
많은 컴퓨팅 자원	• 스토리지 문제 • 중앙집중화 시스템에 비해 높은 컴퓨팅 파워가 요구됨
활용 표준화 미비	• 합의된 공통 표준에 대한 논의가 부족

출처 : 블록체인이 주류 기술이 될 수 없는 7가지 이유, Scott Carey, 2015

3. 블록체인 활용

비트코인이라는 가상화폐의 등장과 함께 소개된 블록체인(Blockchain)에 대한 관심이 높아지고 있다. 블록체인 관련 투자가 지속적으로 증가하고 있으며, 전 세계적으로 2014년 3,000만 달러에서 2018년 31,500만 달러로 평가되고 있다. 이와 같이 시장 규모가 빠르게 증가하고 있어서 각국의 관련분야 투자 및 기술 개발에 많은 관심을 기울이고 있다.

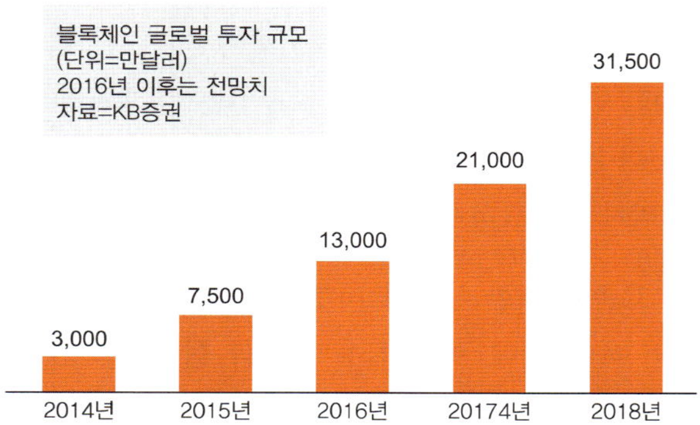

출처 : KB증권(2016)

[그림 3-4] 블록체인 글로벌 투자 규모

모든 것이 연관되면서 모든 경제적 가치의 전달과 거래에 있어 소수의 참여도 다양한 형태의 참여가 허용되고 수직적 통제가 분산적 연관으로 인해 보다 자율적이고 다양한 방식으로 발전할 것으로 예측하고 있다. 블록체인 기술이 빠르게 현실 비즈니스에 접목되고 있으며, 모든 당사자가 볼 수 있는 분산형 원장인 블록체인은 금융, 보험, 각종 정부 기관을 비롯한 수많은 기업들로 부터 그 가능성을 인정받고 있다.

분산원장 기술(Distributed Ledger Technology)의 한 종류인 블록체인은 인터넷이라는 사이버공간에서 중앙집중형 관리 시스템 없이 데이터를 안전하게 배포, 공유, 보관하는 방안을 제시한다. 분산되고 복제된 형태로 데이터를 보관하는 블록체인은 데이터에 대한 무결성과 비가역성, 그리고 높은 프라이버시를 제공함에 따라 금융권을 넘어 다양한 산업 분야에서 적용되고 있다.

전통적인 방식으로는 업무 처리 시 등장 하는 각종 원장을 1개의 보관소(중앙서버)에 보관하고 있지만 분산원장 측면에서 블록체인 방식은 해당 원장을 거래에 당사자들 끼리 보관하거나 또는 모든 이용자들이 보관하는 형태로 진행되고 있다.

다음은 블록체인 기술의 발전과 도입 현황을 살펴보았다.

[표 3-4] 블록체인 기반 서비스 도입 현황

년도	내용
2009년	• 1월 03일 : 첫 블록체인 생성(비트코인 생성) • 1월 12일 : 첫 비트코인 거래 발생
2011년	• 2월 09일 : 비트코인이 us 달러와 본격 거래됨
2013년	• 8월 06일 :미국 텍사스 주에서 비트코인을 법적으로 인정 • 10월 : 해외 비트코인 거래소 및 송금 플렛폼 등장
2014년	• 9월 : 블록체인기반 해외 송금 서비스 등장 • 12월 : 마이크로소프트 비트코인 결제시작
2015년	• 3월 : 영국 Barclays에서 블록체인 연구소 설립 IBM이 블록체인기반 지급결제 시스템 구축시작, Nasdaq이 블록체인 기반에 비상장 주식거래 플랫폼 구축 시작 • 5월 : Citibank에서 지점 간 거래를 효율적으로 하기위해 블록체인 기술에 대해 연구 및 개발 시작 • 9월 : R3cev를 통해 주 은행들이 모여 은행 간 거래를 위한 주요 내용 논의 • 10월 : Nasdaq이 새로운 플랫폼을 공개 R3cev에 가입한 은행 수 증가 Visa가 블록체인 기반에 smart contract 프로토타입 공개 • 11월 : Citibank와 Nasbaq이 chain.com에 투자하는 등 collaboration이 확대됨
2016년	• 1월 : 호주 증권거래소가 정산결재 시스템에 블록체인 기술 도입 결정, 일본정부가 디지털 화폐 수단으로 인정 • 3월 : Chainledger alliance 출범 Barclays가 블록체인기반 smart contract 프로토타입 공개 • 6월 : 일본은행자체 Digital currency 개발 계획발표 • 10월 : Dubai정부가 모든 공공문서를 블록체인에 등록하는 프로젝트 계획발표 • 11월 : 하이퍼레저 가입 기관 수 100개 돌파

블록체인 활용 가능 분야는 금융거래, 공증, 증명, 보험, 등기 서비스, 인증, 헬스케어, 공공분야 등 다양하며, 그 중 금융 관련 분야가 비트코인을 중심으로 급속한 변화에 직면하여, 시장을 형성 하고 있다. 블록체인은 분산성과 보안성을 바탕으로 의료, 금융, 보험, 공급망 관리 등 전반적인 산업 분야에 변화를 가져오고 있다. 또한 거래의 보안과 감사 가능성(auditability)이 중요한 모든 종류의 기록 관리, 계약 또는 레지스터에 적용할 수 있다.

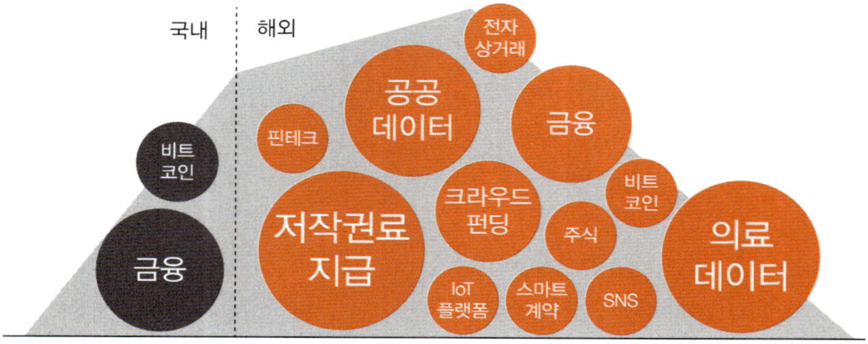

자료 : 한국정보화진흥원

[그림 3-5] 블록체인 국내외 활용분야

연습문제

01 블록체인 이전의 문제점으로 알맞지 않은 것은?

① 보안의 취약성

② 송금의 어려움

③ 인터넷 보급화의 어려움

④ 중복 대출로 인한 거품경제 조장

02 다음 글 상자의 빈칸에 들어갈 말로 알맞은 것은?

> 블록체인(Blockchain)은 당사자 간 거래정보를 네트워크에 참여하는 모든 구성원이 공동으로 보관하는 ________ 기술이며, 거래정보의 검증을 위해 10분 동안 발생한 거래를 모아 묶은 형태를 블록이라고 하며, 개념적으로 블록들이 순차적으로 연결된다는 의미에서 블록체인이라고 불리 운다.

① 분산 데이터

② 분산 송금

③ 분산 블록

④ 분산 장부

03 블록체인의 장점으로 틀린 것은?

① 제3자의 공증 없이도 거래기록의 신뢰성 확보가 가능하다.

② 분산처리기술을 사용하기 때문에 많은 비용이 든다.

③ 네트워크 상의 모두에게 공개된 공공원장이므로 해킹하기 어렵다.

④ 보안시스템을 별도로 구축할 필요가 없고 거래 절차 및 시간이 단축되어 거래와 운영비용 절감의 효과를 볼 수 있다.

04 블록체인의 각 특성에 대한 상대적 이점과 응용주체가 잘못 연결되어 있는 것은?

① 탈중개성 - 신속성 - 산업특화

② 분산네트워크 - 보안성 및 신뢰성 - 암호화폐

③ 타임스탬핑 - 효율성 - 공공조직

④ 합의 알고리즘 - 안정성 - 민간기업

05 개인에 대한 정보가 너무 많으면 개인의 보안이 침해되는 문제가 발생할 수 있다는 블록체인 기술의 한계요인은?

① 보안과 위험이 상존

② 최첨단 기술의 한계

③ 활용 표준화 미비

④ 정보의 공유로 범죄 노출 가능성 증대

정답	1. ③	2. ④	3. ②	4. ②	5. ①

CHAPTER

04 블록체인 기반 비즈니스 모델

1. 개요

일부 전문가들 중에서는 1990년대 '닷컴 붐'과 2018년 '블록체인 붐'이 서로 닮았다고 주장하는 경우도 있다. 2000년 초반, 새롭게 등장한 인터넷을 활용해 새로운 비즈니스를 하기 위해 수많은 스타트업들이 등장했으며, 인터넷 비즈니스에 투자하면 막대한 수익을 얻을 수 있다는 사회 분위기와 투자자들의 요구 사항으로 많은 자금들이 유입되었다. 그러나 체계적인 비즈니스 모델 없이 인터넷 기술에 대한 충동적인 환상만으로 만들어진 대다수의 닷컴 기업들은 버블과 함께 흔적도 없이 사라졌다. 2000년대 초반의 닷컴 기업 중 명확한 비즈니스 모델을 가진 몇 개의 기업인 구글과 아마존이 성장하였다.

현재 글로벌 시장을 주도하고 있는 IT 기업들을 보면 알 수 있듯이 수많은 업체가 역사 속으로 사라진 닷컴 버블이 IT 업계에 남긴 교훈은 아무리 혁신적이고 뛰어난 기술도 명확한 수익 모델이 없으면 살아남을 수 없다는 것이다. 구글, 페이스북, 아마존 등 글로벌 거대 IT 기업들은 광고 수익, 판매자 수수료, 프리미엄 멤버십 등 계속해서 새로운 수익 모델을 찾아 수익을 창출하면서 기업의 서비스와 시장의 요구 사항에 부응하며 성장해오고 있다.

블록체인 기술 도입시 시장에서 필요로 하는 비즈니스 모델이 존재하고 이를 통해 지속적인 수익을 창출할 수 있어야 생존할 수 있다. 블록체인 기술은 금융을 시작으로 전자상거래, 유통, 제조, 보험, 인프라, 공공 서비스 등 모든 분야로 빠르게 확산 되고 있다. 기업들은 이러한 블록체인을 기존 사업에 접목시키기 위해 노력하고 있고, 투자자들은 유망기업을 찾기 위해 암호화폐 투자에 적극적으로 나서고 있다. 따라서 블록체인 기반의 비즈니스가 성공하기 위한 최적의 비즈니스 모델을 어떻게 찾을 수 있을까 고민해야 한다.

이를 위해 블록체인 기술을 활용한 비즈니스의 특성에 대해 살펴보고자 한다.

첫째, 블록체인 비즈니스가 '토큰 이코노미 생태계'를 기반으로 형성되고 있다. 대중적인 블록체인 비즈니스는 암호화폐(토큰)를 발행하고, 사업적 가치가 높아지면 수익이 커지는 구조이다. 토큰의 발행 총량은 확정되어 있는 경우가 대부분이어서 블록체인 네트워크에 참여자가 늘어나고 수요가 증가하면, 토큰의 가격이 상승하게 된다. 일부 성공적인 경우, 기업 또는 프로젝트가 보유한 토큰의 가치가 수요의 증가로 인해 높아지면서 수익이 발생하게 된다. 토큰 이코노미[1]는 참여자의 가치 창출 활동과 참여자의 기여도에 따른 코인 분배 원칙을 제공하고 있다. 따라서 토큰 이코노미 생태계 안에서 블록체인 비즈니스가 운영되고 생명력을 가지게 된다.

둘째는 블록체인 비즈니스를 유지하는 네트워크는 특정 기업이 독점으로 소유할 수 없는 '분산형 구조'라는 점이다. 현재 운영되고 있는 인터넷 서비스는 대부분 중앙 집중형 플랫폼인 클라우드 시스템을 적용한 모델이다. 모든 서비스와 콘텐츠는 중앙에 집중된 클라우드를 통해 사용자에게 전달된다. 반면 블록체인 기반의 분산형 구조는 중앙에 집중화된 클라우드 서버가 존재하지 않는다. 오히려 네트워크를 유지하고 운영하는 핵심 코드까지 모두 공개한다. 이처럼 분산형 원장 구조를 통해 공유된 데이터는 구성원 누구든 접근이 가능하기 때문에 위조 및 변조가 불가능하다.

네트워크에 연결된 구성원들은 서로가 누군지는 모르지만 거래의 유효성을 서로를 통해서 입증할 수 있고, 해당 거래 결과에 대한 합의를 통해 거래를 신뢰하게 된다. 비즈니스 운용 규칙과 합의 조건을 모두 공개함으로써 거래를 통제 및 강제하는 중앙기관 없이 서로의 신뢰를 바탕으로 네트워크를 확장시켜 나갈 수 있다. 따라서 구성원의 역할이 강조되고 있다.

현재 전 세계적으로 다양한 블록체인 비즈니스가 진행 중인데, 글로벌 컨설팅 회사인 딜로이트가 분석한 바에 의하면, 2017년 10월 세계 최대 오픈소스 커뮤니티인 깃허브(Github)에 올라와 있던 8만 6,000여 개의 블록체인 비즈니스 프로젝트 중 생존율은 8%에 불과했다. 평균 프로젝트 수명도 1.22년에 불과했는데, 이것은 '닷컴 붐'때처럼 기술만 앞세울 뿐 '명확하고 체계적인 수익 구조'가 없다는 점이 문제라는 것을 보여주는 사례이다.

1) 토큰 이코노미(Token Economy)란 참여자가 특정 행동을 하도록 하기 위해서 시스템적 강제를 기반으로 한 관리 시스템이다. 토큰은 특정 행동을 강화하기 위해서 사용되는 강화제인데, 토큰은 또 다른 강화제와 교환될 수 있다.

블록체인 산업의 성패는 비즈니스 모델에 기초하며, 블록체인의 특징인 '토큰 이코노미 생태계'와 '분산형 구조'를 가장 잘 담은 수익 모델을 만들고 많은 참여자를 모은 비즈니스 모델이 상대적으로 시장에서 성공할 가능성이 높다.

2. 블록체인 기반 비즈니스 모델

블록체인 기술은 거래 상품을 인증함으로써 비즈니스 모델에 영향을 준다. 또한 운영 효율성을 높여주고 거래 소요 절차 등의 감소를 통한 업무의 효율성을 증진하고 작은 규모의 거래도 용이하게 한다. 블록체인을 통해 우리가 볼 수 있는 것은 1) 독점과 분배, 2) 자본과 수익, 3) 커뮤니티 경제, 4) 소유 개념의 탈피, 5) 규모의 경제 탈피, 6) 새로운 가치 창출, 7) 기업과 고용 문제 등이다.

[표 4-1] 블록체인으로 가능한 비즈니스 모델 구성요소

구분		내용
전략적 구성 요소 (Strategic components)	Strategy model	미확인 잠재력(unidentified potential)
	Resources model	평판의 역할 변화(change in the role of reputation)
	Network model	트랜잭션 보안을 통한 네트워크 확장(extension of the network through transaction security)
고객 및 시장 구성 요소 (Customer and market components)	Customer model	중개인 제거 : 현명한 계약(eliminate intermediaries : smart contracts)
	Market offer model	개인화 된 오퍼를 지원(support personalized offers)
	Revenue model	소액 결제지원(support micropayments)
가치 창출 구성 요소 (Value creation components)	Manufacturing model	가치 전달을 단순화(simplify delivery of value)
	Procurement model	공급 안정성을 높이고 위조를 제거(increase supply safety, eliminate forgery)
	Financial model	중소기업의 군중 소싱 및 자금 지원(support crowd-sourcing and financing of SMEs)
산업 분야별		기축통화, 라이센스/컨텐츠, 크립토펀드, 수수료, 커뮤니티, 아카데미, 계약, 공동소유, 뉴스&미디어, 데이터, 솔루션, 밋업/컨퍼런스, 트랙킹, 트랙킹, 암호화폐 트레이드

블록체인 기반 비즈니스 모델 수립을 위해 검토할 사항들은 다음과 같다. 첫째, 비즈니스 성공을 위해 개발자와 실제 사용자 확보가 성공의 관건이다. 둘째, 수익 창출도 중요하지

만 어떻게 좋은 비즈니스를 만들 것인가가 중요한 요소이다. 셋째, Private 블록체인들은 지속적으로 증가한다는 것이다. 넷째, 애플리케이션을 대체하는 Dapp[2])이 빠르게 증가하고 있으며 이 시장에 자금이 몰리고 있다. 다섯째, 데이터는 새로운 유전으로 정보 및 시장의 혁신을 제공한다. 여섯째, ICO(Initial Coin Offering)는 블록체인 생태계에 참여하는 행위이다. 일곱째, 블록체인 비즈니스 설계에서 가장 중요한 것은 시장에서 살아남을 수 있는 생태계를 디자인하는 것이다. 여덟째, 블록체인 시장 초기에 등장했던 마이닝 모델은 상대적으로 시장에서 감소 중이라는 것이다.

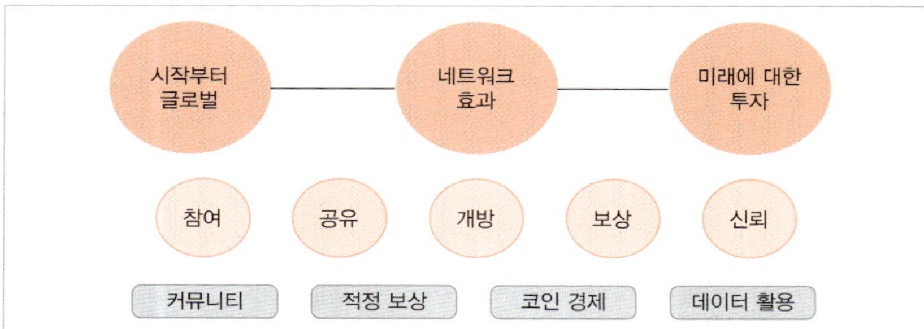

[그림 4-1] 블록체인 비즈니스 모델의 특징들

최근의 블록체인 비즈니스는 실생활에서 교환 및 사용의 수단이 주를 이루고 있으며, 기존 사업의 블록체인 결합을 넘어 블록체인 기반의 새로운 비즈니스 확장으로 이어지고 있다. 블록체인 기술이 적용되고 있는 분야를 보면 다음과 같다.

첫째, 금융 분야이다. 금융권에서 주로 사용되고 있는 경우는 전자화폐, 해외송금, 장외거래, 메시지 보호 및 전달, 데이터 전달 및 보호 등의 형태로 활용되고 있다. 전자화폐는 제3자 없이 사용자 간의 인증을 통해 안전하게 거래가 가능하도록 한 암호화폐 이다. 2017년 뜨거운 감자로 불렸던 비트코인, 이더리움 등이 그 사례이다. 또 해외송금을 할 경우에도 수수료를 상당 부분 낮출 수 있으며, 데이터 저장 및 보호도 할 수 있다. 그 외 나스닥 장외주식 거래소인 프라이빗 마켓(Private matrket)에 블록체인 기술을 가장 시범적으로 적용, 기존 변호사를 통했던 거래승인 절차를 대신 블록체인을 통해 자동화 하고 안전하게 실물증권을 관리하여 보관하고 있다.

둘째, 선거나 여론 조사이다. 선거나 여론 조사에도 블록체인이 쓰이는데, 각종 여론 조사

2) DAPP은 Decentralized Application의 약어이며 탈 중앙화된 어플리케이션을 말한다.

나 정부 및 지자체의 공공 선거에 이르기까지 블록체인 기술을 활용하여 중간에 조작을 할 수 없고 보안성을 강화한 시스템 구축이 가능하다. 기존의 전자투표 방식의 보안 위협을 최소화하면서 투명하고, 위조 및 변조 방지 기능을 갖춘 신뢰기반의 투표 시스템을 구축할 수 있다. 지난 2016년 미국 50개 주 중 43개의 전자투표기(EVM)는 10년 이상이나 사용한 적이 있다. 이런 경우 실패 및 고장 발생 가능성이 높을 뿐만 아니라 해킹에도 쉽게 노출될 가능성이 높다. 이러한 이유로 미국 신생기업 중심으로 블록체인을 활용한 투표 방식이 제안되고 있다.

셋째, 세금과 예산 관리 영역이다. 지방자치단체의 세금과 예산 관리 시 블록체인 기술을 활용하면 예산 할당 내용부터 제출 내역을 실시간으로 공유할 수 있다. 이를 통해 지출 내역을 관리하면 관련 행정 부담이 감소할 뿐만 아니라 투명성도 보장된다. 다보스포럼에서 73%의 응답자는 블록체인을 통해 세금을 거두는 국가가 2023년에 등장할 것으로 예측했다.

넷째, 공공 데이터 보호 영역이다. 중앙 시스템에 저장하거나 관리되는 데이터는 기관의 보호 노력에도 불구하고 조작이나 해킹의 위험이 존재한다. 이런 경우 블록체인을 활용한 보안성 강화가 필요하다. 현재 공공 데이터는 API나 파일 형태로 제공되기 때문에 사용 목적이나 용도에 대한 추적이 어려운 반면, 블록체인은 이력에 대한 추적이 가능해 위협으로부터 안전을 보장받을 수 있으며 투명성 또한 보장된다.

블록체인과 부동산 시장은 제3자 라는 요소를 제거함으로써 인증 과정을 간소화 할 수 있어서 이로 인해 제3자의 개입으로 발생하는 추가 비용을 줄일 수 있는 특징을 가지고 있다. 또한 속도 및 투명성의 개선과 문서 조작이나 허위 재산 양도 등 사기 행위의 위험도 최소한으로 줄일 수 있다. 이런 특징을 이용하여 부동산 영역에 블록체인 기술이 적용되고 있다.

800만 명이 사는 작은 섬나라 온두라스는 부패와 빈곤 지역으로 알려져 있다. 온두라스의 토지대장 데이터베이스는 공무원들이 토지대장을 알아서 조작을 한다. 이러한 환경을 개선하기 위해 온두라스 정부는 토지대장의 안정성과 영구성을 위해 블록체인 기반 기술을 도입했다.

다섯째, 물류와 유통 분야이다. 물류와 유통 분야에 블록체인을 활용해 가시성을 높이고 서류, 행정 처리 비용과 처리 시간을 효율적으로 관리할 수 있다. 예를 들어 공급체인의 주요 참여자인 송하인, 포워더, 세관원, 수하인 등은 블록체인으로 문서를 공유하게 되면 어느 기관에서든지 현재의 처리 상태를 신속하게 파악할 수 있다. 중국 월마트는 IBM과 협력해 중국에서 유통되고 있는 돼지고기의 유통 및 물류 전 과정을 블록체인 기술을 활용해 추적하기도 했다. 영국의 신생기업 에버레저는 다이아몬드나 와인 등 고가의 사치품들의 원산지 추적 및 인증에 IBM 블록체인을 활용하고 있다.

여섯째, 에너지 분야이다. 블록체인의 분산원장 기술과 스마트 계약 기능은 전력 거래소 없이도 누구나 에너지를 생산하고 판매, 소비할 수 있다. 신재생 전자화폐나, 전력 거래와 청산 등에도 블록체인 응용이 충분히 가능하다. 트렌스액티브 그리드(TransActive Grid)라는 기업은 LO3 에너지와 컨센스시스(ConsensSys)의 합작으로 블록체인을 통해 이웃 간 에너지를 판매한다.

[그림 4-2] 블록체인의 주요 서비스 구축 사례

다음은 등장하고 있는 블록체인 기반 서비스 사례들이다. 특히, 블록체인은 금융 분야에서 먼저 개발 적용이 되고 있어서 블록체인 활용분야를 금융과 비 금융 측면으로 바라볼 수 있다.

[표 4-2] 블록체인 서비스 구축 기업 사례

구분	내용
금융서비스 (대출, 결제, 금태환)	• Qcity Coin : 매출 기반 대출서비스의 블록체인 결합 • CDC : 블록체인 지갑과 실물카드의 연결 • RMG : 금소유권을 블록체인에 기록하여 유통
게임	• Moss Coin : 증강현실게임 내 블록체인 결합 • Cryptokitty : 가상의 고양이 키우기
멤버십	• Berith Coin : 포인트 통합 멤버쉽
의료서비스	• NAM Coin : 블록체인 & 머신러닝 기반 의료 서비스 • 교보생명 스마트 계약 : 보험금 자동지급 서비스
소셜네트워크(커뮤니티)	• Steem : 콘텐츠 작성자와 추천인 대상 수익 보상 SNS
인증	• 체인ID : 증권사 통합인증시스템 • BaaSid, 메타디움 : 인증기반의 블록체인 등의 다양한 비즈니스 모델이 출시되고 있음

[표 4-3] 블록체인 활용분야를 금융과 비 금융 영역으로 분류

구분		내용
금융	증권거래	블록체인 기반의 플랫폼 제공, 스마트 계약 기능 이용하여 효율성 제고
	청산결제, 송금	다양한 통화($, £, ¥ 등)와 가상화폐(비트코인, Ether 등)를 이용할 수 있는 플랫폼 개발
	투자/대출	투자자와 스타트업기업을 연결시켜 투자금 확보하기 위한 플랫폼 제공
	상품거래소	자산과 금융상품 거래가 가능하도록 블록체인 기반의 플랫폼 제공
	무역금융	무역거래 시 이용되는 문서의 위조 및 변조 방지, 처리절차 간소화에 적용
	관리규정	금융업무 수행 시 규정준수 여부를 모니터링 하는 기능
	보험	고가 상품에 대한 거래내역 등을 등록 · 관리하며 상품의 움직임을 기록, 보험사기 방지와 연계
	인증 서비스	정당한 사용자임을 확인하는 과정
	계약(SmartContract)	온라인 기반의 계약 업무
	환전	환전 시 이용되는 각종 정보의 관리
	지급 · 결제	거래에 따른 정산 처리
	금융 보안 플랫폼	금융업무의 보안을 지원하는 시스템
	주식거래	기업 주식의 매매 행위
	Crowd Funding	다수의 사용자에게 투자를 받는 방식
비금융	신원관리	디지털 신원 정보를 블록체인에 저장하고 신원확인, 데이터 유효성, 활동 분석 등 디지털화 된 신원 정보 관리 기능 제공
	공증 /소유권	분쟁 소지(문서 위 · 변조)가 발생되지 않도록 정보를 디지털화 하여 블록체인에 저장하고 검증, 인증, 사기탐지 등의 기술 개발
	전자투표	전자투표의 편의성 및 투표 매커니즘을 제공하며 선거 시스템에 대한 신뢰성과 투명성을 제공
	수송	GPS를 이용하여 차량의 움직임으로 토큰을 생성하고 다른 이용자의 차량을 이용할 때 생성된 토큰을 활용하도록 플랫폼 제공
	유통	상품, 재고관리 등의 전산화, 중개기관을 대체하는 거래 플랫폼 개발
	보안	상품 위 · 변조, 접근권한, 기기관리 등 화이트리스트 기반의 정보관리 기능 개발
	전자화폐	국가별 중앙은행에서 발생 · 관리하는 공식화페로 활용(관련국가 : 영국, 필리핀 등)
	전자 시민권	블록체인에 개인 신원정보를 저장하여 정부에 의한 디지털 신원확인이 가능하도록 기능 개발 및 활용(관련국가 : 에스토니아 등)
	소유권 기록	토지의 소유권을 블록체인에 등록하여 안전하게 저장 및 관리 하는데 활용(관련국가 :온두라스 등)
	기록물 관리	정부에서 작성 및 발행한 문서 등의 기록물 관리(관련국가: 영국 디지털 서비스청, 미국 버몬트주 등)
	디지털 콘텐츠 유통	제작된 디지털 콘텐츠를 소비자에게 제공하는 방안
	전자상거래	인터넷과 다른 컴퓨터 네트워크와 같은 전자 시스템을 통한 제품이나 용역의 매매를 말함
	P2P 네트워크 인프라	개인 간 거래를 위한 네트워크 기반 환경
	공공문서 발행/보관	공공기관 간행물의 안전한 보존과 관리
	부동산 거래	부동산 거래시에 등장하는 각종 계약 및 관련 서류
	IoT 플랫폼	각종 정보를 연결하는 네트워크 시스템
	투표(Smart Voting)	투표 시에 제공되는 정보를 운영 관리
	분산 App. 개발	각종의 보관된 정보를 앱을 통해 보관 관리
	실물자산 보관	자산의 보관 업무

3. 금융산업

개요

금융 분야는 IT 기술 발달에 가장 민감하게 영향을 받고 대응을 해오고 있다. 사람들이 직접 수작업으로 수행하던 은행업무가 1980년에서 1990년에 걸쳐 컴퓨터의 도입으로 전산화가 이루어졌다. 2000년대 초반에 인터넷 발달로 인해 정보 교환이 가능해지고 인터넷 뱅킹 업무의 발달로 인터넷을 통하여 은행업무를 수행 할 수 있는 환경을 제공했다. 2010년에 앱을 통한 거래가 자연스럽게 발달되고 휴대전화를 통한 은행거래 업무를 수행하게 되었다.

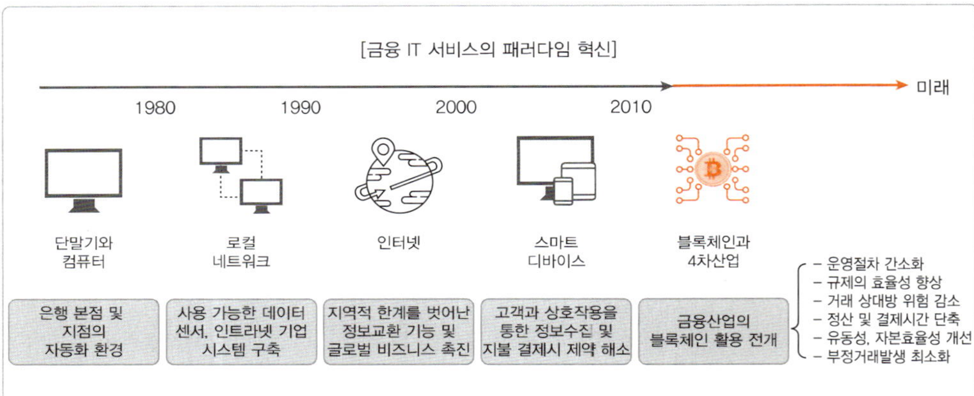

[그림 4-3] 금융 서비스의 변화

블록체인에 의해 금융 IT 패러다임이 변화하고 있다. 첫째, 분산 컴퓨팅 구조로서 블록체인은 중앙 시스템에 의해 운용되는 것이 아니라, 분산된 컴퓨팅 파워를 이용하기 때문에 다양한 측면에서 효율적이다. 둘째, 위·변조 불가이다. 블록체인 내에서는 데이터가 사슬 구조(이전과 이후 데이터가 연결되는 구조)로 위·변조가 어려운 구조이다. 셋째, 다양한 확장성이다. 블록체인 플랫폼은 다양한 서비스를 연계하여 확장시킬 수 있어 매우 효율적이다. 넷째, 투명한 추적 관리이다. 블록체인 네트워크 내에서 발생하는 모든 이벤트는 발생 시점부터 경로의 추적이 가능하여 투명하게 관리된다.

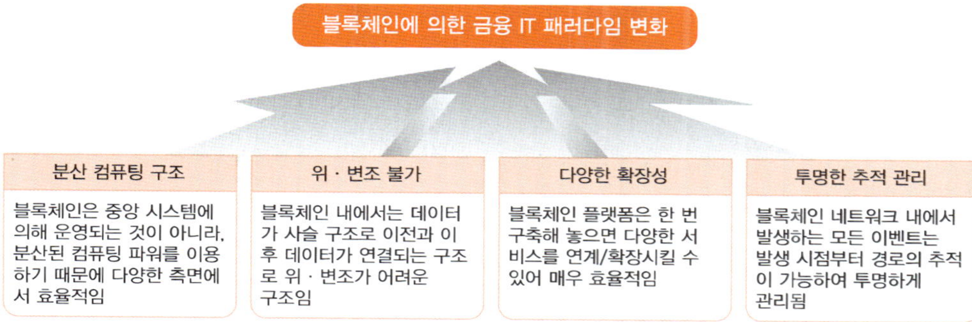

[그림 4-4] 블록체인 기반 금융 서비스의 특징

금융분야의 블록체인 적용 현황

다수의 금융회사들은 자체적으로 연구를 진행하거나, 관련 핀테크 기업들과의 제휴 및 투자 등의 다양한 방식을 통해 블록체인 기술의 잠재력을 본격적으로 검증하고 있다. 이미 블록체인 기술을 활용하여 국내 및 해외 송금 그리고 부동산 및 금·다이아몬드와 같은 실물자산의 거래가 가능해졌으며, 앞으로 거래 가능한 모든 자산으로 확대되는 추세이다. 외국의 은행들은 해외 송금뿐만 아니라 주식매매, 신디케이트론, 자산 등기 등 다양한 분야에서 블록체인의 실제 사용을 위한 연구를 활발히 진행 중이다. 나스닥은 장외주식 거래 플랫폼에 블록체인 기술을 우선적으로 도입할 예정이며, CDS6의 개발자로 유명한 Blythe Masters를 CEO로 영입한 Digital Asset Holdings는 집단 대출자산, 미국국채 등을

[표 4-4] 금융분야 서비스

구분		내용
금융	증권거래	블록체인 기반의 플랫폼 제공, 스마트 계약 기능 이용하여 효율성 제고
	청산결제, 송금	다양한 통화($, ¥ 등)와 가상화폐(비트코인 등)를 이용할 수 있는 플랫폼 개발
	투자/대출	투자자와 스타트업기업을 연결시켜 투자금 확보하기 위한 플랫폼 제공
	상품거래소	자산과 금융상품 거래가 가능하도록 블록체인 기반의 플랫폼 제공
	무역금융	무역거래 시 이용되는 문서의 위 · 변조 방지, 처리절차 간소화 등에 적용
	관리규정	금융업무 수행 시 규정준수 여부를 모니터링 하는 기능
	보험	고가의 상품에 대한 정보(거래내역) 등을 등록 · 관리하며 상품의 유동을 기록하여 보험사기 방지와 연계

블록체인을 통해 거래하는 시스템을 개발하고 있다. 핀테크 기업 Chain은 항공 마일리지 등 로열티 포인트를 암호화폐로 전환하여 블록체인을 통해 연결되어 있는 전 세계 어디에서나 보유 포인트를 사용할 수 있도록 하는 로열티 프로그램을 제공했다.

전 세계 금융 분야에서 블록체인을 활용하려는 시도가 활발하게 진행되고 있다. 주요 선진국 정부 및 중앙 기관들은 블록체인 기술에 대한 활용성 및 파급효과를 인지하고 정부 차원의 정책 및 연구를 발표 하였다.

미국 핀테크 기업 리플은 블록체인 기술을 활용해 제3의 기관에 의한 수수료 부담을 최소화시키는 해외송금 서비스를 제공하고 있으며, Fidor Bank(독일) · CBW/Cross River Bank(미국) · Westpac/ANZ(호주) 등의 은행들이 블록체인 기반 서비스를 이용 중이거나 테스트 중이다. 리플은 퍼블릭 블록체인을 개발하는 대신, 프라이빗 블록체인을 개발하여 은행이 분산원장 기술을 활용하는 방안에 대해서도 연구하고 있다.

Digital Asset Holdings는 완전히 중앙 집권화된 모드에서 활용될 수 있는 원장(DA platform)을 개발하였고, 코다는 비트코인의 많은 특징을 유지하면서 Notary라는 기술을 활용해 채굴 및 블록(Mining or blocks)의 필요성을 제시하였다.

블록체인 기술은 트랜잭션의 투명성 및 추적성을 비롯한 많은 이점을 제공한다. 이를 통해 은행 및 보험사는 보다 매력적인 충성도 및 보상 프로그램을 만들고 그것을 통하여 고객 충성도 프로그램의 가치를 실현할 수 있다. Deloitte는 Deloitte 암호화폐와 관련된 파일럿 프로그램을 위해 2016년에 블록체인에서 충성도를 높이고 앱에 보상을 제공하는 회사인 Loyal과 파트너십을 체결하였다.

온라인 신원이 블록체인 기반 인프라로 이동하면 사용자는 자신을 식별하는 방법과 신원이 공유되는 대상을 선택할 수 있다. 사용자는 블록체인에 신원을 등록해야 하지만, 신원 등록 후 해당 공급자가 블록체인에 연결되어 있으면 모든 서비스 공급자에 대해 재등록이 필요 없다. 이러한 블록체인 기술의 적용은 디지털 단일 소스의 식별 정보가 데이터의 프라이버시를 유지하면서 보다 원활한 계정 개설, 자원 및 비용 절감을 가능하게 하는 고객의 요구 사항에 사용될 수 있다. 많은 신생 기업들이 홍콩의 KYC[3]-Chain 및 싱가포르의 KYCK와 같은 신원 관리 분야의 애플리케이션을 개발하고 있다.

---

3) KYC는 Know Your Customer의 약어로 고객에 대해 알아야 한다는 의미이다.

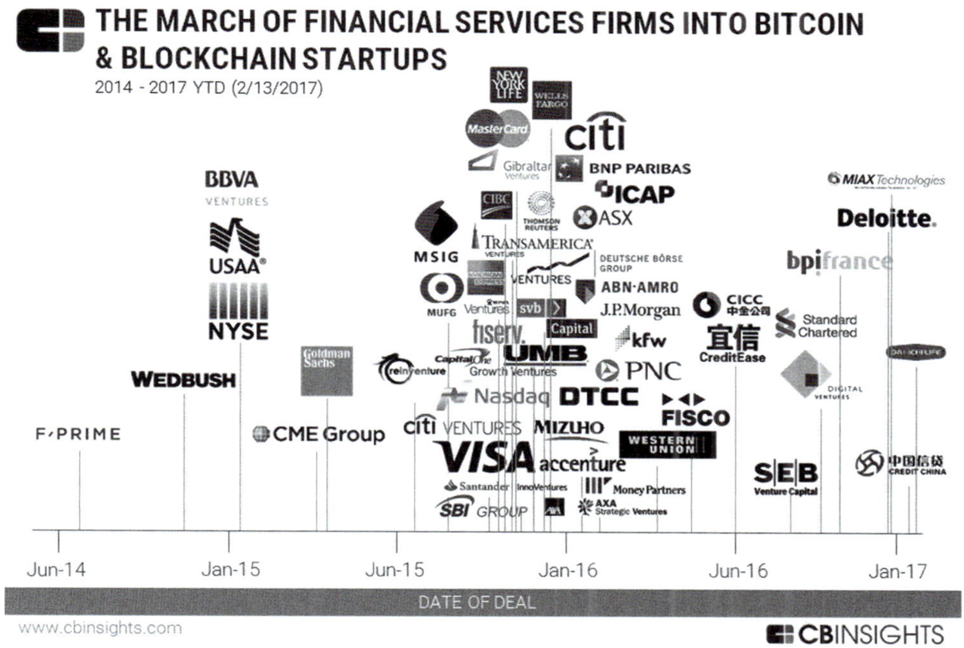

[그림 4-5] 블록체인 창업 기업에 대한 금융기관들의 투자현황

영국은 사물인터넷 지원 규제 계획을 수립하고, 2016년에 블록체인 기술 R&D에 약 212억 원을 투자 하였다. 호주는 블록체인을 국가 미래 기반 기술로 선정하고, 2016년 블록체인 전용 연구센터(CSIRO'sData61)를 설립하여 다양한 시범 사업을 진행 중이다. 2016년 6월 중국은 위안화를 위한 블록체인 기반의 전자화폐를 추진하였고, 31여 개의 중국회사를 묶어서 블록체인 협의체를 발족하였으며, China LedgerAlliance를 발족하였다. 일본은 비트코인을 전자화폐로 인정하였으며, 2020년 도쿄 하계올림픽을 위해 다양한 시범 사업을 진행 중이다.

전 세계 금융 분야에서 블록체인을 활용하려는 시도가 매우 활발하게 진행되고 있으며 중국, 네덜란드, 프랑스 등 여러 국가들이 움직임을 살펴보면 다음과 같다.

[표 4-5] 국가별 금융 분야의 움직임

구분	내용
중국	• 증권거래소, 원자재 거래소 등 11개의 금융기관들이 중국 블록체인 연합(China Ledger Alliance)을 구성하여 중국의 법규 안에서 적용 가능한 분산원장 솔루션에 대한 연구 및 개발을 진행 중에 있음
네덜란드 중앙은행	• 각 은행들이 블록체인 기술의 응용에 관한 정보의 공유 및 개발을 위해 블록체인 개발 캠퍼스를 설립
프랑스 금융당국 및 금융사	• 컨소시엄을 구성하여 중소기업의 자금조달 환경 개선을 위한 블록체인 적용 연구 중 은행들은 글로벌 컨소시엄 참여뿐만 아니라 자체적인 블록체인 서비스 개발에도 적극적으로 나서고 있음
싱가포르	• 싱가포르 통화청이 아시아 블록체인 허브 구축을 목표로 관련 연구에 대한 자금 지원을 발표하는 등, 다수의 은행들이 블록체인 기술의 금융 인프라 적용 가능성을 검토 중

블록체인 기술은 '분산화된 거래시스템'이라는, 기존의 금융시스템과는 완전히 다른 시각에 기초하며 기술적 난이도가 높아 관련 핀테크 기업과의 협업을 통해 시너지를 창출하는 것이 중요하다. 블록체인은 여러 기관이 협력하여 운영하는 시스템을 만들기 위해 공동으로 개발하고 있다.

[표 4-6] 블록체인 공동 시스템 개발 참여 은행들

구분		참여 은행
북미	미국	뱅크오브아메리카(Bank of America), BYN멜른(BNY Mellon), 시티그룹(City Group), 골드만삭스(Goldman Sachs), JP모건(JP Morgan), 모건스탠리(Morgan Stanley), 스테이트스트리트(State Street)
	캐나다	캐나다 왕립은행(Royal Bank of Canada), 토론토 도미니언 은행(Toronto–Dominion Bank)
유럽	영국	바클레이스(Barclays), HSBC, 스코틀랜드 왕립은행(Royal Bank of Scotland)
	스페인	BBVA(Banco Bilbao Vizcaya Argentaria)
	독일	코메르츠뱅크(Commerzbank), 도이치뱅크(Deutsche Bank)
	스웨덴	SEB(Skandinaviska Enskilda Banken)
	프랑스	소시에테제네럴(Societe Generale)
	스위스	UBS(Union Bank Switzerland), 크레딧 스위스(Credit Suisse)
아시아	일본	미츠비시 UFC 파이낸셜 그룹(Mitsubishi UFJ Financial Group)
오세아니아	호주	커먼웰스 호주은행(Commonwealth Bank of Australia), 국립 호주은행(National Australia Bank)

출처 : Nikkei(2015.09)의 KISA 자료 재인용

결제 및 송금 분야

블록체인 기술이 금융거래에 적용하는 경우 결제시스템 등 지급결제 제도를 비롯한 금융시스템 전반에서 활용할 수 있는 가능성이 크다.

블록체인은 네트워크 상에서 금전적 가치가 전자적 형태로 저장됨으로써 소액 금융을 가능케 하며, 기존 소액 지급결제에서 발생했던 고정 비용 지출 문제와 기술적 제약 해결이 가능하다. 블록체인의 경우 제3의 중개기관 없이 암호화폐 기반으로 국제송금, 지급결제, 소액금융이 가능하며, 수수료 절감 효과 등의 부가적인 가치 생성이 가능하다.

은행을 위한 블록체인 기반 지불 시스템의 예로 Ripple의 프로토콜이 대표적인 사례이다. 미국의 핀테크 기업인 Ripple은 블록체인 기술을 도입하여 글로벌 결제 네트워크 시스템을 구현하는 것을 목표로 하고 있다. Ripple은 지불 업계의 많은 공통 중개자를 대체하는 지불에 대한 오픈 소스 접근 방식으로 은행에서 사용할 수 있으므로 파트너에게 절감액을 전달한다. 따라서 블록체인은 실시간 실행, 완전한 투명성, 실시간 사기 분석 및 예방과 합리적인 비용으로 전 세계적으로 실시간으로 지불하는 데 사용될 수 있다. Ripple은 자사의 기술로 인해 은행이 국제 지불과정에서 운영비용을 33%를 절감하고 대출 기관이 수초 이내에 돈을 이동하도록 허용 할 수 있다.

Ripple의 문제점은 다른 시스템과 아직 연결할 수 없는 독자적인 블록체인 네트워크라는 것이다. Ripple을 다른 블록체인 프로토콜에 연결하려면 내부 원장 프로토콜을 개발 후 테스트하고 설치를 해야 한다.

지급결제 활용 사례로, 체인지 팁에서는 블록체인 기술을 적용한 암호화폐 기반의 소액결제 플랫폼을 개발했으며 실시간으로 소셜 미디어 콘텐츠에 소액의 팁을 전송할 수 있는 서비스를 제공한다.

지급결제의 또 다른 사례로 BitWall, BitMonet 등 블록체인 스타트업체들은 2013년부터 상품가격의 10달러 내외의 금액을 비트코인으로 결제할 수 있는 서비스를 제공했다. 소액결제의 경제적 효율성이 블록체인 기반의 가상화폐로 확보된다면 스팸 메일을 효과적으로 억제할 수 있는 수단으로 활용 가능하다.

세계 해외 송금 수수료율(송금/수취 + 환전수수료)은 평균 7.68%(2015.2Q 기준)에 달하며, 특히 상업은행의 평균 수수료율은 10.96%로 송금 기관 중 가장 높은 수수료를 부과하여 고객의 불만이 심화되어 있지만 일반적인 송금 비용은 5~20%이며 블록체인 기술은 총 금액의 2~3%로 비용을 절감하고 국경을 초월하여 실시간 거래를 제공 할 수 있다.

다수의 기관이 거래에 개입함에 따라 고객이 높은 수수료를 부담해야 하는 해외송금 서비스는 제3의 중개기관이 없이 개인 간 직접적인 거래를 가능케 하는 블록체인 기술의 활용도가 가장 높은 분야이다. 국제 송금의 경우, 해당 국가의 화폐를 사용해 평균 수수료를 1/10 수준으로 절감하면서 실시간에 가까운 서비스가 가능하다. 따라서 해외 송금 서비스 분야에서는 높은 보안성과 비용절감 측면에서 블록체인의 활용도가 높은 영역 중의 하나이다.

Santander는 영국에서 모바일 앱을 통해 실시간 국제 결제를 전송하는 블록체인을 사용하는 첫 번째 은행이다. 이 솔루션은 블록체인 기반 Ripple 지불 프로토콜 및 교환 네트워크의 작성자이자 개발자인 Ripple이 제공하는 기술을 사용한다.

스타트업 기업들이 블록체인을 활용한 송금 서비스를 적극적으로 개발하였는데, ABRA (www.goabra.com)는 핀테크 스타트업으로 세계 곳곳에 있는 개인에게 송금하는 기존의 방식을 새롭게 바꿀 수 있는 시스템을 개발 하였다.

에스토니아에서 LHV Bank는 "Cuber"라는 색의 동전을 "암호로 보호된" 예금 증서를 사용하여 블록체인을 적용하고 있다. 이 프로젝트를 통해 은행의 FinTech 부서인 Cuber Technology는 블록체인을 사용하여 무료 P2P 결제 통화를 제공하는 모바일 앱을 개발 가능하게 하였다. LHV Bank의 감독위원회의 Rain Lõhmus 회장에 의하면, 모든 에스토니아 정부와 금융 인프라는 공개키 암호화에 의존하고 있으며 블록체인에 대해서 연구하고 있다.

개인 고객용 송금 서비스 외에도 향후 국제통화 결제와 외환 시장 분야에서도 활용될 것으로 전망 되어 환전시장 역시 변화가 불가피할 것으로 예측된다. 싱가포르에 기반을 둔 가상화폐 결제 서비스 기업 텐엑스는 비자·마스터카드와 협력해 일반 신용카드를 사용해도 가상화폐로 결제할 수 있는 서비스를 준비 하였다. 텐엑스 체크카드를 소지한 사람들이 편의점에서 1만원을 결제하면 시세에 맞춰 1만원의 보유 가상화폐가 차감된다. 다만 편의점은 가상화폐가 아닌 법정화폐 1만원을 카드사에서 입금 받는다. 따라서 결제 처리 과정에서 가상화폐를 현금으로 바꿔주는 거래가 빠르게 일어나기 때문에 편의점 주인은 상대방이 암호화폐 카드를 사용했는지 알 수도 없고 알 필요도 없다. 특히 이는 당국

이 암호화폐 결제를 허용 여부와 상관없이 기존 카드 결제 시스템에서 작동한다. 금융 소비자들은 해외 여행이나 출장을 갈 때 은행 창구에서 수수료를 내고 환전을 했다가 귀국 후 다시 남은 돈을 환전하는 방식을 선택할지, 이 같은 서비스가 제공되는 체크카드를 충전해 들고 나갈지 선택할 수 있다.

[표 4-7] 해외 주요 블록체인을 활용한 송금 기업 현황

구분	기업명	주요 서비스
송금	Abra	• 스마트폰 앱을 이용한 P2P 개인 송금 서비스 제공 • 송금 받는 사람은 앱을 이용하여 텔러를 통해 인출 가능
	Align Commerce	• 결제서비스 제공자로 블록체인을 이용하여 로컬 통화로 결제를 할 수 있도록 지원
	Bitspark	• 최초의 개인간 송금서비스 제공
	Coin.ph	• 사용자가 비트코인 구매 및 판매할 수 있는 어플리케이션 제공 • 비트코인으로 변환하여 송금 가능
	Rebit	• 수수료 없이 타 은행으로 안전하고 신속하게 송금 서비스 제공
	CoinPip	• 블록체인을 이용한 송금 시 2%의 정액 수수료 청구 • 디지털통화가 담긴 선불카드를 소규모로 거래 가능
	Hellobit	• 핸드폰을 이용해 비트코인 전달자로 가입하여 전달자를 통해 비트 코인 송금
	TransferB	• 저렴하고 빠른 비트코인 송금 서비스 제공 • 2% 수수료와 24시간 이내 송금
	BitPesa	• 케냐와 가나 사용자가 모바일 지갑을 사용하여 법정화폐로 송금 할 수 있는 서비스를 지원
	Romit	• 일반 은행 ATM을 비트코인 ATM으로 사용할 수 있는 소프트웨어 개발 키트 출시
	Volabit	• 멕시코와 아르헨티나 간 적은 수수료와 빠른 송금 서비스 제공

자료 : LTP(Let's talk payments) 자료 재구성

블록체인이 전자상거래에 적용된 경우, 전자상거래 중개자가 필요했던 기존 거래의 틀에서 벗어나, 제3자인 거래 중개소를 거치지 않고 거래 당사자 간의 직접 거래가 가능하다. 아마존, 이베이 등 기존 전자상거래의 중개자 역할을 맡았던 기업들의 역할을 이제 블록체인 네트워크가 대체할 수 있다. 이와 관련된 활용 사례로 OpenBazaar는 구매자와 판매자가 직접 거래하는 완전한 P2P 마켓플레이스로 중개인 없이 누구나 수수료 없이 거래

할 수 있는 무료 전자상거래 서비스를 제공하고 있다.

대출 및 투자 분야

블록체인 기술 활용 시 기존 P2P 거래에서 중개자·중간 관리자를 배제한 상태에서 비대면으로 업무를 처리할 수 있으며, 이러한 거래 방식은 투자자와 대출자 간 투명성과 신뢰성 향상에 기여한다.

블록체인을 활용한 대출이 이루어질 경우 대출 사기 문제를 줄일 수 있다. San Francisco 기반의 P2P 대출업체인 BTCjam은 크라우드 펀딩을 통해 비트코인을 저축 계좌와 대출에 관한 서비스를 제공하기 시작했다.

[표 4-8] 해외 주요 블록체인을 활용한 대출 기업 현황

구분	기업명	주요 서비스
대출	BTCjam	• BTCjam은 전 세계 사람들에게 비트코인을 빌려 대출해주는 마켓 플레이스 • 크라우드 펀딩을 통해 비트코인을 대출해 주고 수익을 투자자에게 공유
	Bitbond	• 비트본드가 제공하는 플랫폼을 통해 자금이 필요한 소규모 기업을 연결해 주고 비트코인 보유자들에게 투자처를 제공
	BTCPOP	• 즉시 대출 서비스 제공, 투자 풀을 통해 비트코인 보유자들에게 투자처를 제공
	BTC Lend	• 비트코인 대출을 위한 신뢰된 플랫폼을 제공 • 비트코인 예금자들에게 연간 10%의 금리를 제공
	DeBuNe	• 기업 간 거래를 위한 P2P 플랫폼을 제공

자료 : LTP(Let's talk payments) 자료 재구성

미래 자본시장은 블록체인을 활용한 암호화폐와 기존에 유통되던 원화, 달러화 등과 같은 명목화폐(fiat money)[4]가 합쳐진 형태로 다양한 투자가 이루어질 것이다.

4) 명목화폐(fiat money)란 물건이 가진 실질적 가치와는 관계없이, 표시되어 있는 화폐 단위로 통용되는 화폐. 지폐, 은행권, 보조 화폐 따위를 이른다. 비트코인은 암호화된 코드 형태로 존재하며 실물로서 가치는 전혀 없는 전형적인 명목화폐다. 불환화폐라고도 한다.

블록체인 기술을 활용해 펀딩 금액을 투자 또는 기부하는 새로운 측면의 금융 서비스 제공이 가능하다. 미국에서는 사모펀드 BIT(Bitcoin Investment Trust)가 공모펀드 승인을 얻어 비트코인을 직접 보유하지 않아도 비트코인에 투자할 수 있다. 영국의 비트코인 거래소인 코인플로어(Coinfloor)는 실물자산에 투자하는 펀드와 동일한 구조로 비트코인에 투자하는 펀드를 만들고 비트코인 거래소에서 거래할 수 있도록 설계했다.

증권거래 분야

블록체인을 활용한 증권거래가 이루어질 경우, 거래가 체결된 곳에서 직접 매매 확인이 가능하고 자동적으로 승인 완료가 가능하다.

미국 내에서는 블록체인 기술을 활용한 통화와 장외주식, 파생상품 등이 활발히 거래되고 있으며, 캐나다, 호주, 일본 등도 적극적으로 블록체인 활용을 추진하고 있는 중이다. 미국 NASDAQ OMX 그룹은 블록체인을 기반으로 하는 장외주식 거래소를 만들어 기업 및 투자자들을 연결시키고, 2015년부터 전문 투자자용 장외시장인 Nasdaq Private Market에 블록체인 기술을 시범적으로 적용하여 실제 거래시간을 3일에서 10분으로 단축했다. 또한 미국 증권거래위원회는 2015년 12월 오버스톡이란 회사에 블록체인이 적용된 인터넷 공모 주식을 발행할 수 있는 권한을 허용하였다. 골드만삭스는 증권거래 결제에 사용하기 위한 '세틀코인(SETLcoin)'이라고 불리는 블록체인 기반의 암호화폐 시스템을 개발, 이를 미국 특허상표청(USPTO)에 접수했다.

캐나다 토론토 증권거래소 및 영국 런던 증권거래소는 블록체인을 도입하기 위해 관련 워킹그룹을 조직했으며, 호주 증권거래소는 디지털 에셋 홀딩스(Digital Asset Holdings)라는 블록체인 스타트업의 지분 5%(약 1,500만 달러)를 취득, 증권거래 체결 이후에 진행되는 거래처리(Post-trade)에 블록체인 기술을 적용하는 프로젝트를 진행 중이다.

일본 증권거래소 그룹은 일본 노무라 종합연구소, IBM과 함께 블록체인 기술의 실증 테스트를 위한 연구를 진행했다.

무역금융

블록체인이 적용된 시장에서 거래 내용을 조작하기 위해서는 모든 참여자의 거래 장부를 동시에 해킹해야 하므로 사실상 조작하기가 거의 불가능한 구조를 가지고 있다. 이것은 무역시장 또한 마찬가지이다. 따라서 이탈리아 금융그룹 UniCredit은 무역금융에 블록체인을 활용하기 위한 연구 및 기술 개발을 진행 중이며, 스탠다드차타드 은행은 싱가포르 DBS 그룹과 협력하여 전자 송장 플랫폼을 개발 하고 있다. 그리고 미국 BofA와 Citi, 영국 HSBC도 이러한 체제 구축을 개발하기 위한 검토를 진행 중이다.

영국의 Barclays는 이스라엘 스타트업 WAVE와 업무협약을 체결하고 블록체인 상에 신용장을 기록 관리하는 서비스를 개발하였다.

싱가폴 정보통신개발청(IDA, Inforcomm Developmen: Authority of Singapore), BoAML (Bank of America Merrill Lynch), HSBC는 블록체인 기술을 활용하여 세계 무역 산업에 변화를 가져오는 솔루션을 개발하고 있다.

스마트 계약 분야

블록체인에서 제시하고 있는 스마트 계약을 직관적으로 이해하기 위해 우리의 현실에서 사용하고 있는 무인자판기를 연상하면 된다. 자판기에 제시된 물품은 약속된 물품에 해당 코인(돈)만 지급하면 원하는 것을 바로 얻을 수 있다. 자판기와 나와의 일종의 정해진 계약에 따라 해당 제품의 버튼을 누루고 지정된 금액을 지불하면 된다. 이처럼 스마트 계약도 이미 이더리움 시스템에 지정된 계약이 포함되어 있고, 해당 계약에 진행하기로 동의하게 되면 각종 업무가 자동으로 처리되어 원하는 금액을 지불하게 되면 자동으로 처리된다. 이를 우리는 블록체인 기반의 스마트 계약이라고 불리운다. 즉 스마트 계약이란 블록체인을 통해 일정 조건을 만족시키면 거래가 자동으로 실행되도록 하는 프로그램을 말한다.

스마트 계약이란 특정 조건이 만족되면(ex.월 일정액의 생활비를 지급하지 않으면), 거래가 실행되도록(피 증여자가 증여자에게 A원을 보내고 증여 재산을 반환한다) 프로그래밍된 계약서를 작성하고, 이를 블록체인에 등록함으로써 계약의 실행을 담보하고 있는 것을 말한다. 기록에 대한 임의적인 수정 및 위조가 불가능하다는 특징 덕분에, 금융자산의 거래뿐만 아니라 소유권 이전, 상속, 증여 등 일반적인 계약까지도 블록체인 기술이 활용되고 있다.

스마트 계약(Smart Contract)을 사용하여 블록체인을 기반으로 금융 거래, 부동산 계약, 공증 등 다양한 형태의 계약을 체결하고 이행한다. 스마트 계약은 디지털 명령어로 계약을 작성하면 조건에 따라 계약 내용을 자동으로 실행한다.

소유권 이전 계약이나 상속 및 증여 등에 사용될 수 있는데, 계약 이행을 위한 조건을 스마트 계약서에 명기해 놓으면, 조건 충족과 동시에 계약 내용의 이행이 자동 실현되므로 계약 이행을 촉구하기 위한 추가적인 관리 비용이나 계약 불이행의 위험이 원천적으로 배제된다.

스마트 계약 기능은 부동산 거래, 법률 계약 등에 적용되며 거래가 실행되는 조건과 내용을 입력하면, 그에 해당하는 법률 및 절차가 자동으로 적용되어 거래 당사자에게 결과가 통보되는 시스템으로, 인적/물적 교류에 기반 한 기존 거래 형태 대비 거래가 물리적/시각적으로 간소화되고 거래 비용도 감소할 것으로 예상된다.

[표 4-9] 블록체인을 활용한 자산거래 사례

구분		서비스명 : 내용
거래 중	이체	(MeXBT) 송금/인출 가능
	해외송금	(Ripple) 은행간 송금시스템
	금	(RealAsset) 소유기록 등재
	다이아몬드	(Everledger) 등재 및 거래
	부동산	(Factom) 소유기록 인증
준비 중	주식	(Nasdaq) 개인 주식거래
	채권	(DigitalAsset) 미 국채 거래
	로열티	(Chain) 항공 마일리지

출처: 'Blockchain'(Bloomberg, 2015. 9. 1)

블록체인 기반의 스마트 계약은 참여자 누구나 검증 가능하므로 이러한 계약은 자동으로 공증된다. 오프라인 상의 모든 거래를 스마트 계약서(Smart Contracts)에 담으려는 이더리움이 등장하면서 금융은 물론 산업 전반의 개념을 전환하는 인프라로 주목받고 있다.

미래에는 스마트 계약을 통해 사람들은 부동산, 주식 등 다양한 것을 거래할 수 있고 제3자 없는 당사자 간 거래가 가능한 환경을 가지게 될 것이다.

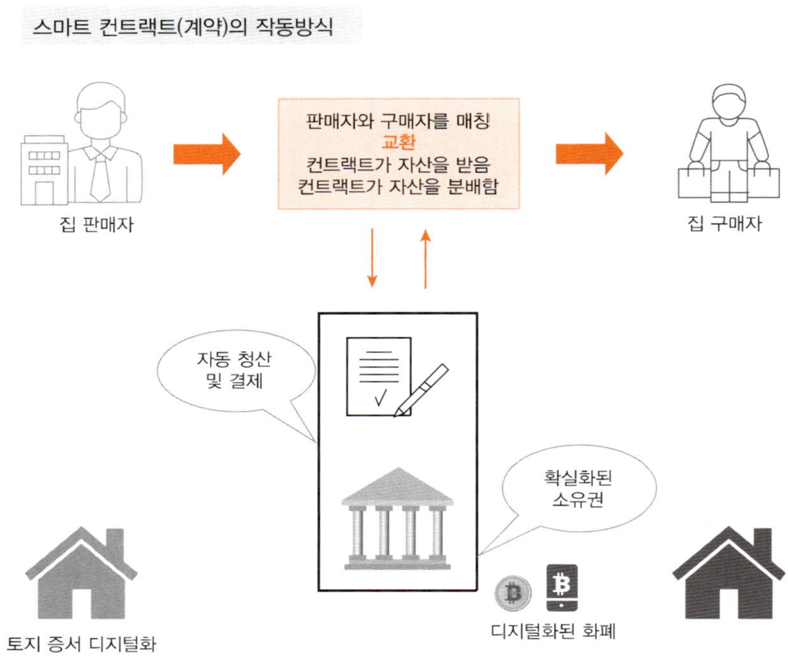

[그림 4-6] 스마트 계약 적용 예시

스마트 계약 법률 시스템이 진화하면 변호사의 역할도 상당히 축소될 수밖에 없다. 스마트 계약 시스템에 거래 조건과 내용을 등록하면 법률이 자동으로 적용되고 개인에게 결과가 통보되는 순서를 진행하게 될 것이다. 따라서 개별 계약을 주선하고 관리하던 변호사의 역할은 다양한 맞춤형 스마트 계약 템플릿을 연구하고 생성하는 업종으로 전환될 수 있다.

이렇게 블록체인은 디지털 정보화 및 네트워크 인프라만 구축될 수 있다면 기존에 금융이나 법률 서비스에 대한 접근성이 떨어졌던 수십억 명의 삶을 변화시킬 수 있는 잠재력을 가지고 있다.

스마트 계약의 사례로서 이더리움 플랫폼을 기반으로 한 음원 유통, 보험계약, 혼인신고, 스마트 그리드 과금 등의 사례가 존재한다.

마이크로소프트는 이더리움 기술 특화 스타트업인 ConsenSys와 파트너십을 맺고, 자신의 Azure Cloud 상에서 블록체인의 스마트 계약 기능을 편리하게 이용 할 수 있도록 하는 프로젝트를 진행 중인데, 이것은 일정 조건을 만족시키면 거래가 자동으로 실행되는 스마트 계약 기능을 상용화 시키는 프로젝트이다.

계약의 경우, 거래 데이터에 프로그램을 입력하면 거래 보증 및 계약 체결이 동시에 가능하며, 중개 수수료를 없앨 수 있다. 디지털 권한을 보면, 콘텐츠 저작권 사용료 분배와 재사용에 대한 계약체결 시 위변조를 방지하고, 중재기관 및 중개자가 없어 별도의 수수료가 발생하지 않는다.

음원 활용 측면으로는, 우조 뮤직(Ujo Music)이 블록체인을 활용해 음원 주인이 중개자 없이도 음악을 듣는 사람들로 부터 직접적으로 로열티를 지급받을 수 있는 시스템을 구축했다.

보증업무는 블록체인기술 기반으로 외부 공인인증기관인 제3자 없이 거래 내역을 공증하고 신뢰할 수 있는 거래보호 서비스를 제공한다.

블록체인 기반 인증

인증 방면에서 사용자 편의성 제공과 동시에 안전한 결제를 위한 기술이 요구되고 있다. 따라서 금융 거래에 있어 인증은 매우 중요함에 따라 블록체인의 활용 분야로서 인증과 자금세탁 방지 분야뿐만 아니라 계좌나 지불정보를 블록체인에 저장할 경우 계정에 필요한 데이터를 표준화할 수 있으며, 비정상 거래의 가능성을 현저하게 줄일 수 있다.

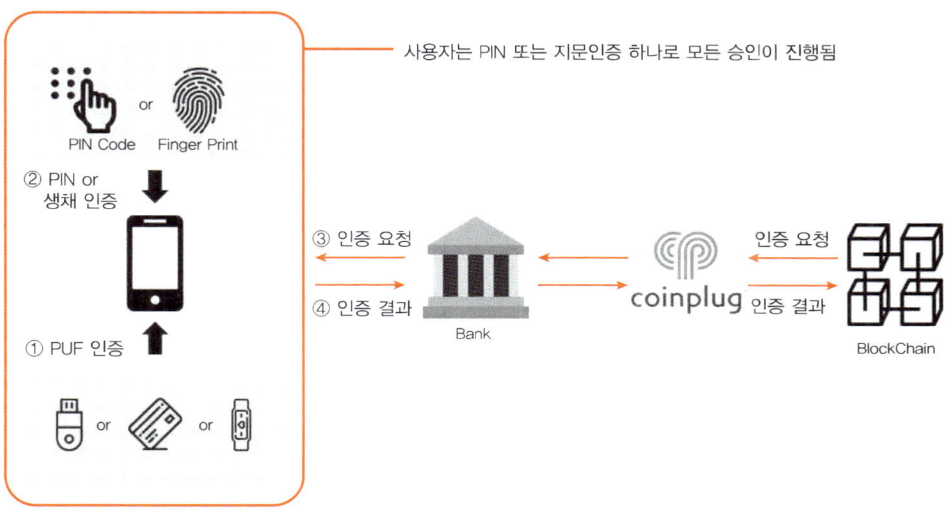

[그림 4-7] 블록체인을 이용한 인증방식의 사례

코인플러그는 블록체인을 활용하여 PIN 코드나 생체인증(Finger Print)만으로 간편하고 안전하게 인증을 진행할 수 있으며, 복제 및 변조 그리고 메모리 해킹 등 위협을 방지할 수 있는 인증수단이 가능하다는 것을 제시했다.

블록체인을 활용하여 분산 신원확인 시스템이 가능하며, 이는 블록체인과 같은 분산 프로토콜을 기반으로 한 여러 IdP(Identity provider)에 신원정보가 보관될 수 있고, 수집될 수 있다. 스마트 카드 또는 디지털/모바일 프로토콜과 같은 방법을 통해 IdP(Identity provider)에서 RP(Replying party)로 전송 가능하고 대체로 이 시스템은 개인 소유이다. 이 네트워크상 정부 또는 공공기관의 역할은 매우 적으며 또한 정보 처리 상호운용을 통해 관리자 없이 작동된다. 따라서 블록체인 기반 인증 수단 및 방식이 다양하게 개발 중에 있다.

4. 물류산업

개요

금융 거래에서 블록체인 기술이 많이 활용되고 있으며, 일반 제조업과 물류 · 유통 분야로 적용 범위가 점차 넓어지는 추세이다. 수많은 기업들이 생산하는 제품의 품질을 향상하고 물류 프로세스를 효율적으로 운영하기 위한 방안으로 블록체인 기술을 활용하고 있다.

블록체인은 네트워크 상에서 참여자 간 거래가 발생하게 되면 이를 검증한 뒤 암호화하여 분산 보관함으로써 보안성과 투명성을 동시에 확보하는 기술로, 사이버 공격 우려가 없고 보안비용을 기존보다 낮출 수 있다는 장점이 있다. 또한 블록체인에 기록된 거래원장(ledger)을 조작하기가 불가능에 가깝기 때문에 블록체인 기술을 통해서 구매자와 판매자 사이에서 훨씬 투명하고, 보안성 높으며, 사기 위험을 현저히 낮춘 거래를 유도할 수 있고 실시간 유통 경로를 추적할 수 있다.

물류는 IT와 접목했을 때 프로세스 개선 효과가 가장 높은 분야로 알려졌다. 또한 오래전부터 전 과정을 시스템화 하기 위해 물류 정보화에 대한 많은 노력이 있었지만, 높은 비용과 낮은 보안 수준으로 인한 낮은 신뢰도가 문제로 지적 되어 왔다. 또한 온라인 이력 관리는 과거에도 가능한 기술이었지만, 필수 정보 열람만 가능하고 데이터 베이스를 중앙집중식으로 관리하기 때문에 위조와 변조 가능성이 있다는 단점이 있다. 그러나 블록체인 기술이 등장함으로써, 이러한 단점을 극복할 수 있는 방안이 마련되었다.[5)]

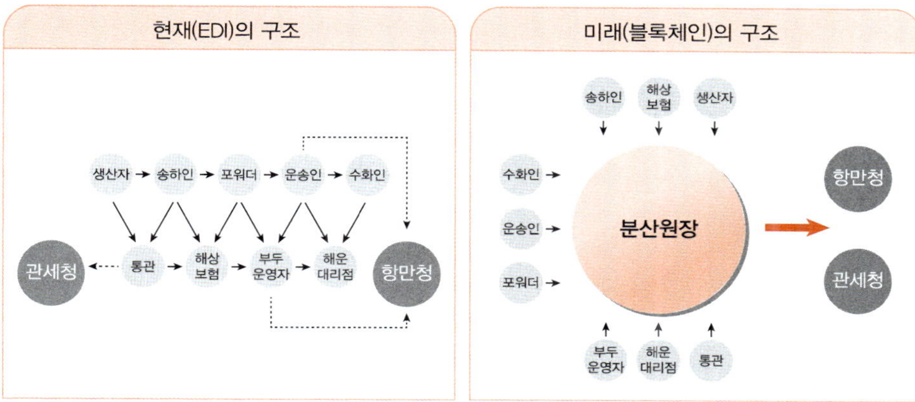

출처 : KMI 동향분석, VOL.26, 2017, APRIL

[그림 4-8] 전자정보교환(EDI) 시스템과 블록체인의 컨테이너 국제물류 가시성 확보구조

물류산업의 블록체인 적용 현황

글로벌 정보기술(IT) 기업과 국내 대표 시스템 통합(SI) 기업이 플랫폼 개발에 참여하고 있다. IBM은 생산 기반 블록체인 플랫폼을 공개하고 금융을 비롯해 물류 · 유통 · 공공 분야 전반에 블록체인 기술을 확대하여 적용을 시도하고 있다.

[표 4-10] 유통에 블록체인 적용 사례들

기업	고객사	주요특징
IBM	월마트, 네슬레	식품유통 이력 추적
	IBM 유통망	전자물류 네트워크 구축
알리바바	호주 우체국, 호주 건강식품회사 블랙모어스	식품유통 이력 추적
삼성SDS	삼성SDI	전자계약 시스템 적용
SK(주) C&C	SK 그룹계열사	전자물류 네트워크 구축
LG CNS	금융사	금융특화 플랫폼 적용

5) https://brunch.co.kr/@temcolabs/2

미국의 월마트 또한 블록체인 기술을 활용하여 제품의 품질 관리를 시작했다. IBM의 블록체인 기술을 활용하여 돼지가 사육된 축산농가, 냉장창고, 운송차량에 IoT 센서를 설치하여 유통 경로를 파악하고, 먹이, 도축 시기, 냉장창고의 온도를 실시간으로 수집한다. 이로써 소비자는 돼지고기를 섭취해 탈이 났을 경우 어떤 부분에서 문제가 생겼는지 손쉽게 파악이 가능해졌고, 이전에는 유통과정을 파악하는 데 수개월이 걸렸지만, 이제는 블록체인 기술을 이용해 몇 분으로 단축할 수 있다.

IBM은 송장(인보이스) 발행과 자동 과금을 위한 블록체인 시스템을 전자기기 제조업체 레노버와 함께 구축하고 있으며, 시스템이 완성되면 기업 간에 계약을 체결할 때 걸리는 시간을 획기적으로 단축시킬 수 있다.

월마트와 네슬레 등 세계적인 식품·유통 기업이 IBM의 블록체인 플랫폼을 적용했다. IBM의 블록체인 기술을 활용하면 거래 내용이 투명하게 공개돼 식품의 원산지와 유통 경로 등을 신속하게 파악할 수 있으며, 살충제 달걀처럼 '식탁 안전'을 위협하는 식품이 유통돼도 신속히 원인을 찾아내 적절한 조치를 취할 수 있게 되었다.

2017년 3월, 세계 최대 컨테이너 선사를 보유한 머스크 그룹은 IBM과 손잡고 블록체인 기술을 활용한 컨테이너 화물 추적 솔루션을 개발하는 프로젝트를 진행한다고 발표했다. 머스크 그룹은 세계 굴지 컴퓨터 소프트웨어 개발업체 IBM사와 글로벌 공급사슬 상의 모든 계약을 디지털화함으로써 전 세계에 흩어진 천만 개 컨테이너의 이동 상황 추적이 가능한 블록체인 기반 솔루션을 개발하였으며, 블록체인 기반 솔루션 개발 프로젝트, 일명 '하이퍼레저 프로젝트'을 통해 선박, 컨테이너 기기 및 화물 등 자산의 이동과 SCM 전체의 운송거래 기록 및 추적이 매우 개선될 것으로 기대된다.

미국의 뉴욕에서도 이웃 간 전력 판매에 블록체인 기술을 적용하는 프로젝트를 테스트하고 있는데, 브루클린 마이크로그리드(Brooklyn microgrid)라고 명명한 이 프로젝트는 각 가정에 설치된 신재생 에너지 설비에서 생산된 전기를 에너지 저장 장치에 저장했다가 필요에 따라 이웃과 거래하는 데 블록체인 기술을 활용하고 있다.

오스트리아의 '빈 에너지(Wien Energie)' 역시 다른 전력회사와 전력을 거래하는데 있어 블록체인 기술을 적용하고 있고, 독일 전력회사 '이노지(Innogy)'도 전기차 충전 시설을 블록체인으로 연결하여 각각의 전기차량의 충전 상황을 개별적으로 모니터링하고 정산하는 시스템을 테스트하고 있다.[6)]

[표 4-11] 식품·유통·운송·글로벌 공급사슬에 블록체인 검토 사례들

구분		내용	사업일
식품·유통·운송·글로벌 공급사슬	Walmart	• 유럽–동아프리카 간 냉장화물 해상운송시 화물 추적. 30개 가까운 거래기관을 거치며 2백 건 이상의 거래 과정을 거치는 것을 확인함	2014
	Walmart/ IBM	• 포장 식품 및 축산물(돼지고기)을 대상으로 생산자로부터 최종 소비자에 이르는 제품 유통 과정을 추적	2016
	John West	• 존 웨스트는 세계 굴지의 통조림 업체로 참치 캔에 코드를 부여해 블록체인화 하는 방식으로 모든 소비자가 참치 캔이 생산, 유통되는 전 과정을 공개하여 2천2백만 달러의 추가 매출액을 발생시킴	2016
	Provenance	• 제품의 원산지, 히스토리를 추적할 수 있도록 실시간으로 데이터를 제공하는 플랫폼으로 제품 정보는 실제 제품에 대한 소유권 증명과 함께 안전하게 수집 및 저장	2015
	La' Zoo	• 분산 원장을 통해 개인이 Uber 기능을 갖는 차량공유제 개발 중	2015

출처 : KMI동향분석 2017년 4월호 - 한국해양수산개발원

중국 최대 전자상거래 기업인 알리바바가 호주 주요 기업, 기관들과 함께 가짜 음식이 유통되는 것을 막기 위해 블록체인 기술을 도입했다. 알리바바는 호주 우체국, 호주 건강식품회사 블랙모어스, 글로벌 회계 법인인 PwC 호주지사와 손잡고 블록체인을 활용한 '푸트 트러스트 프레임워크(Food Trust Famework)'를 만들고 있다. 알리바바는 이러한 기술을 가짜 음식이 유통되지 않도록 음식 이력을 관리하는 용도로 사용한다.

블록체인 상에 모든 음식 유통 이력을 기록하는 방법으로 품질이 떨어지거나 가짜 성분을 담은 사기성 음식을 추적하여 알아본 결과, 전 세계에 유통되고 있는 주요 가짜음식은 과일주스, 올리브 오일, 후추, 곡물 등이다.

중국 1위 전자상거래 기업인 알리바바는 블록체인 기술 개발을 하고 있다. 기본적인 목적은 상품 추적이며, 이를 통해 스타트업 육성과 많은 개발을 통해 사업 영역을 확장하고 있다. 연구 부분에서는 블록체인 기술 기반의 추적, 업로드, 수입품 확인 등의 정보 제공을 확인하고, 이를 소비자에게 제공하는 것이다. 이 시스템을 기반으로 수출 품목뿐만 아니라 수입 품목에 대해 추적할 수 있도록 지원하는 것이다.

6) How Utilities Are Using Blockchain to Modernize the Grid, hbr.org

중국 2위 전자상거래 기업인 징둥 또한 블록체인 기술을 개발 하려고 시도 중에 있으며 해외 블록체인 스타트업을 대상으로 하여 약 6개월간 AICA(AI Catapult Accelerator) 프로젝트를 시작했다. 징둥은 이 프로젝트를 통해 블록체인 기술을 비즈니스에 적용하여, 원가 절감과 소비자 만족도 증가를 목적으로 진행하고 있다. 첫 번째 영역은 상품 이력 추적에 개발을 집중하여, 제3자 플랫폼의 도움 없이도 정보의 신뢰성을 얻는 것이다. 이력 추적에 포함시킬 정보는 원산지, 발송국, 발송 항구, 운송방식, 수입 항구, 검역, 통관 정보 등이다.

2017년 하반기에 수입품에 대한 추적 기능에 블록체인 기술을 적용시키기 위해 중국 산업정보화부, 농업부 등이 참여하여 품질 추적 위조 방지 연맹을 만들었다. 또한 UPS, Fedex 등이 가입한 글로벌 블록체인 화물운송 연맹(BiTA, Blockchain in Transport Alliance)에 가입하여, 수입품에 대한 추적 발판을 만들기 위해 노력하고 있다. 추가적으로, 호주산 소고기 원산지와 농장 추적에도 적용을 목표로 하고 있으며, 사육지, 사육 방식, 가공, 운송 과정의 정보를 실시간으로 소비자가 인터넷을 통해 확인할 수 있도록 할 예정이다. 현재 약 300여 개의 해외 제품에 대한 제품 추적을 시작했다.

삼성SDS는 2017년 자사의 블록체인 플랫폼 '넥스레저'를 계열사 삼성SDI 전자계약시스템에 적용하기 위한 계약을 체결했으며, 넥스레저는 2017년 금융사인 삼성카드에 처음 도입되고 2017년 5월부터는 관세청과 해양수산부 등이 참여한 해운물류 블록체인 컨소시엄에 적용하기 위한 작업에 참여했다. 해운물류 실시간 정보 공유 서비스를 운영하게 되면, 과거 개별적으로 운송 관련 정보를 관리하던 방식 대신 블록체인 기술로 송화자, 수화자, 운송사, 항만청, 관세청이 물류 운송 정보를 실시간으로 공유하고, 실시간 추적과 정확성을 높일 수 있다. 또한 운송 과정에서 문제 발생 시 빠른 대처가 가능하다는 장점이 있다.

관세청, 현대상선, SM상선 등 기관 및 기업등이 함께 지속적으로 물류 블록체인을 개발하고 있으며, 거래 정보와 더불어 IoT 센서를 활용하여 온도, 습도, 진동 변화 파악을 통해, 운송 과정에서 발생한 문제의 책임 소재를 명확히 할 수 있도록 하는 데 중점을 두고 있다. 또한 삼성전자 제품을 물류 블록체인으로 관리하여 유럽 지점의 재고를 예측하고, 재고가 부족할 경우 직접 홈 배송이 가능한 물류 서비스를 소개했다.

SK C&C는 2017년 5월 시범적으로 물류 블록체인 사업을 하고 있다. 배에 화물을 싣고 내릴 때마다 해야 했던 복잡한 서류 작업을 간소화시키는 것이 목표이며, 이를 통하여 운송비용의 1/5에 달하는 서류 처리 비용을 절감시킬 수 있을 것으로 추정 되었다. 우정 사업본부도 IoT, AI와 함께 블록체인 기술을 활용하여 우편 물류 프로세스를 개선하여, 우편 물류의 신뢰도를 증가시키려고 노력한다.

SK(034730)(주) C&C도 블록체인 전담 조직을 신설한 뒤 블록체인 기술 기반의 전용 물류 서비스를 개발 하였다. SK그룹 계열사와 협업을 통해 블록체인 전자 물류 네트워크를 구축하고 있으며 LG CNS는 세계 최대 금융 블록체인 컨소시엄인 'R3'와 업무 협약을 맺고 프로젝트를 준비하여 R3에서 만든 금융 특화 블록체인 플랫폼 '코다'를 통해 서비스를 제공한다.

삼진어묵의 경우 블록체인 기반 물류 시스템을 구축하여, 소비자가 어묵 포장 QR 코드를 찍으면 조업이 이루어진 원산지, 제조 공장의 온도와 습도 이력, 수입 날짜 등을 볼 수 있다.

5. 보건의료 산업

개요

4차 산업혁명의 기술이 가속화 되면서 다양한 부가가치 창출에 대한 기대감도 높아지고 있으며 최근 데이터의 활용 기술로써 블록체인이 의료계에서 크게 주목을 받고 있다. 블록체인을 이용하면 의료 정보를 효과적으로 기록 및 관리 할 수 있을 뿐만 아니라 위·변조가 불가능하고 개인정보 유출 가능성을 크게 낮출 수 있어 의료 혁신을 현실화 하는데 기여한다.

미래의료의 핵심은 데이터에 기반을 둔 개인 맞춤의료 및 예측의료의 실현이다. 이를 위해 개인의 의료데이터를 언제 어디서나 열람 및 유통이 가능한 개방형 시스템을 이루어야 한다. 그리고 의료데이터는 그 속성상 매우 민감한 개인정보를 다루기 때문에 상당한 수준의 신뢰성과 보안성이 요구된다.

보건의료 분야에 빅데이터 기술이 적용되고 원격의료가 시행되면 데이터가 유출될 가능성이 있고 이는 국민들의 개인 신상 정보와 프라이버시를 크게 위협할 수 있다는 이유로 반대의 의견이 존재한다. 그러나 블록체인 기술을 통해 철저한 보안과 암호화가 가능해지면서, 블록체인 기술을 의료계에 도입하는 것이 긍정적으로 받아들여진다.

의약품 물류 시스템에 블록체인이 적용 되는 이유 중의 하나가 블록체인을 통해 생산부터 유통까지 투명한 거래가 가능하고 이는 의약품의 위·변조와 가짜 의약품 판별에 큰 도움을 줄 수 있기 때문이다.

의료분야에서 블록체인 기술이 대두됨에 따라, 2016년 미국 국가 건강 정보 기술국(ONC-HIT, The Office of the National Coordinator for Health Information Technology)에서는 보건의료 분야에서 블록체인 기술의 잠재적인 사용에 관한 조직을 구성하고 기술 및 정책적 구성요소에 관한 연구에 착수했다. 이를 통해, 블록체인을 통한 의료정보 상호 운영성(Interoperability)과 유스 케이스(Use Case)에 관한 다양한 어플리케이션이 제안되었고, 문제 해결을 위한 기술적 해결 방안을 제시했다.

또한 블록체인을 의료에 응용하면, 원본성이 확실히 보장되기 때문에 임상시험에서 편향적 데이터 구성이 불가능해 연구의 투명성을 확보할 수 있으며, 환자의 진단서 및 보험금 지급부터 의약품 관리까지도 투명하게 처리가 가능 할 뿐만 아니라 보험청구 정보 처리와 의료기관의 실시간 청구와 심사 지급도 가능하다. 이와 함께 소비자 주도형 의료 체계 확립에 도움이 되고, 나아가 코인이 활성화 된다면 이를 이용해 의료계에 인센티브 시스템을 구축해 활용할 수 있다.

보건의료의 블록체인 적용 현황

보건의료 분야에서 블록체인이 적용하면, 만약 의사가 환자 또는 공익을 위해 어떤 행위를 했을 때 이것을 보수나 기타 비용으로 제공하기 부담스러웠던 부분을 암호화폐로 보상해 인센티브를 지급할 수 있고, 이런 방법으로 의사에게 코인을 제공하면 의사에게도 동기부여가 되며 의료 시스템에서의 암호화폐(ex. 비트코인) 가치도 올라갈 수 있다.

그리고 환자들이 가정용 의료기기나 웨어러블 등을 이용하여 생성되어진 데이터가 많지만, 이전까지는 이를 개인이 전혀 사용할 수 없었다. 그러나 방대한 의료 데이터를 블록체인에 올리게 된다면 환자진료를 할 수 있는 맞춤형 의료 시스템에 기여할 수 있다.

예를 들면, 만약 어떤 환자가 응급실에 실려 간다고 가정했을 때, 자신의 개인정보를 활용해도 좋다고 동의만 했으면, 이송되는 시간에 환자에 대한 메디컬 레코드를 이용해 응급처치가 굉장히 효과적으로 될 수 있을 것이기 때문에 이용 목적이 확실하고 신뢰성이 확보가 된다면 환자를 살리는 의료 서비스를 구축 하는데 매우 유용한 자료가 될 수 있다.

의료계는 블록체인 기술을 통해 안정적으로 빅데이터를 구축하며 '루닛'의 영상판독 기술과 같은 다양한 기술들이 나올 수 있을 것이다.

현재 의료분야에서 블록체인이 응용될 다양한 서비스 모델이 시도되고 있는데 대표적으로 의료데이터 유통, 인공지능, 약물사용, 전자건강기록 개발, 웰니스, 의료비 지불, 생체이식, 신약개발, 치과치료, 의학연구, 개인건강기록, 유전체 분석, 원격진료, 데이터 분석기, 가상현실, 정신상담, 반려동물, 보험, 성형, 식음료, 임상시험 등이 있다. 다음 표는 국내외 의료 헬스케어 분야에서 블록체인 기술이 응용되는 주요 서비스 모델 사례들이다.

[표 4-12] 헬스케어 관련 블록체인 서비스들

구분	내용
MedRec	블록체인 원장을 통해 환자 치료에 대한 정보를 공유하기 위해 블록체인 플랫폼이 구현되었으며 상호운영 가능한 전자건강기록을 구현을 목적으로 함
Gem Health	약물 공급망, 자동차 보험, 사회기반 서비스 등 다양한 분야에서 활용 가능한 공유 ID 체계 구축을 목표로 블록체인을 구성
Mediledger	의약품 운반과 공급관리를 위해 개발된 플랫폼, 모든 처방 의약품을 상호운영 가능하게 하여 공급된 의약품을 식별 및 추적관찰 가능하게 위해 고안됨
HealthCoin	만성 질환 합병증 예방을 위해 환자의 행동을 웨어러블 기술로 추적 관찰, 보험사 및 의료기관을 연결해 의료 서비스의 효율을 제고 하고 참여한 환자들에게 재정적 보상을 제공
Shovom	환자의 게놈 데이터를 안전하게 저장 및 유통하기 위한 블록체인플랫폼
certon	여러 의료기관을 연계한 의료 제증명 문서의 발급 및 사용 이력관리
Medibloc	환자 개인이 직접 여러 의료기관에 분산된 자신의 의료정보를 통합, 관리 및 유통을 할 수 있게 하는 블록체인 기술 개발
Mygenomebox	개인에게 유전체 분석 결과에 대한 서비스를 제공하고 이러한 데이터를 제약사 및 연구기관에 제공

출처 : 보건산업진흥원

블록체인은 정밀·맞춤형 의료 등 환자 중심의 의료 환경 패러다임 전환을 지원하는 다양한 ICT 기술 중에서 개인의 의료·건강 정보의 소유권 문제를 해결할 수 있는 핵심적인 기술이다.

[표 4-13] 블록체인 활용 효과

구분	기존 의료정보	블록체인 활용한 의료정보
내용	• 환자 생성 데이터에 대한 소유권이 불명확하고 환자 데이터의 접근성 저하 • 환자 데이터에 대한 적시 접근성, 시스템 상호 호환성, 데이터의 분산, 데이터간 불일치, 의료진 소견 등 2차 생성 데이터 문제 등	• 의료분야 데이터뿐만 아니라 개인의 건강과 관련한 모든 데이터의 기록 · 저장 · 유통에 대한 소유권을 확보함으로써 개인의 건강 관리 향상과 맞춤형 치료에 기여할 수 있는 기술적 구현 방안으로 활용 가능

출처 : 보건의료 산업에서의 블록체인 기술활용(박순영, 융합연구정책센터)

6. 기타 산업

교육 분야에서 활용된 사례를 보면, 2017년 10월에 MIT는 대학 최초로 111명의 졸업생들에게 전통적인 졸업장 이외에도 앱을 통해 스마트폰으로 학위를 수여받을 수 있는 시범 프로그램인 Blockcerts Wallet을 진행하여 학생들이 검증 가능한 변조 방지 버전을 학교, 가족 및 친구들과 공유할 수 있도록 자신의 기록에 대한 자율권을 부여했다.

자율주행자동차에 적용에 대한 사례를 보면, 도요타 자동차는 자율주행자동차 개발에 도움이 될 데이터를 수집하기 위해 블록체인을 사용할 계획을 2017년 발표 했다. 또한 도요타 자동차는 블록체인 기술을 자율주행자동차와 전기 자동차에 응용할 수 방안을 모색하기 위해 미국 매사추세츠 공대(MIT)의 미디어랩 등과 제휴를 맺었다. 또한, 도요타는 주행데이터를 기록/공유하거나 차량 공유에 대한 요금 결제, 운전 방식에 따른 보험료 책정이나 주행 환경 변화에 맞춘 새로운 보험 서비스 개발 등에 블록체인 기술을 적용할 수 있을 것으로 기대하고 있다.

연습문제

01 블록체인 비즈니스에 대한 설명으로 틀린 것을 고르시오.

① 블록체인의 경우 시장에서 필요로 하는 비즈니스 모델이 있어야만 생존할 수 있다.

② 블록체인 기술은 금융을 시작으로 전자상거래, 유통, 제조, 인프라, 공공서비스 등 전 분야로 점차 확산 되는 추세다.

③ 블록체인 비즈니스가 '토큰 이코노미 생태계'를 기반으로 형성되고 있다.

④ 블록체인 비즈니스를 유지하는 네트워크는 특정 기업이 독점으로 소유하지 않는 분산형 구조다.

02 블록체인 기반 금융 서비스의 특징으로 맞는 것을 고르시오.

① 디지털 신원 정보를 블록체인에 저장하고 신원확인, 데이터 유효성, 활동분석 등 디지털화 된 신원 정보 관리 기능 제공

② 전자투표의 신뢰성 및 투표 매커니즘을 제공하며 선거 시스템에 대한 투명성을 제공

③ 블록체인 네트워크 내에서 발생하는 모든 이벤트는 발생 시점부터 경로의 추적이 가능하여 투명하게 관리

④ 분쟁 소지(문서 위 · 변조 등)가 발생되지 않도록 정보를 블록체인에 저장하고 검증, 인증, 사기탐지 등의 기술 개발

03 국가별 금융 분야의 움직임을 봤을 때 다음과 같은 움직임을 보인 국가는?

각 은행들이 블록체인 기술의 응용에 관한 정보의 공유 및 개발을 위해 블록체인 개발 캠퍼스를 설립

① 중국

② 네덜란드

③ 프랑스

④ 싱가포르

04 해외 주요 블록체인을 활용한 송금 기업의 기업명과 주요서비스가 제대로 짝지어진 것은?

① Align Commerce - 최초의 개인간 송금서비스 제공

② Coin.ph - 저렴하고 빠른 비트코인 송금 서비스 제공

③ Hellobit - 멕시코와 아르헨티나 간 적은 수수료와 빠른 송금 서비스 제공

④ Romit - 일반 은행 ATM을 비트코인 ATM으로 사용할 수 있는 소프트웨어 개발 키트 출시

05 헬스케어 관련 블록체인 서비스 중 환자의 게놈 데이터를 안전하게 저장 및 유통하기 위한 블록체인 플랫폼인 것은?

① Gem Health

② Medildger

③ HealthCoin

④ Shovom

정답	1. ②	2. ③	3. ②	4. ④	5. ④

PART II

블록체인의 활용

CHAPTER

05 기술 표준화를 위한 컨소시엄

1. 하이퍼레저

경쟁력 있는 비즈니스 플랫폼 개발 또는 파트너십 구축이 비즈니스 주도권을 결정하는 핵심 역량으로 부상하고 있으며, 이에 해외 글로벌 기업, 대형 은행을 중심으로 블록체인 기반 표준 플랫폼을 개발 및 구축하는 컨소시엄이 구성되었다. 다음은 기업들이 연합하여 컨소시엄을 구성하여 관련 기술을 개발하고 있는 하이퍼레저(Hyperledger)에 대해 살펴보고자 한다.

[그림 5-1] 하이퍼레저 로고

하이퍼레저(또는 하이퍼레저 프로젝트)는 오픈 소스 블록체인 및 관련 도구에 대한 포괄적인 프로젝트 로써 Linux Foundation에서 2015년 12월에 시작하여 블록체인 기반 분산 원장 공동 개발을 지원한다. 2015년 12월에 Linux Foundation은 하이퍼 프로젝트의 생성을 발표 하였으며, 10명의 회원과 이사회 구성이 2015년 3월에 완료되었다.

이 프로젝트의 목표는 블록체인 및 분산 원장을 개발하여 업계 간 협력을 발전시키는 것으로 (비교 가능한 암호 해독 설계와 비교하여) 이러한 시스템의 성능과 안정성을 향상시키는 데 초점을 맞추어 글로벌 비즈니스 트랜잭션을 지원하는 것이다.

이 프로젝트의 주요 기술은 금융 및 공급망 회사들에 의해 개발 되었으며, ID, 액세스 제어 및 스마트 계약을 위한 서비스는 물론 자체 합의 및 저장 루틴이 있는 블록체인을 포함하여 사용 특정 모듈을 위한 프레임워크를 통해 독립 개방형 프로토콜과 표준을 통합하고 있다.

2016년 이 프로젝트는 코드베이스 및 기타 기술을 핵심 요소로 시작하였고 첫 번째 제안 중 하나는 디지털 자산(Digital Asset), Blockstream의 libconsensus 및 IBM의 오픈 블록체인(OpenBlockchain)에 의한 이전 작업을 결합한 코드베이스에 대한 것이었으며, 이것은 패브릭(Fabric)으로 불리웠다.

2017년 7월 12일에 하이퍼레저 페브릭(Hyperledger Fabric) 1.0을 발표했으며, 초기 제공 시장에서 인기를 얻었으며, 2017년 8월 오라클(Oracle)은 하이퍼레저 컨소시엄에 가입하여 블록체인 클라우드 서비스를 발표했다.

[표 5-1] 하이퍼레저 프로젝트 참여기업 현황(2018.12 기준)

구분	참여기업들
블록체인 ISVs	Blockchain, ConsenSys, Digital Asset, R3, Onchain
기술 플랫폼	Cisco, Fujitsu, Hitachi, IBM, Intel, NEC, NTT DATA, Red Hat, VMware)
금융권	ABN AMRO, ANZ 은행, BNY Mellon, CLS 그룹, CME 그룹, 예금 신탁 회사(DTCC), Deutsche Börse Group, JP Morgan, State Street, SWIFT, Wells Fargo 등
비즈니스 S/W	SAP
시스템 통합자 및 기타	Accenture, Calastone, Wipro, Credits, Guardtime, IntellectEU, Nxt Foundation, Symbiont

현재 기업들은 블록체인에 의한 고객 이탈 및 수수료 수입 감소에 선제적으로 대응하기 위해 시대의 변화를 수용하여 운영 플랫폼 자체를 혁신적으로 개선해야 생존 할 수 있는 환경에 처해 있다. IBM은 인텔, 웰스파고 등 48개사가 참여한 하이퍼레저 프로젝트에 참여하여 글로벌 블록체인 기술 표준화 작업을 진행하고 있으며, 이와 별도로 'IBM 블록체인 연구소'를 개설하여 미국, 유럽, 아시아 금융 시장 및 관련 서비스 투자에 집중하고 있다. 또한 표준화된 블록체인 기반 플랫폼에서는 금융뿐만 아니라 저작권, 법률 거래, 신분 확인 등 다양한 업무가 이루어질 것으로 조사되었다.

[표 5-2] 하이퍼레저 블록체인 플랫폼과 하이퍼레저 개발자 툴

구분		내용
블록체인 플랫폼	Hyperledger Burrow	• 내장된 사양의 Ethereum 가상 머신을 포함하는 블록체인 클라이언트이며 Monax가 기고하고 Monax와 Intel이 후원하고 있음
	Hyperledger Fabric	• IBM과 Digital Asset이 공헌한 블록체인 인프라 스트럭처로, 인프라 노드, 인프라 스트럭처 노드(Fabric의 "chaincode"라고 함) 실행 및 구성 가능한 합의 회원 서비스. 패브릭 네트워크는 체인 코드, 액세스 원장 데이터를 실행하고 트랜잭션을 보증하며 애플리케이션과의 인터페이스를 실행하는 "피어 노드(peer node)"로 구성됨 • 블록체인의 일관성을 보장하고 네트워크 피어에게 승인된 트랜잭션을 전달하는 발주자 노드 및 일반적으로 인증기관으로 구현되는 MSP 서비스는 구성원 신원 및 역할을 인증하는 데 사용되는 X.509 인증서를 관리함 • Fabric은 주로 DLT가 필요한 통합 프로젝트를 목표로 하며 Node.js, Java 및 golang 용 SDK 이외의 사용자 대면 서비스를 제공하지 않음
	Hyperledger Iroha	• Hyperledger Fabric을 기반으로 모바일 애플리케이션에 중점을 두고 있음
	Hyperledger Sawtooth	• Sawtooth는 인텔의 SGD(Software Guard Extensions)에서 제공하는 신뢰할 수 있는 실행 환경을 기반으로 하는 추첨 디자인 합의 프로토콜인 경과 시간 증명(Proof of Elapsed Time)이라는 새로운 합의 메커니즘을 사용함 • Hyperledger Burrow EVM 응용 프로그램 엔진을 Sawtooth 트랜잭션 프로세서로 탑재하려는 노력이 진행 중
개발자 툴	Hyperledger Cello	• IBM이 제공한 블록체인 배치 도구
	Hyperledger Composer	• IBM이 제공한 Blockchain 패키지 관리 도구 • Composer는 Hyperthieger Fabric 위에서 실행되는 사용자 지향적인 신속 프로토타입 툴링으로, Assets(블록체인에 저장된 데이터), 참가자(ID 관리 또는 회원 서비스) 및 트랜잭션(Chaincode 또는 Smart Contracts)을 쉽게 관리할 수 있음 • 참가자 대신에 자산을 운영). 생성된 응용 프로그램은 Loop-back 응용 프로그램 드레임 워크에 기반한 Node.js 응용 프로그램의 지원으로 Hyperledger 패브릭 인스턴스에서 실행될 수 있는 패키지(BNA 파일)로 내보내고 외부 응용 프로그램에 REST 인터페이스를 제공 할 수 있음
	Hyperledger Explorer	• 블록체인 분석 도구로서 IBM, Intel 및 DTCC에서 제공
	Hyperledger Indy	• 소브린 재단이 기부함

2. R3 컨소시엄

국내 외 금융기관들은 각종 컨소시엄을 구성하여 금융 산업 내 블록체인 기술에 관한 표준과 프로토콜(protocol)에 관한 기본 틀(framework)을 마련 중에 있는데 그 대표적 사례가 R3 컨소시엄(Consortium)이다.

R3(R3CEV LLC)는 David E Rutter에 의해 2014년에 설립된 분산 데이터베이스 기술 회사로서 본사는 뉴욕에 위치하고 있다. 금융 시스템에서 블록체인 데이터베이스 사용을 연구하고 개발하는 데 있어 세계 최대 금융 기관 중 70개 이상의 컨소시엄을 주도하고 있다.

[그림 5-2] R3 소개

R3가 주로 하는 일은 첫째, 분산원장인 Corda 및 코다 플랫폼을 개발하는 것이고, 둘째, 컨소시엄 멤버간의 프로젝트를 수행하는 것, 셋째, 새로운 금융 서비스를 개발하는 것이다.

R3의 서비스 개발 목적은 1) 비용 절감, 2) 관련 분야의 가이드라인으로 발전, 3) 공동개발의 필요성, 4) Fungibility, interoperability, 5) 프라이빗 체인(Private chain)이나 허가형 체인(Permissioned chain)의 성격과 합의 메커니즘(Consensus mechanism)간의 상충관계 조화의 어려움을 해결하는 것, 6) 발전 초기에 인증분야의 공동개발과 활용이 우선시될 전망을 찾는 것, 7) 이후 각종 자산의 이전에 관련된 프로토콜 수많은 컨소시엄과 다양한 개발 결과물 간의 표준 또는 가이드라인으로 합의과정 수립, 8) PoW(Proof of Work)의 노력을 대체하는 대안의 신뢰성 문제를 해결, 9) 비트코인(Bitcoin) 등 분산적 암호화폐(Decentralized cryptocurrency)의 등장으로 인한 기존 중앙은행 법정화폐와 경쟁한다.

[표 5-3] R3 CEV의 프로젝트 사례

프로젝트명	내용
Project Zero	• 11개 은행이 이더리움(Ethereum) 블록체인 플랫폼을 기반으로 이더리움의 비트코인이라고 할 수 있는 이더(Ether)라는 암호화된 화폐를 교환하는 실시간 정산 업무 테스트 완료
Project On	• 42개의 은행에서 이더리움 블록체인 플랫폼 기반의 스마트 계약[7] 실행 테스트 완료
Project Genesis	• 40개 은행이 이더리움(Ethereum), 체인(Chain), 에리스(Eris), 인텔(Intel), IBM[8]의 5개 업체 블록체인 기술을 이용하여 스마트 계약 형태로 된 기업 어음의 발행, 거래, 해지의 3가지 과정 테스트 완료

출처 : R3CEV 홈페이지(r3cev.com)

가장 직접적인 영향을 받을 것으로 예상되는 금융업계는 선제적으로 블록체인을 수용하여 'R3CEV 컨소시엄'을 구축, 블록체인 기반의 거래 플랫폼을 개발하고 복잡했던 은행간 거래를 간소화 하려는 노력을 하고 있다.

글로벌 은행들은 자사 API에 연결해 테스트 및 사용자 인터페이스를 디자인하는 역할을 담당하고, R3는 기본 시스템 설계 및 기술 개발을 담당한다.

Credit Suisse, Goldman Sachs, Barclays, RBS, BBVA, UBS 등 9개 대형 글로벌 은행들이 블록체인 기술을 표준화 하기 위해 핀테크 스타트업인 R3와 제휴하여 블록체인 기술 검증 국제 컨소시엄 R3CEV을 구성하였다.

2018년 12월 기준, Bank of America, Citi group, HSBC, JPMorgan, Deutsche Bank 등의 대형 은행들이 추가로 가입하면서 회원사가 50개를 넘어섰으며, 국내의 경우 신한은행, 국민은행, 농협은행 3곳이 참여하고 있다.

회원사는 연간 25만 달러의 회비를 납부하고 다양한 아이디어로 비즈니스 모델을 제시하며 R3CEV가 이에 대한 기술 검증을 하면 각 금융회사 전문가들이 실제 도입 가능성에 대한 교차 검증을 진행한다.

7) 스마트 계약이란 일정 조건을 만족시키면 거래가 자동 실행 및 집행되도록 프로그램화 시켜 블록체인으로 검증하는 것을 의미
8) 이더리움(Ethereum), 체인(Chain), 에리스(Eris), 인텔(Intel), IBM 등은 비트코인 블록체인의 한계를 극복하고 보다 범용적인 플랫폼으로 확장시키기 위해 블록체인 시스템을 개발하고 있음 출처 : R3CEV 홈페이지(r3cev.com)

[표 5-4] R3CEV 컨소시엄 가입 현황 및 활동(2018년 12월 기준)

구분	참여기업들
해외 금융사	BoA, 씨티그룹, JP모건 등 50여개
탈퇴 금융사(예정)	골드만삭스, 산탄데르 은행(모건스탠리, 호주내셔널은행)
국내 금융사	KEB하나, 신한, KB국민, 우리, IBK기업 등 은행 5곳
주요활동	리서치 회원사와 공동 서비스개발, 플랫폼 제공
연 회비	25만달러(약 2억 8,000만원)

출처 : http://news.mt.co.kr/mtview.php?no=2016112714283877814

R3 컨소시엄은 40개 이상의 금융 기업이 지원하는 블록체인 시동 장치로 상업용 응용 프로그램을 발전시키고 핀테크 산업 전반에 분산 원장 기술에 대한 일관된 표준을 설정하여 네트워크 효과로 인한 광범위한 채택 및 이익을 발생하고 있으며 MS사가 참여하고 있다.

분산원장 기술을 기반으로 한 블록체인을 중앙 집권화된 시스템을 기반으로 한 기존의 은행 및 은행기술을 도입할 경우 이중 지불의 문제뿐만 아니라, 개인 정보보호, 거래 처리 속도, 비용, 컴플라이언스 등 많은 문제가 발생할 수 있다.

그들은 주된 합의(consensus)의 내용은 블록 없이 문제를 해결하는 알고리즘(block-free conflict resolution algorithms, 예를 들어, 블록을 사용하지 않는 등)을 이용하는 것이다. 최근에 개발된 분산원장(블록이 있든 없든)은 블록체인의 기본적인 특징을 없애고, 새로운 요소를 추가하는 방식으로 개발되고 있다. 2019년 기준 R3의 결과물들이 금융에 적용하기 위해 다음과 같은 한계점이 언급되고 있다.

[표 5-5] 규제 산업인 금융에 R3 적용 시 등장하는 한계점

구분	주요 내용
데이터 프라이버시 (Data privacy)	• 기존의 블록체인 구조는 네트워크 참여자가 모든 거래내역을 보관하고 열람하는 구조 • A와 B 간의 거래를 C가 검증해야 하며 고객 또는 자산의 기밀성을 보호해야 하는 금융 산업에서 이와 같은 공개적인 데이터 검증 구조는 적용될 수 없음
확장성 (Scalability)	• 모든 네트워크 참여자가 거래에 대한 합의를 도출하고 검증을 하게 되면 참여자가 많아질수록 거래 처리의 속도가 느려짐 • 업계에서 주로 "초당 거래 수"(TPS : Transaction per second) 이라고도 얘기하는데, 빠른 속도가 생명인 금융거래에서 이러한 확장성의 한계가 문제임

[표 5-5] 규제 산업인 금융에 R3 적용 시 등장하는 한계점(계속)

구분	주요 내용
법률적 책임 (Legal liability)	• 스마트 계약의 경우 기존의 블록체인은 법률적 책임의 소재가 불분명 • 컴퓨터 코드에 의한 비가역적인(Irriversacble) 실행은 가능하지만 실제로 그것이 법률적 강제성을 가지는 것은 아님 * 스마트 계약 : 블록체인/분산원장 위에서 거래당사자간 제3의 중간기관 없이 합의를 이루어 계약의 조건이 자동으로 실행되는 법적 강제성을 가지는 디지털 계약
개연적 결제 완결성 (Probabilistic settlement finality)	• 기존의 블록체인, 특히 비트코인이나 이더리움과 같은 퍼블릭 블록체인의 경우, 결제의 완결성을 법률적으로, 또 기술적으로 100% 보장하지 않고 있음 • 항상 네트워크의 포크(fork) 또는 블록재조정(block reorg) 등의 가능성이 존재 • 은행거래의 경우 결제의 완결성은 중앙은행이 법적으로 보장하기 때문에 법률적인 측면에서도 문제가 존재 * 포크 : 거래내역에 대해 네트워크가 합의를 도출하지 못해서 네트워크가 분리되는 현상 * 블록 재조정 : 이미 한번 확정된 거래내역이 사라지거나 다른 기록으로 대체되는 현상

[표 5-6] R3CEV 컨소시엄 가입 현황 및 활동

구분		내용
R3 CEV	R CEV	• 세계 최대의 블록체인 컨소시엄으로 2015년 9월, J.P. Morgan 등 9개 금융기관을 중심으로 출범하여, 현재 분산장부 구축에 IBM과 인텔, 클라우드 인프라에 아마존, IBM, MS 등 50여개 기업이 참여 • 2016년 4월, 금융기관 간 계약을 기록하고 동기화하는 재무 서비스용 분상원장 'R3 Corda TM'을 개발하여 공개 및 활용방안 모색
IBM	IBM BLOCKCHAIN	• IBM은 블록체인 기술을 산업 전반으로 활용하기 위해 자체 컴퓨팅 기술과 자원을 총동원하여 R3 CEV에서 주도적 역할을 담당 • IoT 적용을 위한 ADEPT(Autonomous Decentrailized Peer-to-Peer Telemetry) 플랫폼 개발('15년 CES에서 프로토타입 공개) 및 하이퍼레저(Hyperledger) 프로젝트에 적극 참여
MS	ETH BaaS Ethereum Blockchain as a Service	• 자사 클라우드인 애저(Azure)에서 블록체인 기술을 활용할 수 있는 'BaaS'를 구축하고 블록체인 관련 스타트업(ConsenSys 등)과 개발자를 끌어안고 생태계를 구축 • MS는 블록체인 기술이 전 산업에 확산될 것으로 단정하고 애저 플랫폼을 블록체인 생태계로 유치하려는 전략을 추구
Intel	intel HYPERLEDGER	• 인텔은 후발주자이지만 R3 CEV 컨소시엄과 하이퍼레저 프로젝트에 적극 참여하여 블록체인 IoT 칩과 연계 SW 개발 • 분산원장 기술로 'Sawtooth Lake'플랫폼을 개발하여 코드를 제공 하고 시장지배력 확대를 위해 소프트웨어 SGX를 지원하는 모든 인텔프로세스에서 효율적으로 작동되도록 알고리즘을 개발

출처: 블록체인 기술의 활용 동향 분석(ETRI, 임명환, 2016, 11)

인텔, 마이크로소프트, J.P. 모건 그리고 엑센추어(Accenture) 등 금융 및 소프트웨어 대기업들은 EEA(Enterprise Ethereum Alliance)의 주도 아래 기업 멤버의 필요에 따라 이더리움 블록체인의 프라이빗 버전을 구축 하였다. IBM, Microsoft, Intel 등 ICT 및 비 금융권에서는 자체 플랫폼을 블록체인 기술과 연동시켜 새로운 차원의 생태계를 조성하고 있다.

3. 하이퍼레저 프로젝트와 R3 컨소시엄의 시사점

이 두 개의 거대 컨소시엄은 주로 대기업과 기존 금융기업 등의 주도로 최근 많은 움직임이 있으며 이들 기업들이 선택할 수 있는 솔루션은 대략 3가지인데, (1) IBM의 하이퍼레저 패브릭, (2) R3의 코다(Corda), (3) EEA의 이더리움(Ethereum) (또는 체인스뱅크의 Quorum 버전)이 있다.

Hyperledger Project의 임무는 여러 산업분야의 다양한 사용 사례를 충족시킬 수 있는 개방형 분산 원장 플랫폼을 개발하고 확립하기 위한 공동 노력을 하고 있다.[9)]

R3 컨소시엄은 코다(Corda)라고 불리는 오픈 소스 분산 원장 플랫폼을 제작하여 트랜잭션을 처리하고 트랜잭션 데이터에 대한 액세스를 관리하고 금융 분야에 적합하게 제작되는 블록체인 분산원장이다.

각 개발되고 있는 툴의 특징을 비교하면 다음과 같다.

9) 출처 : R3 CEV Startup and Hyperledger Project Lead Wall Street Blockchain Project, http://www.theblogismine.com/2016/04/08/startup-r3-cev-and-hyperledger-lead-wall-street-blockchain-project/

[표 5-7] R3 코다(Corda), 하이퍼레저 패브릭 그리고 이더리움의 비교

특징	하이퍼레저 패브릭	코다	이더리움
플랫폼	모듈 블록체인 플랫폼	금융 분야에 적합한 분산된 플랫폼	일반 블록체인 플랫폼
거버넌스	리눅스	R3	이더리움 개발자
운영 모드	허가된 Private	허가된 Private	허가된 Public or Private
합의	다양한 시도를 허용하는 합의 Transaction Level	특수 분야 중심으로 합의 Transaction Level	마이닝에 기반한 PoW Ledged Level
스마트 계약	스마트 계약 코드 (e.g Go, Java)	스마트 계약 코드 (e.g. Cotlin, Java) 스마트 법적 계약	스마트 계약 코드 (ex. Solidity)
화폐	None Currency and Tokens via chaincode	None	Either Tokens via smart contract

국내에서 발표되는 금융권, 대기업, 또는 관공서 등의 시범 프로젝트들의 내용을 보면, 대부분 하이퍼레저(IBM), R3 또는 자체적인 프라이빗 체인 솔루션들을 사용하고 있다. 여러 가지 상이한 프로젝트 등에 사용될 수 있는 이더리움의 범용성과 글로벌하게 진행되는 많은 프로젝트들 간의 호환성, 상호운용성 등을 확보하고 있다.

삼성SDS와 코인플러그가 EEA(Enterprise Ethereum Alliance)에 참여했지만, 삼성SDS는 자체 솔루션인 Nexleger를 사용해 계열사들 간의 관련 업무에 적용하기 시작했으며, 코인플러그 역시 자체적인 프라이빗 솔루션을 기반으로 한 영업에 초점을 두고 있다.

국내의 기업들이 독자적인 솔루션을 개발해서 이를 사용하는 것도 바람직 하지만 블록체인 기술의 핵심이 폐쇄적인 내부 시스템을 운영하기 위한 기술이 아니라, 외부의 주체들과 상호적인 협력을 위한 공동의 프로토콜 개발이라는 점이 중요하다.

하이퍼레저는 다양한 산업에 적용하는 것을 목적으로 블록체인 원장을 제작하는 것에 초점을 맞추고 있으며 R3의 경우는 금융 분야에 특화되어 개발을 진행하고 있다.

연습문제

01 하이퍼레저(Hyperledger)에 대한 설명으로 틀린 것을 고르시오.

① 하이퍼레저의 목표는 블록체인 및 분산 원장을 개발하여 업계 간 협력을 발전시키는 것이다.

② 2017년 7월 12일에 Hyperledger Fabric 1.0을 발표했다.

③ 개발자 툴로는 Hyperledger Sawtooth가 있다.

④ 해외 글로벌 기업, 대형 은행을 중심으로 블록체인 기반 표준 플랫폼을 개발 및 구축하는 컨소시엄에 의해 개발되고 있다.

02 R3의 서비스 개발 목적으로 틀린 것을 고르시오.

① 비용절감의 목적

② 미래 암호화폐의 위치에 도전하기 위함

③ 초기비용 및 이후의 가이드라인으로 발전할 가능성

④ 발전 초기에 인증분야의 공동개발과 활용이 우선시 될 전망을 찾는 것

03 다음 글 상자에서 설명하고 있는 프로젝트는?

40개 은행이 이더리움(Ethereum), 체인(Chain), 에리스(Eris), 인텔(Intel), IBM의 5개 업체 블록체인 기술을 이용하여 스마트 계약 형태로 된 기업 어음의 발행, 거래, 해지의 3가지 과정 테스트 완료

① Project Zero

② Project On

③ Project Genesis

④ Project X

04 블록체인을 금융시스템에 도입하는 경우 고려해야 할 내용과 거리가 먼 것은?

① 자료의 공유

② 개인정보보호

③ 거래처리 속도저하

④ 소요비용

⑤ 이중지불의 문제

05 다음 글 상자의 빈칸에 들어갈 말로 알맞은 것을 고르시오.

> 가장 직접적인 영향을 받을 것으로 예상되는 금융업계는 선제적으로 블록체인을 수용하여 ___________을 구축, 블록체인 기반 거래 플랫폼을 개발하고 복잡한 은행 간 거래를 간소화하려는 노력을 하고 있다.

① 하이퍼레저 컨소시엄

② 블록체인 ISVs

③ 하이퍼레저 패브릭

④ R3CEV 컨소시엄

정답	1. ③	2. ②	3. ④	4. ①	5. ④

CHAPTER

06 암호화폐

1. 가상화폐의 개념

컴퓨터가 발명된 뒤로 각종 자료를 종이 문서로 만들어 서류함에 넣어 보관하기 보다는 물리적인 공간을 차지하지 않게 디지털 데이터로 보관한다. 화폐도 마찬가지로 금융 거래 내역을 장부에 손수 적는 대신 컴퓨터로 기록하여 보관하는 것이 효율적이다. 이러한 이점 때문에 금융 시장은 적극적으로 디지털 기술을 도입하였고, 벌써 대다수 화폐는 실물 화폐가 아니라 각 장부에 적혀있는 숫자인 신용 화폐이기 때문에 이를 디지털로 변경하는 것이 빠르게 진행 되었다. 이 맥락에서 가상 화폐(Virtual currency)가 등장했다.

디지털 화폐(Digital currency)란 데이터 상으로 존재하는 화폐를 뜻하는 것으로 전자화폐(Electronic Money)라고도 말한다.

가상화폐는 특정 이용자끼리 화폐로 통용하는 디지털 화폐이다. 즉 가상화폐(virtual currency)는 지폐나 동전 같은 실물 없이 네트워크로 이어진 가상공간에서 전자적 형태로 사용되는 전자 화폐 또는 디지털 화폐를 말하는 것인데, 대표적으로 마일리지를 들 수 있다. 가상화폐는 실제로 화폐화 될 수 있는 개념을 전자화폐로 통칭하는데, 여기엔 페이팔(paypal) 같은 결제시스템도 포함되는 말이다. 가상화폐의 경우 실체가 존재하지 않고 인터넷 상에서 암호화된 코드로만 존재하며 각자의 계정(전자지갑)에 보관되는 숫자를 말하고, 암호화폐를 포함하고 있다. 가상화폐는 컴퓨터 등에 데이터 형태로 남아 지폐, 동전과 달리 물리적인 형태가 없이 온라인상에서 거래되는 화폐인 디지털 화폐이다. 이러한 가상화폐는 수백 가지가 현존하고 있으며, 그 중에서도 대중들에게 많이 알려진 가상화폐로는 비트코인, 원코인, 이더리움, 이더리움 클래식, 리플코인 등이 있다.

가상화폐의 대표적인 종류로 게임 상 사이버머니나 사이버뱅크 거래 역시 가상화폐로 취급하며 가상화폐는 다양한 종류의 화폐란 개념을 구현한 것들을 포함한다.

유럽은행 감독청, 미국 재무부, 유럽 중앙은행(ECB)에서 내린 정의에 따르면, 가상화폐란 정부에 의해 통제 받지 않는 디지털 화폐의 하나로 개발자가 발행 및 관리하며 특정한 가상 커뮤니티에서만 사용되는 결제 수단을 말한다. 이 정의에 따르면, 대부분의 암호화폐는 디지털 화폐이면서 가상화폐이다.

암호화되어 화폐의 생산주체의 개념이 없어진 화폐를 암호화폐라고 부르며, 이는 가상화폐의 한 종류이다.

2. 암호화폐의 개념

2009년 최초의 암호화폐인 비트코인이 등장했고, 이후 이더리움, 리플, 모네로, 라이트코인, Dash, Zcash, 에이코인 등 수많은 암호화폐가 등장했다. 암호화폐의 시가 총액은 2018년에 1~2조 달러에 달하고 있다. 가상화폐의 일종인 암호화폐(Cryptocurrency)는 암호를 사용하여 새로운 코인을 생성하고 거래를 진행할 수 있도록 도와준다.

암호화폐(Cryptocurrency)란 인터넷 상에서 거래 수단으로 기능하도록 설계된 디지털 자산(digital asset)으로, 암호화하여 보안성을 높이고, 추가적인 생성을 통제하며, 그 자산의 이동을 인증하는 것을 말한다.

암호화폐는 보안성을 높이기 위해 해쉬 함수를 사용해 새로운 코인을 생성, 거래 내역을 검증하는 가상화폐이다. 암호화폐라는 개념은 1983년에 처음으로 언급이 되었고 UC 버클리의 암호학자 데이비드 차움(David Chaum)은 RSA 암호를 활용해 화폐를 암호화시키는 공식을 개발했다. 이 개념을 현실에서 활용하기 위해 친구와 동업하여 'DigiCash'라는 기업을 설립하였지만 경영 능력의 부족으로 1999년 사업이 종료되었다.

1998년 'Wei Dai'라는 사람은 익명으로 사용할 수 있고 분산화되어 있는 전자 화폐인 b-money에 대한 학술 논문을 발표했다. 논문이 발표되고 얼마 후 'Nick Szabo'라는 컴퓨터 공학자가 비트코인의 암호화 및 검증 구조의 근본이 되는 Bit Gold를 만들었다. 첫 번째로 개발된 암호화폐는 비트코인인데, 이는 2009년 '사토시 나카모토'라는 가명을 사용하는 개인 혹은 집단에 의해서 개발되었다.

비트코인은 PoW(Proof of Work) 시스템을 정착시키고 채굴 방식에서 SHA-256 해쉬 함수를 거래 검증 수단으로 사용하였다. 비트코인은 오픈 소스기 때문에 프로그램 코드가 전부 공개되어 있어, 이름만 살짝 바꾼 화폐부터 비트코인이 가지고 있었던 근본적인 문제점을 해결해버린 화폐까지, 수많은 암호화폐가 탄생하는 데 기여하였다.

2010년대부터 본격적으로 많은 비트코인 후속으로 암호화폐들이 등장했다. 그 중 수십 개 정도만 실제 투자가치와 통화가치를 가지고 있으며, 그 후 비트코인의 시스템을 사용하지 않은 신식 암호 화폐들이 개발 되었다. 2009년에 개발된 비트코인을 선두로, 비트코인의 단순한 복제품인 리플, 라이트코인 등을 비롯해 이더리움과 같이 완전히 다른 방식의 소스 코드를 가진 암호화폐들이 등장하고 있다.

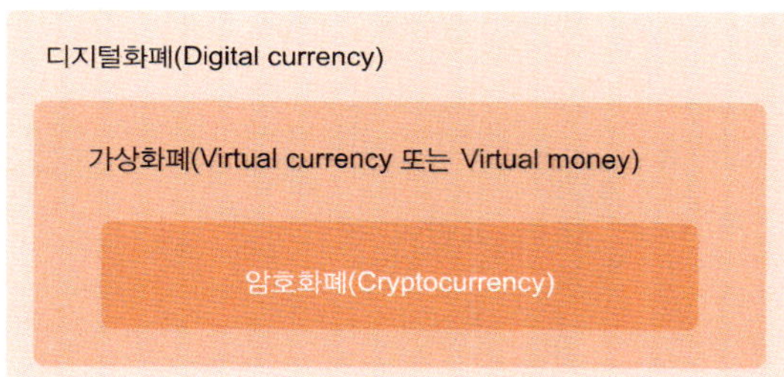

[그림 6-1] 화폐들 간의 상관관계

암호화폐는 가상화폐의 일종이다. 그러나 미국 재무부나 유럽 중앙은행의 가상화폐 정의를 엄격히 적용한다면, 가상화폐라고 부를 수 있는 암호화폐는 거의 없다고 볼 수 있다. 그래서 미국 재무부 금융범죄단속반(FinCEN)에서는 암호화폐를 가상화폐라고 부르지 않는다. 이 기반으로 보면, 상당수 오프라인과 온라인 매장에서 결제 수단으로 사용되는 비트코인은 디지털 화폐이기는 하지만, 가상화폐는 아니게 해석이 된다. 그리고 대부분의 암호화폐는 개발자가 직접 발행하지는 않으므로, 발행 측면에서 본다면 대부분의 암호화폐는 가상화폐가 아니게 된다.

미국 재무부 금융범죄단속반(FinCEN)은 일부 환경에서는 법화(法貨)인 화폐처럼 작동하지만 실물 화폐의 특성을 전부 갖추고 있지 못한 거래 수단이라는 뜻으로 가상화폐라는 단어를 차용하고 있으며, 전자상품권 등을 배제하고 비트코인 · 리플 · 이더리움 등의 암호화폐를 말할 때는 가상화폐라는 단어를 사용하지 않고 암호화폐라고 불리운다.

[표 6-1] 화폐들 간의 관계

구분	내용
디지털 화폐 (전자화폐)	• 전자적 형태로 표시된 모든 화폐(법정 화폐발행 여부와 무관) • IC 카드 또는 네트워크에 연결된 컴퓨터에 은행예금이나 돈 등이 전자적 방법으로 자장된 것으로 현금을 대처하는 전자적 지불수단
가상화폐	• 디지털 화폐 중 법정 화폐로 표시되지 않은 화폐(마일리지 등)
암호화폐	• 분산화 된 가상화폐로 암호화 기술을 이용, 유효성을 인증하는 방식

출처 : 대신증권

암호화폐는 집단지성, 탈중앙화 된 자율조직, 암호화 등 혁신적인 기술과 이데올로기로 현재 여러 국면에서 주목받고 있는 기술이며, 이 때문에 암호화폐는 지금까지의 가상화폐나 대안화폐 보다 훨씬 우월한 지위를 가지게 되었고 그 때문에 화폐의 기능을 충족시키고 있긴 하나 실물 화폐만한 안정성과 통제수준을 가지기 어렵다. 특히, 검은 돈으로 쓰이는 일이 많아지면서 우려를 초래하기도 하지만 국내에서는 반드시 활용해야 되는 기술로써 어떻게 적용해야 하는지에 대한 고민이 필요하다.

3. 가상화폐와 암호화폐의 비교

가상화폐는 암호화폐를 포함한 개념으로 가상화폐의 한 종류인 암호화폐의 가장 큰 차이는 종속성이다.

[표 6-2] 가상화폐와 암호화폐 비교

구분	내용
가상화폐와 암호화폐의 차이	• 가상화폐의 한 종류인 암호화폐의 가장 큰 차이는 종속성 • 대다수의 가상화폐는 하나의 중앙화폐 시스템을 갖추어 합리적인 경제 체제를 기획해야 하지만, 그러기 위해선 화폐에 대한 모든 권리를 중앙에서 제어해야 함 • 중앙이 정부의 규제를 받는다던지 비합리적으로 운영한다던지 갑자기 모든 돈을 들고 잠적한다던지 하면 법적인 조치를 취할 수 있으나 본인의 재산이 사라질 수 있음 • 암호화폐(채굴화폐)는 그런 종속성이 성립되기 힘든 구조를 만들어 현 경제 체제의 낮은 신용성 때문에 초래할 수 있는 문제들을 차단할 수 있음

가상화폐, 디지털 화폐와 현금과의 특징을 비교하면 다음과 같다.

[표 6-3] 각 화폐별 특징 비교

구분	현금	디지털(전자)화폐	가상화폐
발행 기관	중앙은행	금융기관 등	없음
발행 규모	중앙은행 재량	소비자 수요	사전에 결정
법률 기반	한국은행법	전자금융거래법	없음
화폐 단위	–	현금과 동일	독자 단위
교환 가치	–	현금과 1대 1로 고정	수요–공급에 따라 변동
거래 기록	불필요	발행기관	불특정 다수
기반 기술	제지, 인쇄술	지급 결제 청산 인프라	블록체인

자료: 메리츠종금증권

다음은 시장에 유통되고 있는 주요 암호화폐의 대표적 종류인 비트코인, 비트코인 캐시, 이더리움, 이더리움 클래식, 리플, 라이트코인, 대시, 모네로에 대해 살펴보았다.

[표 6-4] 암호화폐 유형

구분	사례
비트코인	• 2008년 나카모토 사토시가 만든 최초의 가상 화폐이며, 가상화폐의 기초 통화역할을 수행 • 디지털골드라는 별칭을 가지고 있으며 그래픽카드를 이용한 채굴방식으로 얻을 수 있는 코인임
비트코인 캐시	• 비트코인 채굴과 관련하여 채굴자들끼리 의견 논쟁으로 생성된 코인으로 중국 채굴회사인 앤트마이너(Antminer)에 의해 채굴되고 있는 코인
이더리움	• 비탈린부테린이 제작한 탈중앙화 채굴방식과 소프트웨어 개발 플랫폼을 융합하여 만든 가상화폐임 • 이화폐로 이더리움 플랫폼 상에서 작동하는 탈 중앙화 어플리케이션(Dapp)을 구도하는데 비용을 지불할 수 있음
이더리움 클래식	• 이더리움 화폐가 발행되고 바로 600억원을 해킹 당함 • 블록체인 상에서 발생한 것으로 해커의 계좌를 수정할 수 없고 인위적으로 블록체인을 나누어야 했다. 이 계기로 이더리움 코드를 수정한 것이 이더리움으로, 이것을 수정하지 않은 것이 이더리움 클래식으로 불리움
리플	• 초창기에 벤처 자본을 투자 받은 코인으로 구글의 알트코인 지원에서 시작되어 9,000달러를 모금한 코인 • 달러에서 항공 마일리지까지 거래를 지원하고 있음
라이트코인	• 비트코인 초기 개발자이자 구글 엔지니어였던 찰리 리가 만든 코인임 • 비트코인 결제에 보조적인 역할을 하며 채굴에 의해 생성이 됨
대시	• 익명거래가 가능한 코인이며 빠른 결제속도를 가지고 있음 • 유럽 결제 부분에 진출되어 있으며 채굴에 의해 확보됨
모네로	• 익명거래 코인으로 모네로 지갑을 이용하여 거래를 하면 누가 어디서 송금하고 어디로 보냈는지 알 수 없게 제작

현재 암호화폐는 그 종류가 무려 500여 가지가 넘는 것으로 알려졌고, 거래가 되고 있는 암호화폐가 대표적으로 비트코인, 이더리움, 이더리움 클래식, 라이트코인, 리플코인 등이 있다. 암호화폐는 블록체인 기술로 만들어졌기 때문에 중앙 집중식 통제를 배제하고 분권화된 구조를 구축해 사용자들 서로가 직접 연결되는 시스템을 기반으로 화폐가 유통되는 것을 전제로 삼는다.

과거부터 지금까지 많이 사용되고 있는 사이버 머니, 포인트, 모바일 상품권도 비슷한 개념의 가상화폐라고 할 수 있다. 하지만 이러한 상품권, 포인트의 경우 어떤 기업이나 기관이 발행한 것이기 때문에 발행 주체가 명확하고 중앙에서 관리할 수 있다는 기능이 있다. 그러나 암호화폐에는 중앙통제 관리 기관이 존재하지 않는다.

암호화폐는 화폐 발행을 하는 수고를 덜고 유통 비용이 들지 않으며 수수료를 낮게 적용할 수 있다. 다만, 해킹을 제외하면 도난과 분실의 우려가 낮고 거래의 비밀이 지켜진다는 점 때문에 불법자금 거래와 같은 부정적인 방향으로 활용될 수 있다. 그럼에도 불구하고 새로운 기술로 인해 제공되는 긍정적인 파급 효과로 다양한 분야에서 활용이 되고 있다.

4. 암호화폐 특징 및 한계 요인

암호화폐 분야에서 비트코인(Bitcoin)은 중앙 집중식의 기존 화폐관리 방식에서 분산관리하는 형태로 운영되어 블록체인 형태를 활용하는 대표적인 사례가 되었다. 비트코인(Bitcoin)은 현재 가장 주목받고 있는 양방향 가상화폐로서 2009년 도입되어 빠르게 시장에서 주목을 받고 있는 디지털 통화 중의 하나이다.

암호화폐의 특징을 비트코인의 측면에서 정리하면, P2P 방식(탈중앙 통제, decentralization), 불가역성(irreversibility), 익명성(anonymity), 공개성, 암호화 방식, 통화 공급량 조절 등을 들 수 있다.

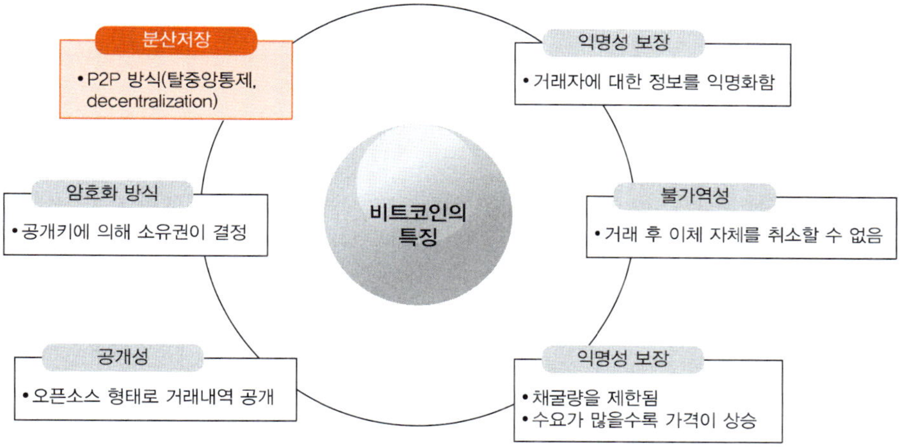

[그림 6-2] 비트코인의 특징

[표 6-5] 비트코인의 주요 특징

구분	주요 내용
분산저장 : P2P 방식 (탈중앙통제, decentralization)	• 비트코인 블록은 내 개인 컴퓨터에 보관하는 것이 아니므로 전 세계 어디에서든지 컴퓨터를 이용해 인터넷 공간에 저장된 비트코인을 거래할 수 있으며, 제3자나 금융조직의 개입이 필요 없음 • 각종 거래에 대해 세금을 매길 수 없다는 점은 각국 정부의 개입의 정당성을 키워주는 역할을 하고 있음
익명성	• 주소의 생성자를 파악하면 거래자를 찾을 수 있기 때문에 완전한 익명성이 보장되는 것은 아님
암호화 방식	• 비트코인은 비공개키에 의해 소유권이 결정
불가역성 (irreversibility)	• 수령자가 다시 이체를 해주지 않으면 이체 자체를 취소할 수 있는 방법은 존재하지 않음
공개성	• 비트코인의 공개성은 중복 사용을 막는 역할도 하고 있음 • 비트코인은 거래 내역뿐 아니라 오픈소스의 형태로서 소스 코드도 누구에게나 공개돼 있기 때문에 누구나 암호화폐 개발에 참여할 수 있음
통화 공급량 조절	• 비트코인은 제한된 양을 채굴할 수 있으며, 따라서 수요가 많아질수록 비트코인의 시가는 상승할 수밖에 없음 • 공급제한성을 고려해 비트코인이 장차 현실화폐 가치의 하락과 인플레이션에 대한 통제수단으로 사용될 수 있다고 생각하는 사람들도 있음

암호화폐의 증가 이유를 살펴보면 다음과 같다.

[표 6-6] 암호화폐의 증가 이유

구분	내용
발행량 제한과 물리적 채굴 장비로부터 희소성이 발생	• 비트코인을 포함한 대부분의 가상화폐는 발행량이 고정됨 – 비트코인의 경우 일정기간 마다 채굴량이 반으로 줄어들기 때문에 최종 발행량이 고정 • 비트코인과 같이 대량의 연산을 통한 블록생성방식을 유지할 경우, 이에 필요한 채굴기와 감가상각, 채굴기에 사용되는 전력 등 소모되는 물리적 자원 때문에 희소성이 발생
사용자가 늘어날수록 가치가 증가하는 네트워크 효과가 적용	• 화폐의 특성상 가상화폐를 여러 사람들이 동시에 보유하는 것만으로도 가치가 증가하며, 비트코인의 가격변화의 상당부문은 사용자 증가로 발생하는 네트워크 효과로 설명 가능 • 일본의 시바견을 마스코트로 한 장난삼아 만들어진 도지코인의 경우도 초기에 발행되어 상당히 많은 사람들이 결제에 이용한다는 이유로 2017년 12월 기준 총 가치가 1조원 이상
존재 가치	• 희소성과 네트워크 효과가 현재 가상화폐의 가치를 완벽하게 설명할 수는 없으나 활발히 사용되는 가상화폐의 가치가 존재

출처 : KB 금융지주 경영 연구소

암호화폐의 한계 요인을 살펴보면 다음과 같다. 첫째, 분산시스템 구조를 유지하기 위해 에너지 소모가 크고, 실제 화폐와 달리 확장성에 한계가 존재한다.

둘째, 시장의 수요 정도에 따라 시장 가치는 급변하므로 암호화폐의 가치 역시 불안정하고 장부 조작 가능성과 포크 등의 이유로 암호화폐의 신뢰 구조가 쉽게 깨질 수 있다는 사실도 제시되었다. 포크는 가상통화의 성능 개선, 오류 수정 등의 이유로 기존 원장 외 새로운 원장을 새로 만드는 절차다. 비트코인이 비트코인 캐시 등으로 분리된 사례가 이에 해당된다.

비트코인의 심한 가격 변동성은 투기거래가 상당수 존재하고 있음을 반영하고 있는 만큼 가상통화를 결제 및 송금 시스템으로 수용하는 데 있어 실무적인 문제점들이 존재할 수 있다. 가상통화에 따른 금융포용의 진전과 관련해서도 인터넷이나 스마트폰 등 관련 인프라가 존재해야 한다.

셋째, 다수의 이해당사자 간에 이해 상충 관계가 발생하는 것이다. 근본적으로는 가상통화 및 블록체인 기술이 초래하는 영향이 광범위하여 다수의 이해당사자 간에 이해상충 관계가 발생하는 것도 가상통화의 가능성을 제약하는 요인으로 작용할 수 있다. 가령 통화 발행 권한은 기존의 실물경제 및 금융 시스템에 있어 국가의 권리일 뿐 아니라 차익 역시 국가에 귀속된다. 이에 따라 일부 국가에서는 가상통화의 발행 및 이용을 금지하거나 제한하고 있다. 가상통화의 유용성을 인식하고 있는 일부 국가에서도 가상통화 발행에 대한 관리 체계를 강화하고 있다.

은행 등 기존의 결제 및 송금 시스템 참가자들도 이해당사자의 일부이다. 새로운 기술의 도입이 사회 전반에 걸쳐 보다 향상된 효과를 가져다준다고 하더라도 기존 시스템 참가자들의 이익이 위협받게 되면 사회 전반의 이익에 부합하는 결과로서 받아들여지기 어려울 수 있다. 원래 결제 및 송금 시스템은 공공성이 강하고 막대한 투자가 필요하므로 기존 시스템 참가자들이 근본적인 변혁에 소극적인 자세를 보인다.

넷째, 정부 입장에서는 운영주체가 분명하지 않고 분산된 방식을 사용하고 있어 직접적인 규제가 어렵다는 것이다. 현재 다양한 분야의 기술이 적용됐지만 서비스 형태도 정해진 것이 없어 효과적인 감독이 어려운 상황이다. 암호화폐, 블록체인과 관련한 가시적인 정책을 통해 자금세탁에 대한 규제와 투자자 보호가 필요하다.

연습문제

01 다음 글 상자의 빈칸에 들어갈 말로 알맞은 것을 고르시오.

> ___________란 교환 수단으로 기능하도록 고안된 디지털 자산(digital asset)으로서 암호화 방법을 사용하여 거래의 안전을 확보하고, 추가적 단위의 생성을 통제하며, 그 자산의 이전을 인증하는 것을 말한다.

① 가상화폐

② 전자화폐

③ 암호화폐

④ 디지털 화폐

02 다음 글 상자의 내용으로 볼 수 있는 가상화폐와 암호화폐의 가장 큰 차이는?

> – 대다수의 가상화폐는 하나의 중앙화폐 시스템을 갖추어 합리적인 경제 체제를 기획해야 하지만, 그러기 위해선 화폐에 대한 모든 권리를 중앙에서 제어해야 함
> – 즉 중앙이 정부의 규제를 받는다던지 비합리적으로 운영한다던지 갑자기 모든 돈을 들고 잠적한다던지 하면 법적인 조치를 취할 수 있으나 본인의 재산이 사라질 수 있다.

① 획일성

② 종속성

③ 신뢰성

④ 효율성

03 '초창기에 벤처 자본을 투자 받은 코인으로 구글의 알트코인 지원에서 시작되어 9,000 달러를 모금한 코인'은 무슨 코인인지 고르시오.

① 라이트 코인

② 모네로

③ 이더리움

④ 리플

04 비트코인의 주요 특징으로 틀린 것을 고르시오.

① 익명성, 분산저장, 암호화 방식

② 익명성, 종속성

③ 불가역성, 암호화 방식

④ 공급제한성, 비공개성

05 암호화폐의 한계 요인으로 알맞은 것은?

① 다수의 이해당사자 간에 이해 상충 관계가 줄어든다.

② 정부 입장에서 직접적인 규제가 어렵다.

③ 분산시스템 구조를 유지하기 위한 에너지 소모가 크다.

④ 가치가 불안정하다.

정답	1. ③ 2. ② 3. ④ 4. ④ 5. ①

CHAPTER

07 ICO

1. ICO

토큰과 코인

ICO를 언급하기 전에 먼저 코인과 토큰의 차이를 살펴보고자 한다. 코인이란 독립된 블록체인 네트워크(메인넷)를 소유한 경우를 말한다. 예를 들면, 비트코인(BTC), 퀀텀(QTUM), 이더리움(ETH), 스팀(STEEM), 넴(NEM) 등을 들 수 있다. 이와는 달리 독립된 블록체인 네트워크를 소유하지 않은 경우 토큰으로 부른다. 예를 들면 트론(TRX), 이오스(EOS) 등이 있다.

[표 7-1] 토큰과 코인의 차이

구분	토큰	코인
정의	독립된 블록체인 네트워크를 소유하지 않은 경우	독립된 블록체인 네트워크를 소유한 경우를 말함
사례	론(TRX), 이오스(EOS)	비트코인(BTC), 퀀텀(QTUM), 이더리움(ETH), 스팀(STEEM), 넴(NEM)

토큰이란 볼록체인으로 인해 생성되며 그 블록체인의 개발자가 마련한 애플리케이션에서 사용되는 일종의 재화로, 이용권과 같은 개념이다. 코인은 발행주체가 없지만 토큰은 코인과 달리 특정 기관이 이용자들에게 지급하는 방식으로, 발행 주체가 명확하다는 차이가 있다.

토큰은 애플리케이션에서 이용권으로서의 활용성이 높아질 경우 코인처럼 교환 수단으로서 활용할 수 있으며, 이 때 교환이 이루어 지면서 블록체인이 스스로 작동하게 되고 코인이 자동 생성된다. 따라서 신규 블록체인의 개발 및 프로젝트를 수행하기 위한 초기 자금 마련을 위해 토큰을 출시하지 않은 상태에서 선매도(pre-sale)하는 형태가 확대되고 있는 추세이다.

전 세계 토큰의 표준인 ERC-20(Ethereum Request for Comment) 토큰의 경우, 이더리움 네트워크 블록체인을 기반으로 하는 DAPP(Decentralized Application, 탈중앙화 응용 프로그램)에서 사용할 수 있는 토큰을 의미한다.

넓은 의미에서 화폐뿐만 아니라 자산의 기능도 한다. DAPP는 이더리움이나 퀀텀 등의 플랫폼에서 작동하는 탈 중앙화된 플랫폼이다. 이더리움 네트워크 블록체인은 구글 플레이 스토어에 비유할 수 있다. 따라서 이더리움 네트워크를 기반으로 하는 DAPP은 구글 마켓에서 다운받을 수 있는 APP으로 비유할 수 있는데, 토큰은 바로 이 APP에서 사용할 수 있다.

퀀텀의 경우도 초기에 ERC-20에서 출발했다. 이더리움 네트워크 블록체인을 기반으로 한 토큰으로 출시 되었는데, 출시된 토큰들을 선매도 하여 자금을 조달하고 그 자금을 활용해 독립된 네트워크의 개발과 마케팅을 하였다. 퀀텀은 나중에 독립된 네트워크를 구축하는데 성공하였고, 스왑을 통해 토큰에서 코인으로 전환되었다.

[표 7-2] 토큰 프로젝트 (2018.03 기준)

구분	내용
암호화폐	화폐기능을 하는 토큰
투표 토큰	홀더들에게 투표권이나 혹은 프로젝트 개발에 영향을 미칠 수 있는 기능이 있는 토큰
증권형 토큰	의무에 의해서 보호되는 토큰(배당을 약속하거나, 회사지분의 징표이거나, 혹은 회사의 신용을 공유하는 형태의 토큰을 의미)
보상 토큰	네트워크에 기여한 사람들에게 보상으로 제공하기 위한 목적의 토큰
서비스 토큰	프로젝트가 제공하는 서비스의 이용대가로 지불하며, 프로젝트 내부에서 운용되는 형태의 토큰(이런 특징은 프로젝트 분석 과정에서 명확히 드러나는데, 토큰을 ETH로 대체하여도 전혀 문제가 없는 경우를 말함)
하이브리드 토큰	지불서비스와 성과에 대한 보너스 목적으로 보상되는 토큰
유틸리티 토큰	독자적 프로토콜이 토큰화 된 것임

출처 : ICO Market Research Q1 2018

이오스의 경우도 마찬가지 방식으로 2018년 6월 1일에 메인넷으로 진출했으며, 이오스도 토큰에서 코인으로 바뀔 예정이다. 그러나 반드시 토큰에서 코인으로 전환될 필요는 없다.

DAPP이 현재 APP과 다른 점은, 탈중앙화 APP인 DAPP은 구글 또는 애플의 심사를 따로 받을 필요가 없다는 것이다. 이를 통해 DAPP 개발자는 자유롭게 창의적인 아이디어를 비즈니스로 창출하여 창업기업으로 성장할 수 있다.

ICO 개념

지금까지 기업들이 자금 조달을 위해서는 은행에서 차입하거나, VC(벤처 캐피탈)과 엔젤투자자로 부터 출자를 받는 방법들을 주로 사용하였지만, ICO는 전례 없던 새로운 자금 조달 모델로 주목을 받고 있다.

ICO의 등장 배경을 보면, 기존의 창업 생태계를 위한 투자금 확보의 어려움을 암호화폐를 통해 성공한 모델인 블록체인 기술 발달로 가능함에 따라 새롭게 등장한 투자모델이 바로 ICO이다.

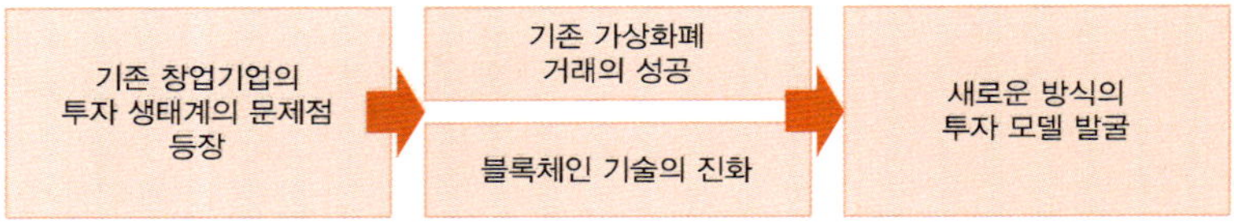

[그림 7-1] ICO의 등장 배경

ICO는 Inicial Coin Offering의 약자로 비즈니스를 시작하는 기업이 암호화폐(코인)나 토큰을 발행해 자금을 조달하는 것으로 암호화 화폐(토큰 or 코인)와 블록체인 산업에서 크라우드 펀딩 프로젝트로 등장한 개념이다. ICO는 기업이 개발한 암호화 화폐를 펀딩의 목적으로 공개할 때 사용하는 Crowdsale로 불리는 이벤트 일종이며, 즉 ICO는 가상통화(화폐)와 블록체인 기반의 프로젝트를 위한 투자금을 가상통화(화폐)로 모집하는 것을 의미한다.

ICO의 전반적인 개념이나 그 범위에 대해서 따로 정의된 사항은 없다. ICO는 API 이용권을 선불결제로 대중에게 미리 판매하는 방식과 같은 방식으로, 자금의 조달에 있어서 프로젝트의 사용권을 대중에게 미리 공개적으로 판매하여 자금을 모집하는 일반적인 방법이다.

프로젝트의 초기 단계에서, 블록체인을 기반으로 생성된 토큰 또는 코인을 온라인상에서 공개적으로 판매하여 필요한 자금을 조달하고, 투자자에게 배당금으로 토큰 내지 코인을 지급하여 이들의 시장 가치를 확보한다. ICO는 이렇게 형성되는 일련의 과정 전반을 통칭하는 표현으로 사용된다.

보통은 토큰의 일정량을 공개한 뒤 그 토큰들에 관심을 갖는 사람들에 한해 비트코인으로 교환해 준다. 그 결과, 기업은 손쉽게 제품 개발을 위한 자금을 모집하고, 사람들은 토큰을 얻게 되며 그 토큰의 지분에 대한 완벽한 소유권을 갖게 된다.

ICO는 제3의 기관이나 정부에 의해 규제를 받거나 하지 않고 특정 조직에 따로 등록되는 것도 아니기 때문에 스타트업 기업들이 선호하는 투자 유치 방법으로 부상하고 있다. 원래 ICO는 비트코인이 등장하고 난 후 비트코인의 단점을 개선하거나 또다른 유통 가능한 새로운 코인을 생성하기 위한 자금을 조달하기 위해 시작되었다.[10] 초기에는 코인 판매를 통해 자금을 마련했지만 점차적으로 코인의 창출 목적 외에도 별도의 프로젝트를 위한 토큰 판매로 확장되는 추세이다.

프로젝트의 비전과 내용 그리고 개발자가 정한 코인의 가격에 동의하는 투자자들이 코인을 구매하는 방식으로 개발자에게 자금을 제공한다. ICO를 통해 조달된 자금으로 개발자는 개발을 진행할 수 있게 되며, ICO 자금뿐만 아니라 자신이 개발하고 있는 프로젝트의 코인도 자신이 직접 보유를 하기 때문에 지속적으로 개발 및 연구 동기를 보유한다.

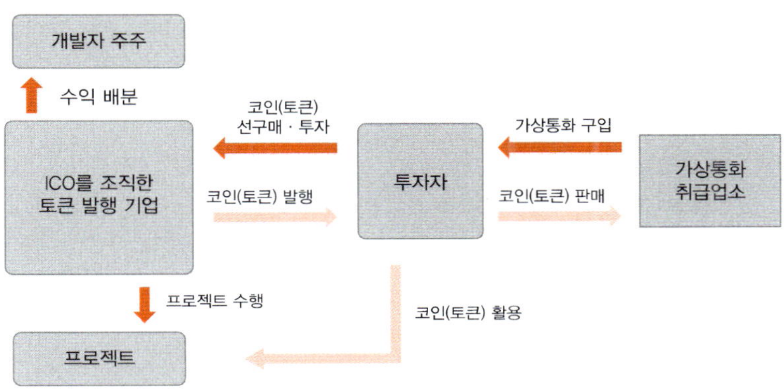

[그림 7-2] ICO 적용 흐름도

10) 이형욱, 「가상통화 생성방식에 따른 유형별 법적 규제방안 연구」, 『법학연구』 제28권 제2호, 충국대학교 법학연구소, 2017.12.

2018년 10월 기준 ICO는 법적으로 정해져있는 절차가 없고 일종의 사업 계획서인 백서(White paper)를 기반으로 미래 사업에 대한 비전을 근거삼아 가상 통화를 모집한다. 자금이 필요한 블록체인 기반의 기업들은 투자자들로 부터 가상통화를 투자받아 향후 토큰의 지급을 약속하고, 투자자는 기업이 발행하게 될 토큰에 대한 수익이나 효용을 기대하게 된다. 최근 ICO가 다른 투자 방식에 비해 선호도가 높은 이유는 다음과 같이 요약할 수 있다.

ICO 참여자의 투자 방식을 보면, 지분투자와 코인구매로 나누어진다. 지분투자는 지분 참여를 위해 코인을 수령하는 경우이고 코인 구매는 단순한 투자 목적으로 코인을 확보하는 것을 말한다.

[표 7-3] ICO 참여자의 투자방식

구분	지분투자 방식	코인구매 방식
내용	지분 참여를 위한 코인 획득	지분이 목적이 아닌 단순 투자 목적의 코인 획득 ICO의 유형

[표 7-4] ICO 선호 이유

구분	내용
ICO 선호 이유	• 지역에 상관없이 전 세계 누구나 ICO 기반의 투자에 참여할 수 있으며, 크라우드 펀딩, 벤처 캐피탈, IPO보다 자금 조달 비용이 낮음 • 투자자들에게 경영간섭을 받지 않기 때문에 초기 창업자들의 선호도가 높음 • 사업성을 증명하거나 실적을 확보해야 투자를 받을 수 있는 벤처 캐피탈이나 IPO와 달리 백서에 사업에 대한 내용만 담아 놓으면 투자자가 스스로 판단하여 투자를 결정하기 때문에 기술력 있는 스타트업의 입장에서는 기존의 투자 방식보다 진입 장벽이 낮고 투자받을 수 있는 기회가 많아짐 • 가상통화 취급업소에 ICO 토큰이 상장되면, 토큰 거래가 자유롭기에 크라우드 펀딩, 벤처 캐피탈보다 자금 유동성이 높아짐 • 최근 ICO 기반으로 100억원 상당의 자금을 조달하는 경우가 나타나는 등 기존의 투자 방식인 크라우드 펀딩이나 벤처 캐피탈보다 조달받는 자금의 규모가 큼

ICO 특징

대부분의 경우, 암호화 토큰은 ICO를 통해 공개되고 비트코인이나 미국 달러로 표시된 고정 가격에 판매된다. 그 가격은 미래에 언젠가 완성된 제품을 공개할 것이라는 개발팀에 대한 사람들의 신뢰 외에는 아무것도 그것을 뒷받침해 줄 수 없기 때문에 가격이 상당히 낮게 책정된다.

프로젝트가 개발되고 시작되고 난 후, 토큰의 가치는 실제 작업 중인 제품에 의해 보호되며, 가격 상승으로 이어진다. 이 경우, 주식처럼 원래의 후원자는 그들의 토큰을 상당한 시세차익을 위해 판매할 수도 있다. 예를 들어 2014년 이더리움의 ICO 도중, 이더리움 토큰은 초기에 개당 0.3~0.4달러에 판매 되었지만 그 프로젝트의 주요 플랫폼이 공개되고 난 2015년 6월 이후에는 각 토큰의 가격은 급속히 증가하여 19.42 달러에 도달했다. 따라서 참가자들이 6,000% 이상의 수익을 확보 할 수 있었다. 그러나 성공하지 못하는 경우 일반 투자와 마찬가지로 수익이 보장되지 않는다.

ICO 캠페인은 실패할 수도 있고 성공한다 해도 개발자들이 최종 제품을 완성하지 못해 토큰의 가격이 올라가지 않을 가능성도 존재한다. 이 모든 것은 ICO 참가자들이 캠페인에 공헌하기로 결정할 때 부담해야 하는 위험 요소이다. 따라서 ICO는 다음과 같은 특징을 보유하고 있다.

[표 7-5] ICO 특징들

구분	내용
판매 시 거래 가격	제품을 공개하는 개발 팀에 대한 커뮤니티의 신뢰 외에는 아무것도 뒷받침할 수 있는게 없기 때문에 가격이 낮게 책정됨
기업의 경우 자금 지원	기업이 신규 프로젝트를 시작할 때 이를 기반으로 자금을 확보 할 수 있음
구매자의 경우 투자 수익	모든 투자의 경우처럼 투자에 따른 수익과 손실 가능성이 열려 있음

ICO의 경우 국가에 따라 정부에 의해 강제되는 보증은 거의 또는 전혀 없으며, ICO를 시작한 대부분의 기업들은 충분한 신뢰와 투명성을 참여자들에게 제공하기 위해 스스로 규정을 만들고 신뢰를 확보해야 한다. 블록체인 기반의 스타트업 운영자들은 정부의 규제 없이 커뮤니티로부터 받는 충분한 신뢰와, 더 나아가 기여금의 충분한 유입을 보장하는 조건을 내세워야 투자자를 모을 수 있다. 이를 위해 다음과 같은 방법이 시도되고 있다.

커뮤니티 참여자들의 기금을 공동 지갑(Escrow wallet)에 저장하고 그 공동 지갑의 기금에 접근하려면 운영자는 여러 개의 프라이빗 키를 필요로 하는데, 그 중 하나의 키는 프로젝트 개발에 참여하지 않은, 신뢰받는 제3자에 의해 맡겨진다. 또한 법인기업을 설립하고

ICO의 이용 약관을 문서화 해야 한다. 다음의 경우가 ICO 투자 시 살펴보아야 할 내용들이다.

[표 7-6] ICO에 대한 신뢰성 미비의 징후들

구분	내용
개발자의 익명성	프로젝트의 개발자들의 정체를 누구도 알고 있지 못하고 커뮤니티 내에서 익명일 경우, 그 개발자들은 더 쉽게 사기를 저지를 수 있음
에스크로의 부재	기금을 위한 에스크로우 지갑이 없다면 참여자들의 기금에 대해 프로젝트 운영자들이 마음대로 손댈 수 있을 것이고 그들이 돈을 갖고 도망가는 것을 누구도 막을 수 없음
현실성 부재	프로젝트가 현실적이고 분명한 목표를 갖고 있지 않다면 그것은 프로젝트 운영자들이 실제로 무엇을 하는지 알 수 없다는 의미다. 최악의 경우 그들은 아무것도 하지 않을 것이기 때문에 정말로 상관하지 않는다는 뜻
투명성의 결핍	오늘날 사람들에게 프로젝트의 작업 진행 단계를 보여주는 것은 당연하게 여겨진다. 만약 개발자들이 코드 제품의 데모/베타 버전, 무대 뒤 비디오, 정보 또는 그들의 프로젝트 진행에 관한 다른 종류의 보고서를 공개하지 않는 경우 그 결과물이 없을 수도 있음

블록체인 프로젝트는 ICO를 통한 자금조달이 활발히 진행하고 있으며, 2017년 3분기에만 ICO를 통한 자금 조달 규모는 약 13억 달러로 추산되며, 같은 기간 지분투자 형태의 블록체인 투자는 3억 달러 수준이다. 2017년 11월 25일 기준, 전 세계적으로 ICO를 통해 조달된 자금은 누적으로 약 38억 달러로 추산되고 있다.

글로벌 ICO가 활발하게 이루어지고 있으나 ICO 사기 우려도 증가하고 있다. ICO가 일반 벤처캐피탈을 통한 자금조달 보다 제약이 적은 점을 이용하여 가짜 프로젝트를 통한 사기가 발생하고 있다. ICO 사기는 스캠(scam) 프로젝트로 불리며, 투자자들 사이에서 ICO 스캠에 대한 우려가 매우 높다.

출처: Krytomoney.com

[그림 7-3] 스캠 코인으로 알려진 OneCoin

[표 7-7] 사기 ICO를 판별 기준

구분	내용
기능 불량, 형편 없거나 복사 된 웹사이트	• 웹사이트는 기본적으로 ICO를 운영하는 회사의 얼굴이지만, 일부 사기범은 여기에 투자를 하지 않아 조잡함 • 가장 기본적인 사기 ICO의 웹사이트는 보통 ETHBAY의 경우처럼 기본적인 템플릿을 최소한의 변경으로 사용한 것 • 다른 알려진 사기 ICO 업체인 Referpay는 자신의 웹사이트 템플릿에 함께 제공된 앱 이미지를 그대로 사용하고, 동일한 기본 이미지를 반복해서 여러 다른 사기에 사용 • 웹사이트가 사기를 판별할 수 있는 확실한 지표는 아니지만, 대부분의 사기꾼은 비용 절약을 위해 개발자 또는 디자이너에게 웹사이트를 맡기지 않음
사기성 팀 프로필	• 프로젝트를 이끄는 사람들에 대해 아는 것이 중요함 • 예를 들어 Veio라는 한 ICO는 스톡 이미지를 팀원들이라고 소개했고, 일부 ICO는 자신의 팀에 포함되지 않은 수많은 사람들을 간단하게 포함시킴 • 소셜 미디어에서 ICO 팀 구성원들을 찾을 수 없고 경력을 확인할 수 없거나 LinkedIn에 그들의 프로젝트를 확인할 수 없는 경우 위험 신호임
의심스럽거나 모방한 듯한 백서	• 백서는 프로젝트의 프로필이라고도 하며 ICO가 투자할만한 가치가 있는지를 결정하기 위해 사람들이 필요로 하는 모든 정보를 요약한 것 • 백서에는 독창성과 문법 구성 이상으로 백서엔 확실한 투자 선택지가 되기 위한 확실한 정보가 포함되어 있어야 함 • 백서에서 경고하는 위험 신호는 뒷받침할 수 없는 터무니없는 주장, 표절한 자료 그리고 프로젝트가 어떻게 약속한 것을 실제로 달성할 수 있는지에 대한 세부사항에 대한 보고서의 부재 등이 있음
회사의 불명확한 목표	• 모든 프로젝트 또는 ICO는 목표를 가지고 있으며, 이 목표는 현실적이고, 시간을 준수해야하며, 실현 가능해야 함 • 회사의 목표가 "믿을 수 없을 만큼 좋다"면 사람들은 회사가 자신들이 주장하는 바를 실현시킬 기술과 역량을 갖추고 있는지 계속 확인해야 함
제대로 관리되지 않은 코드 저장소	• 블록체인 기술이 ICO의 핵심 요소이기 때문에, 제대로 된 것인지 아닌지 판단하는 열쇠는 프로젝트의 Github 저장소 또는 다른 코드 저장소를 확인하는 것 • 특정 ICO가 오픈 소스 ICO라고 선언하면 코드 저장소는 적어도 2주에 한 번씩 코드 업데이트를 통해 증명해야 함
사전 ICO 단계의 부재	• 모든 ICO가 사전 ICO 단계를 거치지는 않는다는 것을 유의해야 함 • 대부분의 ICO에는 둘 이상의 라운드 또는 판매 단계가 있다는 것도 알아야 함 • 그러나 사전 ICO 단계가 있는 모든 ICO들이 다 제대로 된 것임을 의미하는 것은 아니며, ICO 자체에서 판매 할 계획인 토큰의 수를 비교하는 것은 중요
자금의 비현실적인 사용	• ICO의 백서에는 자금이 어떻게 사용될지에 대한 투명한 정보를 담고 있어야 함 • 먹고 튀는 사기를 방지하기 위해 프로젝트 소유자가 꽤 오랜 시간 동안 코인을 팔지 않는다는 부분이 있어야 함
법인 및 사업 등록	• 모든 ICO에는 회사 이름과 회사 등록 번호가 백서 또는 회사의 웹사이트에 표시되어 있는지 확인해야 함 • 회사는 지브롤터, 몰타 또는 스위스와 같은 ICO에 유리한 규제 및 지침이 있는 관할 구역에 등록되어야 함 • 거의 모든 국가에서는 회사가 실제로 등록되었는지 여부를 확인할 수 있는 공개 데이터베이스가 존재

출처 : https://thenews.asia/ko/news/3515, 2018.09

ICO와 IPO의 비교

ICO는 기존의 기업공개(IPO, Initial Public Offering)를 비유해서 만든 용어로, 가상통화 업계의 IPO로 간주 되기도 한다. 초기 ICO는 개발 시점에 이미 개발된 토큰이나 코인을 시장에 판매하여 자금을 조달하는 형식이었으나, 점차 사업 계획만을 가지고 자금을 모집하는 형태로 변환되는 추세이다. ICO는 프로젝트 운영자가 자금을 조달하기 위해 미래의 토큰 발행을 약속하여 투자자로부터 자금을 모집하고 투자자는 자유롭게 토큰을 판매함으로써 수익과 미래 효용을 기대하게 한다는 점에서 기업 상장인 IPO와 비교되기도 한다.

ICO는 원래 블록체인 프로젝트를 운영하기 위해 블록체인 내에서 통용되는 코인을 모집하여 투자자들로 하여금 프로젝트에서 지원하는 서비스를 이용할 수 있도록 한 것이다. ICO는 그저 이용권을 미리 구매하는 것일 뿐 의결권이나 지분을 갖는 기존의 일반적인 투자와는 개념과는 다르다.

반면, IPO는 미래에 생길지 안생길지 모르는 불명확한 토큰 대신에 회사 지분을 증권형태로 발행하여 투자자에게 분배하고 기업을 공동으로 소유한다는 점에서 확연한 차이가 있다. IPO는 보유 지분에 대한 법적 근거를 가지고 있기 때문에 투자자를 공개 모집 행위를 하고자 하는 기업은 필수적으로 정부에 투자설명서나 사업계획서와 같은 법적 문서를 제출하고, 정해진 기준을 충족했음을 증명하여 등록하여야 하는 의무를 지닌다.

ICO와 IPO의 차이점은 다음과 같다. 첫째, 투자대상 측면에서 보면, IPO는 갖고 있는 돈을 주식과 교환 하는 것이다. 따라서 주식을 보유하면 회사에 대해 의결권을 갖게 된다. 하지만 ICO는 돈과 가상화폐를 교환하는 것으로 ICO는 의결권이 없다. IPO는 실적에 따라 배당을 받을 수 있지만 ICO는 그런 개념을 갖고 있지 않다.

둘째, 제3자에 의한 심사측면에서 보면, IPO를 할 경우 상장 전 준비 해야 할 게 많다. 상장시 주식을 인수할 증권회사를 주관사로 선정한다. 또 감사법인의 감사도 받게 된다. IPO는 제3자에 의한 객관적인 심사를 받기 때문에 IPO에 대한 신뢰도가 높다고 생각할 수 있다. ICO는 제3자에 의한 심사를 받을 필요가 없어 바로 실시할 수 있다. 따라서 기업 주체에 대한 신뢰성은 담보할 수 없다.

셋째, 위험측면에서 보면, IPO가 낮다고 단언할 수는 없다. 그러나 상대적으로 ICO의 위험이 높은 것은 사실이다. 최근 ICO에 대한 붐이 일고 있지만 일각에서는 "운영자가 공동 자금을 가지고 도망쳤다", "거래소에 상장 할 수 없어 무가치한 토큰이 되어 버렸다"

라는 실패 사례도 나오고 있다. ICO 후 사업자는 모았던 비트코인과 이더리움 등의 가상화폐를 거래소에서 현금으로 환전해 서비스 개발 비용에 충당 할 수 있다. 그러나 ICO만 하고 거래소 상장이 불발되는 상황을 투자자는 원하지 않는다. IPO도 주가가 크게 떨어지는 경우는 있지만 상장폐지 되지 않는 한 주식은 의결권이 있다.

넷째, 진입장벽 측면에서 보면, IPO를 하려면 장애물도 많고 준비해야 할 것도 많다. 그러나 ICO는 제3자에 의한 심사가 필요 없어서 실시하는데 따른 진입장벽은 IPO에 비해 상당히 낮다. IPO는 사업이 어느 정도 궤도에 오르고 준비되고 난 뒤부터 실시되는 반면에 ICO는 프로젝트를 시작하기 전부터 투자를 받을 수 있다는 점에서 차이가 있다.[11]

[표 7-8] ICO와 IPO의 비교

구분	ICO	IPO
발행 (투자대상)	토큰을 교부	주식(증권)을 교부
국경	국경의 제약을 많이 받지 않음	국경의 제약을 많이 받음
목적	투자수익뿐만 아니라 후원적 사고 성격을 가짐	투자수익 즉 보상이 목적
지분소유여부	• 회사의 지분 취득하는 것은 아님 • 대중에게 판매되는 암호화 토큰의 경우는 회사의 지분을 갖는 것이 아니다. 다만 많은 양의 토큰 지분은 거래 등 행위 시 더 큰 투표권을 가지거나 투표권을 이동시키는데 사용될 수 있음	• 회사의 지분 취득 • 공개된 회사의 주식으로 항상 각 회사의 소유 지분을 나타냄
규제 여부	• 정부의 규제를 받지 않음 • 암호화 화폐 크라우드 펀딩은 정부 규제에 크게 영향 받지 않는 새로운 것. 그 의미는 모든 프로젝트에 대해 어디 출신이든 상관없이 누구라도 참여하고 돈을 낼 수 있고 적은 준비만으로도 ICO를 시작할 수 있다는 것임. 보수적인 IPO에 비교할 때 이 진보적인 환경은 새로운 기회와 위험 모두를 가짐	• 정부의 규제를 받음 • 정부에 의해 엄격히 규제된다는 점이다 즉, 지분을 공개하기 전에 많은 양의 서류를 준비해야 한다. 그리고 규정을 준수하지 않는 경우 심각한 결과를 초래함
제3자 심사	없음	있음
위험	매우 높음	중간
진입장벽	낮음	높음

11) https://www.blockmedia.co.kr/ 2018.03 검색

ICO와 크라우드 펀딩

ICO는 크라우드 펀딩의 성격을 보유하고 있으며 크라우드세일(Crowdsales)이라고 불리운다. 이더리움 처럼 ICO가 성공적으로 성장하는 경우도 있지만 크라우드 펀딩의 경우처럼 사기에도 주의를 해야 한다. ICO의 경우 일반적인 크라우드 펀딩보다 더 선호하는 이유는 낮은 조달 비용이다.

크라우드 펀딩의 경우 플랫폼을 이용할 때 전체 조달비용의 5% 전후를 수수료로 지불하고 결제처리 3-5%를 수수료로 지불한다. 프로모션과 세금을 합하면 거의 16%를 지불해야 한다. 이는 대출과 비교하여 지출하는 11% 보다 더 많은 금액으로 또한 일반적인 P2P 대출인 9% 보다 큰 금액이다. 참여기업의 경우 이처럼 높은 수수료에 대해 불만을 가지고 있으며 투자자의 경우 기업의 성공확률이 적거나 제품개발이 이루어지지고 않고 투자금의 손실에 대한 불안감을 가지고 있는 것이다.

ICO의 경우도 크라우드 펀딩의 경우처럼 투자금을 기반으로 제품이 개발되지 않고 투자금을 회수하지 못하는 환경을 가지고 있다. 예를 들면, 한국 기반 ICO를 진행한 보스코인의 경우 스위스 주크에 재단을 설립하고 기부금 형식으로 자금을 모집했기 때문에 기업은 투자자에게 법적 책임이 없는 것으로 평가되고 있다.

2. ICO 현황

현재 진행되는 국제 가상화폐 시장 큰 흐름은 ICO를 통한 경제 활성화와 제도권에 편입하여 활용하려는 것이다.

[표 7-9] 암호화폐의 시장 움직임

구분	사례
가상화폐의 금융 상품과의 접목	ICCO(Initial Convertible Coin Offering)
가상화폐의 제도권 편입사례	스위스 증권거래소 가상화폐 상장 계획발표

ICO는 새로운 암호화폐 토큰을 판매하여 비트코인 등의 암호화폐나 금전으로 투자를 받

는 것으로 주로 창업 기업들이 선호하고, 프로젝트 성공으로 매입한 암호화폐의 가격이 상승하기를 바란다. 최초의 ICO는 2013년 마스터코인(Mastercoin)이었으며 성공적인 ICO 프로젝트로는 이더(Ether) 코인 토큰을 가진 이더리움 플랫폼 이다.

2014년에 초기 투자자들에게 큰 이익을 안겨주며 1,800만 달러(한화 약 204억)의 비트코인을 모금했다. 국내에서는 2017년 5월 가상화폐 플랫폼 보스코인을 개발한 블록체인OS가 17시간 만에 1,200만 달러(136억원)을 조달하는데 성공하였으며 개인적인 채굴과 달리 대중에게 코인을 공개적으로 판매하는 점에서 IPO와 유사한 점이 있다.

이더리움 네트워크가 출시된 뒤 블록체인 기반의 여러 프로젝트들이 나타남에 따라서 ICO가 활성화되기 시작하였다. 2014년 이더리움 플랫폼은 약 1,900만 달러의 모집에 성공하는 등 16개 ICO가 나타나 모두 2,600만 달러가 모집되었다.

2015년 1,400만 달러, 2016년 2억 2,200만 달러에 이어 2017년 약 32억 달러에 달하는 모집이 성공한 것으로 알려지고 있다. 특히, 2016년 DAO(Decentralized autonomous organization, 탈 중앙화된 자율조직) 사태로 인해 이더리움 등의 기존 암호화폐의 문제점이 나타났고, 보안 문제가 제기되어 이것을 수정 및 보완하기 위한 수많은 프로젝트들이 등장하면서 ICO 건수가 증가하기 시작하였다.

2018년에도 3월까지 약 26.5억 달러 수준으로 전년과 비교했을 때 크게 증가하는 모습이다. 특히 2017년 이후에 가상화폐의 가격이 급등하면서 블록체인 기반의 ICO 사업의 투자수익에 대한 기대가 높아졌고, 다양한 코인과 프로젝트들이 쏟아져 나와 ICO가 활발해지는 모습을 볼 수 있었다. 또한 신규 ICO는 이더리움 이나 비트코인을 모집 단위로 투자를 받으면서 이들 가상화폐에 대한 수요가 증가하였고 다시 암호화폐의 가격이 다시 상승하게 되는 효과가 나타나게 되었다.

신규 코인들이 잇달아 등장함에 따라 이제 암호화폐 시장에서 비트코인이 차지하는 비중은 점점 줄어들어 2017년 4월 25일 기준 전체 가상화폐 중 약 37.8%를 차지하고 있으며, 라이트코인, 이더리움 등 대체 코인들의 비중이 점차 증가하고 있다. 이는 코인의 개발과 관련해 비트코인을 대체 하고자 하는 새로운 코인들이 출시되는 것으로 ICO가 점차 활성화 되고 있음을 의미하는 것이다.

2017년에는 주로 블록체인 인프라 투자와 관련한 ICO가 가장 많았으며, 이어 거래와 금융분야, 결제 분야와 콘텐츠 사업에서 ICO가 이루어졌다.

[**표** 7-10] 가상통화의 통화별 거래 비중

구분	All Cryto-fiat	Bitcoin transaction	Non-Bitcoin transaction	가상통화 거래/주식시장 거래
KRW	29.8	15.4	54.8	85%
USD	48.4	54.8	37.2	5.1%
JPY	13.6	20.7	1.1	11.5%
EUR	4.3	4.8	3.2	3.0%

자료: Pieters, Cryptocurrencies as a new global financial asset, Table3, Daily Fiat Transaction of Cryptocurrencies, Author collects data for Top 50 Cryptocurrency American Economic Association 2018 ASSA Annual Meeting preliminary paper, 2018.1.5., (상위거래 50개 가상통화에 대한 통화거래에 대한 점유율, unit: %)

등록된 국가 기준 프로젝트 분포를 보면, 2018년도 기준 미국, 싱가포르, 영국 순으로 많았으며 2017년도에 미국, 싱가포르, 스위스, 에스토니아, 영국 순이다.

출처 : Icorating.com

[**그림** 7-4] 등록된 국가 기준 프로젝트 분포 (2018년 1분기)

2018년 기준 ICO를 진행한 상위 국가는 미국, 중국, 리투아니아 그리고 러시아 순이다. 진행된 전체 프로젝트 중 1/4이 다국적팀에 의해 진행 되었다. 2017년도에 미국, 러시아, 영국 순으로 이루어졌다.

출처 : Icorating.com

[그림 7-5] 프로젝트가 진행된 국가들 기반 현황

3. ICO 관련 규정

ICO 진행시 준비 사항들은 각 국가별로 다르게 나타난다. 미국은 IPO(기업공개)에 준하는 자격을 보유해야 한다. 일본의 경우 ICO를 하려면 거래소 등록을 해야 하며 스위스의 경우 정부가 원하는 요건을 갖추어야 한다.

[표 7-11] ICO를 위한 준비 사항들

구분	내용
미국	ICO를 하려면 기업공개(IPO)에 준하는 자격을 보유해야 함
일본	ICO를 하려면 거래소 등록제를 시행하고 있음
스위스	ICO를 하려면 정부에서 요청하는 조건을 만족하여야 함 • 지불형 : 지불 용도로만 쓰이는 경우(현행 자금세탁 규정) • 기능형 : 애플리케이션 등에서 각종 이용권 형태로 사용하는 경우(증권법) • 자산형 : 회사의 수익과 배당금 등을 직접 받을 수 있는 경우(자산 성격을 가진 경우에만 증권법을 적용)

현재 ICO 허용과 관련하여 국가별로 입장을 달리하고 있으며, 각 국가별 현황을 보면 중국은 금지를 하고 있으며 홍콩과 스위스는 제한적으로 허용하고 있으며 미국, 싱가포르, 호주는 허용을 하고 있지만 정부에서 요청하는 요건을 갖추어야 한다.

일본의 경우는 가상통화 관련 법(자금결재법)을 제정하여 특히나 암호화폐 및 ICO를 전면적으로 금지하였고, 대대적인 단속 활동을 이어가고 있는 중국은 최근 중국 투자자를 대상으로 해외 ICO 활동을 경고하며, 강경한 입장을 고수하고 있다.

[표 7-12] 해외 주요국의 ICO 규제 현황 (2018.05 기준)

국가		규제내용
금지	중국	2017.9월 국내 모든 ICO 금지, ICO 수익금을 투자자에게 환급
제한허용	홍콩	2017.7월 홍콩 금융감독원(SFC)는 ICO가 홍콩 증권법 대상이 될 수 있음을 발표
	스위스	2017.9월 금융시장감독국(FINMA)는 ICO 가이던스 발표, 국내 특별 지구에서 허용
규제강화	미국	2017.7월 미국 증권거래위원회는 ICO에 부분적으로 연방 증권법을 적용
	싱가포르	2017.8월 싱가포르 금융관리국(MAS)는 ICO에 증권선물법 적용
	호주	2017.9월 호주 증권투자위원회(ASIC)는 ICO를 증권법 적용
규정없음	일본	가상통화 관련 법(자금결재법)은 제정하였으나 ICO 관련 규제는 불명확함

각 국가에서 ICO를 어떤 형태로 인식 하느냐에 따라 규제 및 관련 과세 정책이 다르게 적용되고 있다. 다음은 각 국가별 현황이다.

[표 7-13] 국가별 ICO 규제동향

구분	정의	규제	과세	ICO
미국	자산/화폐	거래소등록	자본이득세/소득세부과	적격투자자제도
영국	민간화폐	거래소 등록	부가가치세폐지	허용
			거래수익 비과세	
			법인세 부과	
독일	금융상품	거래소 등록	소득세25% 부과	허용
			채굴, 개인거래 비과세	
스위스	지방정부화폐	스위스금융시장	부가가치세 없음	허용
	지방결제수단	감독위원회(FINMA) 라이선스	법인세14.6%(Zug)	크립토밸리 육성
	물건 등 자산		개인자본소득 비과세	

미국의 경우 암호화폐가 실제 현금(money)으로서 거래에 사용되는 것이 아니면, 호위 테스트(Howey Test) 기준에 따라 증권에 해당하지 않는다. 호위 테스트(Howey Test)는 1946년 SEC와 호위 소송에서 제시 된 미연방대법원이 판결에 이용한 기준을 말한다. 그 내용을 보면, 감귤농장을 팔면서 Howey는 농장을 경작하면서 수익을 얻고, 매수인은 지료를 받는 방식으로 이를 투자가 아닌 증권거래 방식으로 인정했다.

일반 기업의 조달 자금을 위한 투자 계약으로서 타인의 노력 여하에 따른 미래 수익을 기대할 수 있는가에 대한 내용으로 호위 테스트를 통해 증권으로 판별되면, 미국 증권거래위원회에서 규제를 증권법에 등록의무 · 공시의무 등의 SEC의 규제가 적용된다.

[표 7-14] 호위 테스트 규정

구분	내용
규정 1	An investment of money(금전의 투자가 이루어지고)
규정 2	in a common enterprise(공동 사업에 대하여)
규정 3	with an expectation of profits predominantly from the efforts of others(그 이윤이 주로 상대방의 노력에 의하여 창출됨)

국내의 경우 호위 테스트에 대등하게 취급되는 투자 계약증권의 개념이 존재 한다.

[표 7-15] 투자 계약증권의 개념

구분	내용
자본시장법 제4조 제4항	"지분증권"이란 주권, 신주인수권이 표시된 것, 법률에 의하여 직접 설립된 법인이 발행한 출자증권, 「상법」에 따른 합자회사 · 유한책이다. 회사 · 유한회사 · 합자조합 · 익명조합의 출자지분, 그밖에 이와 유사한 것으로서 출자지분 또는 출자지분을 취득할 권리가 표시된 것 자본시장법
제4조 제6항	"투자계약증권"이란 특정 투자자가 그 투자자와 타인(다른 투자자를 포함한다. 이하 이 항에서 같다) 간의 공동사업 에 금전 등을 투자하고 주로 타인이 수행한 공동사업의 결과에 따른 손익을 귀속 받는 계약상의 권리가 표시된 것

법적인 측면을 보면, 한국 자본시장법은 증권형 크라우드 펀딩 방식에 중점을 두고 있으며, ICO는 증권과 무관한 것이 일반적이다.

[표 7-16] 자본시장법의 관련 조항들

자본시장법 ㉗ 이 법에서 "온라인소액투자중개업자"란 온라인상에서 누구의 명의로 하든지 타인의 계산으로 다음 각 호의 자가, 대통령령으로 정하는 방법으로 발행하는 채무증권, 지분증권, 투자계약증권의 모집 또는 사모에 관한 중개(이하 "온라인소액투자중개"라 한다)를 영업으로 하는 투자중개업자를 말한다. 1. 「중소기업창업 지원법」 제2조제2호에 따른 창업자 중 대통령령으로 정하는 자 2. 그 밖에 대통령령으로 정하는 요건에 부합하는 자

4. IEO

IEO(Initial Exchange Offering)는 암호자산(암호화폐)의 거래소 상장 직전, 토큰 판매 방식을 통한 자금 모집 방법의 하나로 다음과 같은 특징과 조건을 요구하고 있다.

먼저 MVP(Minimum Visible Product)라고 부르는 최소한의 기능이 구현되는 시제품을 만들고 이를 시현하여 토큰 구매자에게 프로젝트 운영진들의 유능함을 입증해야 하며, 해당 프로젝트의 사업계획서라 할 수 있는 백서의 준비는 물론, 백서와 홈페이지에는 'IEO 가이드라인'을 셀프 체크하여 공개해야 한다.

여기에 보유 기술 및 개발 방향을 기록한 황서(Yellow Paper)의 준비가 완성되면 상당한 신뢰를 얻을 수 있을 것이다. 가이드라인은 기본적으로 IPO가 상장 직전, 주식을 공개 세일하면서 자금을 모으는 행위라면, IEO는 상장 직전 토큰을 공개 세일하면서 토큰을 판매하여 필요 자금을 확보하는 행위이다. 따라서 IEO 가이드라인은 오랜 시간 동안 유지되면서 체계가 잡힌 기존 증권시장의 IPO 기준을 상당 부분 차용하고 있다. 다음은 주식을 상장시키는 IPO와 토큰을 상장시키는 IEO의 차이에 대한 내용이다.

[표 7-17] IPO와 IEO와의 비교

구분	IPO	IEO
사업체 설립, 초기자금 조달	자기자금	자기자금
매출증대, 개발비부족 등에 따른 자금 조달	엔젤투자자, VC	엔젤 토큰구매자,VC
사업 확대에 따른 자금조달	IPO 공모	IEO 토큰 세일
상장 심사	코스피 코스닥 상장 위원회	IEO 가이드라인 거래소 자체 심사
상장	증권시장 상장	거래소상장
추가자금 조달	유산증자	보유코인매각

무엇보다 거래소의 입장에서 볼 때는 새로운 투자자의 거래소 유입 효과가 없기 때문에 꺼려할 것이며, 결국 이 방법은 상장 관련 비용(Fee)을 과다하게 요구하거나, 거래소와 특수 관계에 있는 토큰을 임의로 상장시키는 등의 부작용이 있을 것으로 예상되어 권장하지 않는다.

IEO가 기존의 ICO와 현저하게 다른 점은 ICO가 백서만 제시하고 사용자들의 신뢰를 통해 자금을 조달받는 방식이었다면, IEO는 기본적으로 MVP의 개발을 통한 기술력과 사업성의 입증을 토대로 토큰을 판매해 사업 자금을 조달받는 방식이다. 따라서 ICO와 IEO를 운영함에 있어서 증권 거래와 토큰 거래를 같은 선 상에 놓고 보아야 하며, 토큰 구매자 보호를 위한 각종 공시제도를 도입하여 운영해야 한다.

연습문제

01 ㉠, ㉡, ㉢에 들어갈 말로 알맞게 짝지어진 것을 고르시오.

> ㉠이란 블록체인으로 인해 생성되며 그 블록체인의 개발자가 마련한 애플리케이션에서 사용되는 일종의 재화로, 이용권과 같은 개념이다. ㉡은 발행주체가 없지만 ㉠은 ㉡과 달리 특정 기관이 이용자들에게 지급하는 방식으로, ㉢이(가) 명확하다는 차이가 있다.

① ㉠ - 코인, ㉡ - 토큰, ㉢ - 책임소재

② ㉠ - 토큰, ㉡ - 코인, ㉢ - 책임소재

③ ㉠ - 코인, ㉡ - 토큰, ㉢ - 발행주체

④ ㉠ - 토큰, ㉡ - 코인, ㉢ - 발행주제

02 DAPP에 대한 설명으로 틀린 것을 고르시오.

① 탈 중앙화된 플랫폼이다.

② DAPP 개발자는 자유롭게 창의적인 아이디어를 비즈니스로 창출할 수 있다.

③ 구글 마켓에서 다운 받을 수 있으며 구글과 애플의 심사를 각각 받아야 한다.

④ 토큰을 사용할 수 있는 APP이다.

03 ICO에 관한 설명으로 맞는 것을 고르시오.

① 전반적인 개념이나 그 범위가 명확하다.

② 자금의 조달에 있어 프로젝트의 지분을 대중에게 판매하여 자금을 모집한다.

③ 투자자들에게는 배당금으로 현금을 지급한다.

④ 기존의 창업 생태계에서 투자금 확보의 어려움을 가상화폐를 통해 해결한 모델이다.

04 사기 ICO를 판별하는 기준으로 가장 효과가 없는 것을 고르시오.

① 의심스럽거나 모방한 듯한 백서

② 사전 ICO 단계 확인

③ 기능불량, 형편없는 웹사이트

④ 법인 및 사업자 등록 여부

05 다음 보기에서 ICO와 IPO의 비교를 잘 못 나타낸 것을 고르시오.

① 발행 : ICO - 토큰을 교부, IPO - 주식을 교부

② 국경 : ICO - 국경의 제약을 받지 않음, IPO - 국경의 제약을 많이 받음

③ 목적 : ICO - 투자수익만이 목적이 아님, IPO - 투자수익만이 목적

④ 규제 여부 : ICO - 정부의 규제를 받음, IPO - 정부의 규제를 받지 않음

정답	1. ④ 2. ③ 3. ④ 4. ② 5. ④

CHAPTER 08

ICO의 참여

1. ICO 절차

ICO 진행 절차

블록체인 프로젝트들은 ICO(Initial Coin Offering)로 자본을 조달하여 사업을 진행하며, 백서로 프로젝트를 설명할 뿐만 아니라 어떤 문제를 해결 할 수 있다는 것을 증명하거나, 실제로 서비스가 작동한다는 것을 제시해야 한다. 블록체인 기반으로 혁신할 수 있는 부분이 있고, 기존 시스템에 비해 월등하게 만들어서 시장에 제공하여 그 서비스가 주는 혜택을 누릴 수 있다.

일반적으로 기업이 성장 한 후에 IPO(초기 기업 공개)를 해서 자본을 조달하는 구조였는데, ICO는 프로젝트별로 코인 또는 토큰을 발행하여 자금을 조달하는 시스템이다.

ICO를 통하여 초기 투자자들이 수익을 얻다 보니, 과도한 신뢰 급상승으로 2017년에 자본 조달에 성공한 ICO가 등장하고 이에 따른 거품이 증가했다. IPO를 진행시 감독기관이 나서서 기업의 수익을 파악하는 등 투자자에 대한 보호 장치가 있지만, ICO의 경우엔 투자자 보호 장치가 없다. 단지 발행된 코인의 상장 여부를 거래소가 판단할 뿐이다. 따라서 현재는 이 수많은 프로젝트를 제대로 평가해서 투자자들의 피해를 막을 수 있는 구조가 형성되어 있지 않다. 일정 시간이 흘러 시장에서 자체 정화가 이루어질 수 있도록 규정과 환경이 조성되어야 한다.

대부분 ICO는 암호화폐 포럼과 기타 웹사이트 등의 온라인 플랫폼을 통해 거래가 이루어지고 있으며, 일반적으로 발행사는 자사 프로젝트의 세부 사항과 추진 중인 ICO의 법적, 상업적 조건을 설명하는 온라인 기술 백서를 제공한다. 백서는 프로젝트, 핵심 팀 및 외부 자문인에 관한 정보를 투자자에게 제공하는 툴이다.

ICO를 기반으로 토큰을 계약 하려면 투자자가 암호화폐를 발행사에 이체 해야 한다. 가상화폐의 이체는 각 해당 암호화폐의 지정된 주소(계좌번호와 유사함)나 발행사의 전자 지갑에 전송하는 형태로 진행된다.

[표 8-1] 토큰의 판매 방식

구분	내용
Pre-sales	• 개발자 자금 유치 또는 초기 열성지지자에 대한 인센티브 및 홍보 목적으로 진행(금액 할인 보다는 토큰의 개수를 X% 더 지급하는 방식). 구간 별 큰 BONUS
Pre-pre-sales	• 개인이나 거래소 또는 코인 투자 회사 VC에게 Pre-pre-sales을 하는 경우(운영비용 충당 목적과 물량을 확보하여야 종목을 추가하는 거래소 입장을 고려하여 앞으로 거래소에 상장되기 위한 목적으로 판매)
Pre-allocation	• 사전 할당으로 개발될 토큰 또는 개발된 토큰을 일부 투자자에게 미리 할당을 하는 방법
Early Backer	• 잘 알려지기 전에 미리 투자를 하는 사람들
Main-sale	• 토큰이 개발이 완료된 상태에서 판매하는 행위

청약 프로세스는 온라인으로 진행되고 토큰은 토큰 생성 이벤트(TGE: Token Generation Event)의 일환으로 발행된다. 투자자의 투자금, 즉 기여금에 대한 대가로 투자자에게 제공된다. 투자자는 암호화폐 온라인 포럼에서 해당 토큰을 마케팅할 경우, 그 대가로 추가 토큰을 보너스로 지급 받을 수도 있다.

ICO 완료 후, 지정된 주소나 온라인 지갑으로 투자자의 토큰이 이체되어 토큰 발행 프로세스가 완료된다. 발행사는 온라인 암호화폐 거래소에 상장하거나 다른 암호화폐를 상대로 거래할 수 있다.

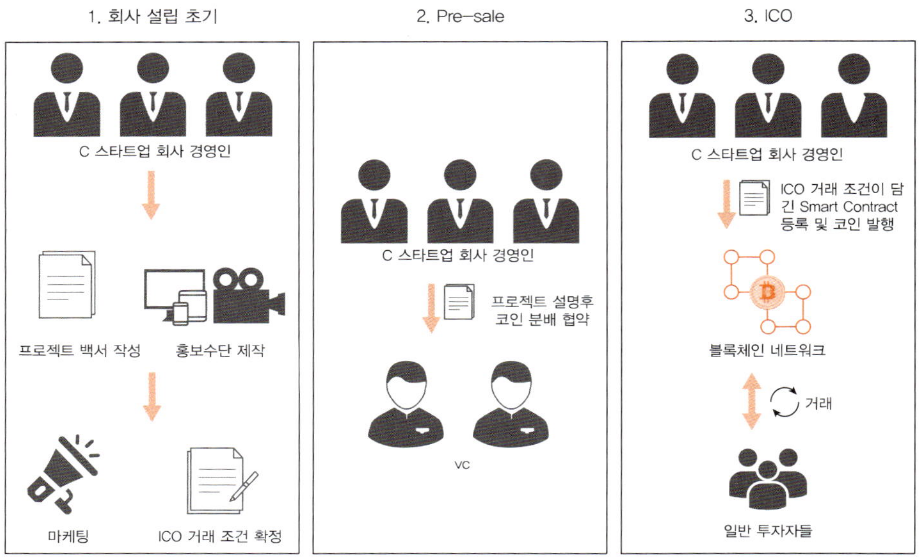

[그림 8-1] ICO 진행 절차

ICO의 진행 순서를 보면, 비즈니스 모델을 개발하고(Concept) 이를 실천에 옮기기 위해 연구하고 (Research) 이를 활용하여 허용국가 법인 설립(백서, 로드맵 제시)한 후에 비공개 ICO를 Early Backer(비공개 ICO), 그리고 공개 ICO 기반 선매도(Pre-sales)와 Main-sale을 진행한 후에 실질적인 상장 및 심사하는 과정이다. ICO는 자금이 모집되고 나면 투자한 양에 비례하여 토큰을 지급한다.

[표 8-2] ICO 절차 및 관련내용

구분	내용
ICO 성공 요건	• ICO를 하기 전에 토큰 또는 코인 경제를 먼저 잘 구축해 놓아야 하고 초기 투자자에게 충분한 인센티브(incentive)가 보상되어야 함
ICO 진행순서	• Concept ⇒ Research ⇒ 허용국가 법인 설립(백서, 로드맵 제시) ⇒ Early Backer(비공개 ICO) ⇒ Pre-sales ⇒ Main-sale ⇒ 상장/심사 • ICO는 자금이 모집되고 나면 투자한 양에 비례하여 토큰을 지급
토큰 판매방식	• Pre-sales : 개발자 자금 유치 또는 초기 열성지지자에 대한 인센티브 및 홍보 목적으로 진행(금액 할인 보다는 토큰의 개수를 X% 더 지급하는 방식). 구간 별 큰 BONUS • Pre-pre-sales : 개인이나 거래소 또는 코인 투자 회사 VC에게 Pre-pre-sales을 하는 경우(운영비용 충당 목적과 물량을 확보하여야 종목을 추가하는 거래소 입장을 고려하여 앞으로 거래소에 상장되기 위한 목적으로 판매)

[표 8-2] ICO 절차 및 관련내용(계속)

구분	내용
토큰 판매방식	• Pre-allocation • Pe-Mining • Early Backer • Main-sale
ICO 진행방법	• 보통 ICO를 진행하기 전 KYC(Know Your Customer)를 통해 고객에 대한 정보를 모으는 작업으로 여권이나 신분증을 요구함 • 비공개 판매(Private sale) : 최소 투자 금액이 높은 비공개 판매로서 보너스율이 높고 보통 기관 투자자를 대상으로 함 • 사전 판매(Pre sale) : 공개 판매에 비해 보너스율이 높으며 최소 투자 금액이 정해진 경우가 많음 • 공개 판매(Public sale) : 일반적인 ICO 절차로 보통 개인을 대상으로 진행하며 최소 투자 금액이 정해져 있지 않거나 매우 적은 경우이며 메인 세일(Main Sale)이라고도 부름
ICO 진행절차	(1) 파운더, 프로젝트 기획자, 암호학자, 프로그래머와 같은 개발자 등이 아이디어를 구상하고, 기술적인 측면을 고려(탈중앙화 목적) (2) 계획이 완료되면 마케팅팀을 이루어 트위터, 슬랙, 레딧, 스팀, 비트코인톡, 페이스북, 텔레그램 등 SNS을 통해 홍보 (3) 비영리재단을 설립하여 운영진 지갑의 개인키를 보관하고 제네시스 블록을 생성과 동시에 영리기업을 설립하여 비영리재단과 서비스 계약을 맺다. 파운데이션과 코인 운영진을 분리 (4) WP 배포하고 유명인(투자자, 개발자, 교수 등) 섭외, 바운티와 인센티브를 제공함으로써 백서번영과 마케팅 팀을 운영하여 홍보, 깃허브(Github)를 통해 기술 검증함 또한 유명인을 이용해 투자자들의 프로젝트에 대한 신뢰도를 높이고 매체와의 인터뷰와 배너 광고를 진행 (5) ICO 시작
ICO 선택 방법	• 웹사이트 활용하여 정보를 수집하는 것이 좋음 • 백서를 너무 믿지 말 것. 현실로 구현해내기 전에는 자기 홍보이자 아이디어에 불과 • 파운더가 어떤 사람인지, 신뢰할 수 있는지 반드시 확인 • 개발진(CEO, CFO, CMO, 마케팅, 법률, 개발, 운영, 영업 등)을 신뢰 가능한지 확인 • 개발진 및 운영진과의 의사소통이 중요 • 깃허브(GitHub, 원래 이름: Logical Awesome LLC)는 분산 버전 관리 툴인 깃(Git)을 사용하는 프로젝트를 지원하는 웹호스팅 서비스 • ICO방법: 어떤 방식의 자금을 모금하고, 개발진 몇 %를 가져갔는지, 기간, 거래는 언제부터 가능한지에 대한 정보 숙지 필수 • 커뮤니티의 분위기, 반응이 중요. 아무리 대단해보이더라도 부정적 반응이 많으면 보류 • 위의 정보를 종합하여 결정을 내렸다면 소신과 뚝심을 가지고 투자하는 것이 좋음

ICO 관련 용어들

ICO를 진행하기 위해 다음의 관련 용어들이 사용되고 있다. 소프트 캡이란 "The amount received at which your crowdsale will be considered a success"로 정의되며 프로젝트가 도달할 수 있는 예측 가능한 범위 내의 목표치를 의미한다. 프로젝트에 필요한 가장 최소치의 자금을 의미하고 소프트 캡을 다 채우지 못할 경우엔 투자자들에게 돈을 되돌려 주어야 하는 상황도 발생한다. 하드 캡 과는 반대인 개념으로 하한선이라고 생각하면 되며 ICO가 소프트 캡을 단숨에 초과할 정도로 성공적인 경우에는 초과 시점을 기준으로 24시간 이후에 ICO를 종료하는 방식을 사용하기도 한다. 따라서 여러 단계에 걸쳐 ICO를 진행하는 경우도 있다. 예를 들어 첫째 주에는 1이더 당 토큰 300개, 둘째 주에는 200개, 마지막 주에는 100개와 같은 방식으로 소프트 캡을 채용하는 경우에는 돈을 무제한으로 받으려고 한다는 비판적인 의견도 있다. 소프트 캡 방식으로 자금을 모금 하는 것이 투자세력에게 코인이 잠식당하거나 개인 투자자가 거의 참여하지 못하는 경우를 방지하기 위한 방안이라는 견해도 있다.

하드 캡이란 The maximum amount a crowdsale will receice로 정의되며 거의 일어날 수 없을 것과 같은 정도의 높은 목표치이다. 아주 유명한 ICO만이 하드 캡을 할 수 있는데, 하드 캡은 모금 상한선이 정해져 있다. 가령 3만 이더리움까지 펀딩 받는다고 명시되어 있으면 3만 이더리움이 모금되는 시점에서 ICO가 종료되며. ICO가 종료된 시점 이후 송금된 이더리움은 스마트 계약에 의해 자동으로 반환처리 된다. 물론 하드 캡을 다 채우지 못한 경우도 자주 발생한다. 소프트 캡(Soft cap)과 하드 캡(Hard cap)의 방식이 아닌 투자 금액 목표가 공개되지 않은 방식인 히든 캡(Hidden cap)도 있다.

다음은 KYC(Know Your Customer), SAFT(Simple Agreement for Future Tokens), 화이트리스트(White list), 마이이더 월렛(MyEtherwallet), ERC-20 토큰, QRC 토큰, 토큰 락(token lock), Register, Tier, Referral에 대한 내용이다.

[표 8-3] ICO 관련 용어들

구분	내용
소프트 캡(Soft cap)	• 약정된 기간이 종료되면 종료
하드 캡(Hard cap)	• 투자 금액이 달성되면 종료
히든 캡(Hidden cap)	• 투자 금액 목표가 공개되지 않은 방식
KYC(Know Your Customer)	• 고객정보(상황에 따라 다르고 예를 들어 X달러 이상의 참가자만 공개 등)
SAFT(Simple Agreement for Future Tokens)	• SEC가 정한 기준을 충족하는지의 여부 확인, 프로젝트/암호화폐 사용과 관련된 내용, 투자자보호 등
화이트리스트(White list)	• 프로젝트팀에서 사전종합하는 투자자 리스트. 인기 있는 프로젝트일수록 경쟁이 치열하며, 별도의 화이트리스트 등록 없이 진행되는 ICO는 참여 전에 신중한 판단이 필요
MyEtherwallet (마이이더월렛)	• 대표적인 이더리움 지갑의 이름으로 ICO에 참여할 때 쓰인다. 투자자들 사이에선 줄여서 '뮤'로 불리움
ERC-20 토큰	• 이더리움 기반으로 만들어진 코인
QRC 토큰	• 퀀텀 기반으로 만들어진 코인
토큰 락(token lock)	• 이동이 불가능해진 코인
Register	• 사전판매 참여를 위한 '등록'을 의미(E-mail Register/Whitelist Register, KYC Register)
Tier	• '등급' 일부 ICO의 경우 투자자 등급을 나누어 할인율 혹은 개인 투자량에 따라 차등으로 보너스를 주는 경우가 있음
Referral	• 추천인 제도/보통 바운티 프로그램으로 불리는 경우가 많으며, 마케팅 수단으로 일정 코드나 링크를 제공한다. 투자자는 코드나 링크를 통해 들어온 다른 투자자의 규모 혹은 수에 따라 추가할인 및 코인/토큰을 수령

2. ICO 참여

ICO 참여 프로세스

ICO를 진행하기 위해 우선 토큰 개발이 준비되어 있어야 하며 이를 위해 비즈니스 모델을 구상하고 기업을 설립하거나 기업을 보유하고 있어야 할 뿐만 아니라 ICO 방법 선택 및 이를 진행할 팀을 구성해야 한다. 토큰이 준비가 되면 ICO를 위한 준비 사항과 관련 서류들을 작성해야 한다.

[표 8-4] ICO 관련 작업들

구분	내용
토큰 개발 시 준비사항	1) 발행주체의 설립 및 프로젝트 또는 비즈니스 모델 구상 2) 회사의 현황, 프로젝트, 목표, 기술, 시장 등을 고려하여 ICO 방식이 적절한지 아니면 다른 투자자 모집 방식이 적절한지 판단해야 함 3) 프로젝트 홈페이지의 제작(글로벌 ICO인 경우에 언어별 제작) 4) ICO를 프로젝트 홈페이지에 할 것인지, 아니면 별도의 ICO 포털로 또는 전문 플랫폼을 활용할 것인지 판단함 5) 마케팅을 위한 각종 채널이나 언론, 퍼블리싱 루트 준비 6) 가상화폐 개발 7) 파트너나 팀 구성
ICO 진행 전 준비 사항들	• 고객에 대한 정보 수집 • 판매 방식 결정 • 투자자에 인센티브(incentive)가 보상안 수립 • 진행시기 및 장소 결정 • 법과 규제에 대한 점검
ICO 진행 시 준비 문서들	• 투자설명서 • 토큰 백서(TOKEN WHITEPAPER) • 계약과 조건(TERMS AND CONDITIONS) • 개인보호정책(PRIVACY POLICY) • 에스크로 정책(ESCROW ARRANGEMENT) • 비즈니스 모델(BUSINESS MODEL)

ICO는 크게 Pre-announcement, Offer, Marketing campaign 및 Token sale의 4단계로 진행 될 수 있다.

Pre-announcement는 최초 단계로서 전반적인 사업계획과 사업취지, 사업모델을 문서화 시키는 단계이다. 이 단계에서 (1) 투자자 모집을 위한 사전 홍보, (2) 국내외 암호화폐 커뮤니티 활용, (3) 사업 개요 및 목표와 포부에 대한 상세 기술, (4) 해당 프로젝트의 주요사항 및 특징 세부 설명, (5) 팀 구성원 및 이력 소개, (6) 피드백을 통한 사업 모델 수정, (7) 최종 사업 모델이 상세하게 서술된 ICO 프로젝트 제안 등의 업무를 진행한다.

둘째, Offer 단계인 토큰 이코노미가 문제 없이 가동될 수 있게 그에 맞는 경제 구조를 설계하는 단계이다. 이 단계에서 (1) ICO에 요구되는 필수 조건 정의, (2) 투자 목표 설정, (3) ICO 기한 설정, (4) ICO를 통해 발급될 토큰 정의, (5) 적정 금융 수단(토큰) 선택 후 해당 토큰이 가지는 권리 정의, (6) 토큰 세일의 시작일 발표 & 마케팅 활동 개시를 진행한다.

셋째, Marketing Campaign으로, 설계된 토큰 이코노미 사업구조를 홍보하는 단계이다. 이 경우에는 (1) 성공적 ICO를 위한 전략적 마케팅 캠페인은 필수, (2) 필요 시 ICO 마케팅을 위한 에이전시 고용, (3) 다양한 컨퍼런스, 로드쇼, 피칭 이벤트 등을 통한 홍보, (4) 캠페인은 평균 1달 이상 소요, (5) 마케팅 절차가 끝나면 본격적 토큰의 세일 시작한다.

넷째, Token sale로, 본격적으로 ICO 개시하여 코인 및 토큰을 발행을 통해 자금을 조달하는 단계이다. 이 단계에서 (1) ICO 개시 및 토큰 발행, (2) 발행기업의 전략에 따라 토큰은 즉시 발급 되어 분배, (3) 특정 플랫폼 및 상품이 개시된 후 출시 되는 경우이다.

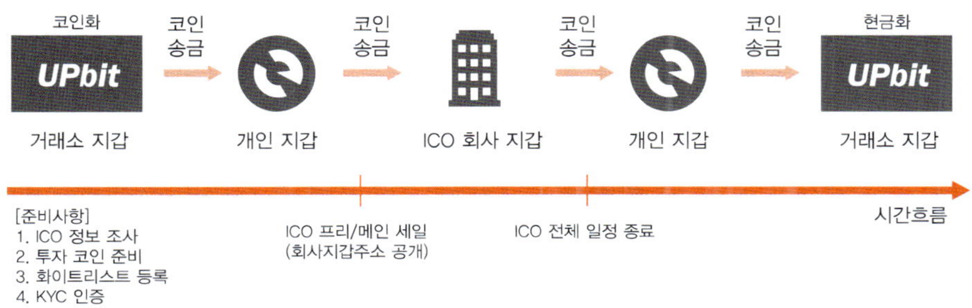

출처 : https://steemkr.com/kr-newbie/@tyami/6-ico-4

[그림 8-2] ICO 진행 프로세스

[표 8-5] ICO 참여자의 일반적인 프로세스

구분	내용
ICO 플랜 공개	• 백서 공개일정, 발행량, 소프트 캡 하드 캡 등 일반적으로 Private–Pre–Crowd sales 단계를 거침
기업 적정성 평가	• 백서 분석 및 평가 → 기존 세팅 된 내부 평가항목에 따름(정당성, 문제점, 논리성, 구현 및 지속가능성, 참여 가능 여부) scam 가능성 평가(Github, Discord 등 공식 채널 활동 및 소스코드 공개 여부 등의 종합적 평가)
화이트리스트 등록, KYC(신원확인과정, Know Your Customer) 인증	• 화이트리스트 : 해당 업체의 ICO 참여 자격을 가진 명단. 이를 위해서는 KYC 인증을 거침 → 각 업체마다 요구하는 정보가 상이함 • 기본 정보(이름, 이메일 주소, wallet 주소, 원하는 구매량 등) 입력 제출 • 여권 및 신분증 사진 및 이와 '동시에' 본인 얼굴이 나온, 선명한 사진(주민등록번호 및 여권번호는 가려도 ok.) 제출 • 화이트리스트 정상 등록 확인
환전(거래소를 통한 코인 교환)	• 빗썸 등의 코인 거래소를 통해 현금을 '해당 ICO 참여시 거래 가능한 코인'과 교환(구매)함 → 해당 코인의 매수점을 고려하는 것도 중요 • 상황에 따라서 해외 거래소를 이용해야 하는 경우도 있음(해외 대표적인 거래소 웹사이트에는 미리 가입해 놓는 것이 좋음)
개인지갑으로 송금	• 거래소에서 매수한 코인을 거래소 지갑에서 개인 지갑(MyEtherWallet 등)으로 송금 • 사용되는 개인 지갑은 이더리움, 퀀텀 등 지원하는 블록체인 플랫폼에 따라 다양할 수 있음 • ICO 참여 시 무조건 '개인 지갑'을 통해 ICO 기업의 지갑과 거래해야 함
ICO 참여	• 해당 업체가 제공하는 가상화폐 계좌(ICO 기업 지갑)에, 개인 지갑으로부터 코인 송금
토큰 분배	• ICO 기간 종료 후, 업체를 통해 개인 전자 지갑으로 해당 ICO의 토큰을 지급받음
EXIT(현금화)	• ICO를 통해 자금을 조달한 기업은 이를 통해 개발을 진행하며, 보통 프로토 타입 공개 전후로 공식 거래소에 해당 토큰을 상장함(토큰의 Public 코인화) • 해당 토큰이 거래소에서 거래되기 시작하면, 가장 이상적인 시세 차익을 내는 방식으로 EXIT POINT를 설정, 매도점에 도달하면 현금화
수익 배당	• 성공적으로 현금화를 하여 수익이 났을 경우, 각 멤버들의 투자금 납입 비율에 따라 수익금을 배당

블록체인 프로젝트 진행에 있어 코인의 거래소 상장 여부는 신뢰와 직결되는 문제이다. 해당 프로젝트가 상장할 수준으로 준비되었는지 보여주기 때문이다. 또한 원화 거래가 가능한 암호화폐 거래소 상장 여부는 국내(한국)에서 사업을 할 수 있는 기준이 되기도 한

다. 각 암호화폐 거래소의 상장 기준은 알려져 있지 않다. 현재 코인 상장 기준은 정해진 것이 없으며, 각 거래소는 자신들이 정해놓은 기준에 따라 코인 상장 여부를 결정하고 있다.

[표 8-6] ICO 전과 후의 관리 사항들

ICO 진행	ICO 진행 후
• 가상화폐 공개(개발계획서) • 기업의 효용성 제시 및 Token Sale(토큰세일) • 적합성과 타당성 및 리스크 제시	• 경영 및 기술 리스크 대응 방안 수립 • 시장 변화 변수 대응 • 중장기적 경영체계 수립 • 규제 및 법적 대응 절차수행

가격 결정

기업이 ICO에 참여하는 경우, 토큰의 가격을 결정하는 것이 매우 중요한 요인이지만 그 가격을 결정하는 것은 쉬운 일이 아니다. 토큰에 대한 선매도 형태로서 시장 반응과 구현하고자 하는 프로젝트의 중요성과 시장에서 성공요소를 얼마나 제시하느냐에 따라 수요와 공급의 원리에 따라 가격이 결정된다. 초기 시장에 공개하는 가격은 운영자 및 참여자들과 긴밀한 협의를 통해 ICO를 통해 확보 하고자 하는 자금 규모 등 다양한 변수를 고려하여 결정 해야 한다. 특히 제시하는 프로젝트의 성공 가능성에 많은 노력을 기울여 접근해야 한다.

[표 8-7] Pre-sale의 성공요건

구분	내용
프리 세일(Pre-Sale)	• 장래 프로젝트에 대한 구매 • ICO 개시 전 6개월에서 2개월 정도에 하는 게 보통임 • 정식 공개 전에 개발자금 충당이나 성공적인 ICO 수행을 위하여 투자를 받는 것 • 정식 프로젝트가 시작하기 전에 실패할 가능성도 크고, 그로 인하여 투자자에게는 회수 불능 risk가 매우 크기 때문에, 할인을 50% 이상으로 하는 경우도 있음
성공적인 ICO의 요건	• 2015년 이후 경쟁이 치열해지면서, 많은 자본과 인력이 필요하게 됨 • 인적자원(team)의 신뢰성 투명성 사업 또는 기술의 실현가능성 • 투자금의 보호 장치 • 마케팅

일단 ICO가 진행되면 토큰에 대한 비용이 현재 거래되고 있는 암호화폐로 거래 되며 이 거래를 위한 환경을 제공해야 한다. ICO가 진행이 완료된 후에 수요자가 추가 요구사항은 일반적으로 수요자가 우선 제안을 하며 이는 협의를 통해 거래가 이루어진다.

[표 8-8] 교환 가격의 결정

구분	내용
ICO 중인 가상화폐	• 개발자 또는 설립자가 최초의 가격을 정하게 되며, 프로젝트의 비전과 코인의 가격에 동의하는 사람들은 코인을 구매함
ICO 종료 후인 가상화폐	• 수요자가 우선 제안

백서 작업

ICO를 진행하기 위해 가장 중요한 요소 중의 하나가 백서이다. 투자자는 백서를 통해 사업의 타당성 성공 전략들을 판단 할 수 있으므로 백서 제작에 많은 노력을 기울여야 한다.

[표 8-9] 백서(White paper) 작성 시 고려 사항

구분	백서의 내용
목적	• 투자 유도 분쟁 억제 수단(evidence)
백서에 포함내용	• 블록체인 또는 ICO에 대한 설명 • ICO 목적 및 로드맵 • 토큰에 대한 설명, 토큰 배분 구조 • 회사의 비전이나 특징 제시 • 수익 배분 • 기술 이정표 • 면책 조항
기타사항	• 기술에 치중하여 어렵게 쓰지 말고, 쉽고 간결하게 작성 • Everything you write is evidence • 정직하게 쓰는 것이 위험을 피하는 길임 • 기술 이정표는 양날의 칼이 될 수 있음 • 면책 조항이 항상 효력이 있는 것은 아님 • 백서 사진으로 인하여 피고가 될 수 있음 • 제한 사항이 있는데 실제로 적용하지 않으면 문제가 발생할 수 있음 • 당신이 SNS에서 사적으로 백서에 대하여 말한 것도 증거가 될 수 있음 • 집단 소송에 주의

다음은 제작된 백서의 목차 예시이다.

[표 8-10] 백서 목차 (예시 : FundYourselfNow)

Table of Contents (목차)
Ⅰ. Executive Summary Highlights
Ⅱ. Platform Components Easy Project Help Request Project Help Smart Contents, Payments and Voting Internal Marketplace Web Wallet, Crypto-currency Conversion and Cash Support
Ⅲ. High Level Roadmap
Ⅳ. Development and Campaign Milestones
Ⅴ. Spending Overview for Fund Raised
Ⅵ. FYN Token Holders Benefits

[표 8-11] 백서에 대한 내용 예시

일반백서	기술백서
〈요약〉 1. 도입 a. 배경 b. 제안 2. Trust Contracts a. 개요 b. 배경 c. 개발 3. 합의 알고리즘 a. 개요 b. Federate Byzantine Agreement합의 알고리즘 c. How is the modified federated Byzantine agreement(mFBA) algorithem different? 4. 의회(Congress) 네트워크 a. 개요 b. 의회 네트워크의 역할 c. 네트워크 상호작용 (생략)	0. Adventures of idea 0.1 레이어 구조 0.2 프로토콜의 개방성 0.3 거버넌스 구조 0.4 단대단(F2F) 원칙 1. Intorduction 1.1 Comparison of Blockchains 2. Architecture Overview 2.1 Trust Contact 2.2 OWL (Web On tology Language) 2.3 TAL(Timed A utomata Language) 3. BO Scoin 3.1 Remittance 3.2 Proposal - Trust Contract (생략)

ICO를 위한 법률적 대응

ICO 관련 국가들이 긍정적 신호 보다는 부정적인 규제에 더 많은 관심을 보이고 있기 때문에 ICO 진행하는 기업들은 법적인 규정을 준수하기 위해 다양한 측면에서 고려를 하고 있다.

첫째, 미국인의 경우 일부 기업들은 ICO 참여를 제한 한다. ICO 참여시 텔레그램이나 슬랙에 개발자를 직접 호출하며 스캠(사기)이라고 말하는 경우가 있는데 사기라고 주장하는 근거 중 하나가 개발진이 미국에서 ICO 참여하는 것을 금지했다는 것이다.

미국의 경우 SEC(미국증권거래위원회)에서 ICO를 규제에 대해 지속적으로 논의를 하고 있으며, 2018년 기준 SEC에서 현재 ICO를 유가 증권 거래와 유사하다고 보고 있다. 이는 만약 ICO가 주식의 범주에 들어간다면 관리감독 규제를 받을 수 있으며 미국에 기반을 두고 있지 않은 회사일지라도 미국인에게 피해를 입힌 ICO나 프로젝트는 처벌 받을 수 있다는 판례가 있었기 때문에 미국인의 ICO 참여를 막는 사례가 발생하고 있다. 그리고 IPO와 유사한 단어인 ICO를 사용하지 않고 크라우드 세일(Crowd-sale)이라는 단어를 혼용하고 있는 이유이기도 이다.

둘째, 전 세계에 분산된 사무실에서 운영하는 것이다. 많은 ICO 참여자들이 불안해하는 것 중의 한 가지는 사무실이 전 세계에 분산되어 있다는 것이다. 보통 유령 기업이나 사기 가능성이 큰 기업들이 이런 식의 운영을 하고 있기 때문이다. 기업들이 이렇게 운영하고 있는 이유 중의 하나는 SEC 등 관련기관의 관리 감독규제를 피하기 위한 것이다.

암호화폐로 회계 처리를 하기 위해서 스위스에 비영리 재단을 만드는 경우가 대표적인 사례이며 규제를 피하기 위해서 실제 그 나라에서 운영하고 있지 않을지라도 다른 나라의 국기를 쓰는 사례도 등장했다.

셋째, 용어 사용에 매우 민감하게 선택한다. ICO 운영진은 용어에 있어서도 법망의 규제를 피하기 위해 노력하는 부분으로 코스모스 ICO가 사기냐 아니냐를 놓고 의견이 분분한 가운데, 가장 우려했던 부분이 기부이다. 당시 코스모스 ICO에서는 투자라는 용어를 사용하지 않고 기부, 기여와 같은 용어를 사용하여 추후 법적 문제가 발생할 것을 미연에 방지하기 위한 것이다. 그리고 제도적으로 코인이나 토큰이 화폐로 인정된다면 발생할 법적인 문제를 방지하기 위해 암호화폐에 따라 이더리움의 가스(Gas)와 같이 새로운 용어를 도입하여 사용하는 경우도 있다.

3. ICO 시장의 한계 요인

ICO 시장의 한계 요인을 살펴보면, (1) ICO 참여하는 기업의 평가의 어려움, (2) 불완전 상품에 대한 투자의 불확실성, (3) ICO를 위한 법적 안전장치 결여, (4) ICO 통한 자금 모집 후의 기업 운영의 안정성 확보방안 미흡 등이 있다.

첫째, ICO 기업의 정확한 기업 평가가 어려운 실정이다. 기업 활동을 지속적으로 영위하여 객관적인 자료나 정보가 공개된 상태가 아니라, 단지 백서(White Paper)와 홈페이지의 정보를 통하여 평가할 수밖에 없기 때문에 ICO 회사들의 기업 가치 분석이 어렵고 백서는 토큰 프로젝트 비즈니스 모델의 계획서이므로 이를 기반으로 발행하는 토큰의 가치를 평가하는 것이 매우 어렵다. 또한 기업 홈페이지에 나와 있는 토큰 개발 팀원들에 대한 간단한 이력과 경력 등으로 개발팀을 평가하기는 어려운 문제이다. 또한, IOC 회사의 창업자가 가장 중요한 평가 요소 중의 하나인데, 홈페이지나 링크드인 등에 제시하는 이력만으로 평가하기에는 위험성이 존재한다.

둘째, 불완전 상품에 대한 투자의 불확실성으로 완료 상품이 아닌 상품의 개념에 대한 투자하는 것이다. 완전히 개발이 완료되어 시장에서 사용되어 객관적인 평가할 수 있는 상품이 아니라, 개념 또는 아이디어 차원의 백서만 만들어 자금을 투자받기 때문에 투자 위험성이 상존한다.

셋째, 객관적이고 공정한 ICO를 위한 법적 안전장치 결여 이다. ICO 자금 모집에는 자금 모집 후에 기업이 정상적으로 운영이 안 되는 사기성 프로젝트가 있을 수 있으며, 그리고 개발 진행 중에도 ICO 회사 창업자나 프로젝트 멤버들이 실질적인 프로젝트 개발에 자금을 사용하지 않고 다른 용도로 개발 자금을 사용할 수도 있는데, 이와 관련하여 제도적 안전장치 등의 제정이 필요하다.

넷째, ICO를 통한 자금 모집 후의 기업 운영의 안정성 확보 방안 미흡이다. 일단 ICO를 통하여 목표 자금 모집에 성공한 후가 더욱 중요한 문제이다. 중요한 것은 토큰 프로젝트에 대한 예산과 개발 일정 및 계획 등에 대하여 누구든 감사 또는 평가를 실행할 수 있으며, 자금 관리는 객관적이고 공정하게 외부에서 진행하고 있는지, 성공적으로 프로젝트가 개발되었을 때 마켓에서의 시장성과 성장성 등은 확보될 것인지 등에 대해 어떻게 대비할 것인가에 대한 충분한 자료가 제시되어야 한다.

4. ICO 투자 시 고려사항

ICO에 투자하기 위해 투자자는 다음과 같은 사항에 대해 관심을 가져야 한다. 첫째, ICO를 통한 투자 방법과 수익성 측면을 보면, 일반적으로 개발 일정 확인과, 신원확인과 절차, 암호화폐 전송을 통해 이루어지고 있다. 먼저 ICO 프로젝트가 제공하는 웹사이트에서 프로젝트의 백서, 개발자, 개발 일정 등을 확인 한다. 다음으로 신원확인과정(know your customer)을 통해 ICO를 최종 확인 한다. 즉 개발 팀에서 공지한 e-mail 주소에 내 신원증명 자료(여권, 운전면허 등)를 보내고, 접수한다.

받은 자료를 확인해서 ICO에 참여 가능을 확인 한다. 이후, 개발 팀에서 설정한 기존 가상화폐 계좌에 코인(예를 들어 비트코인, 이더리움)을 보내면 ICO에 참여 완료된다. 이에 따라 ICO에 참여한 투자자의 가상화폐 지갑에 새로운 암호화폐가 지급된다.

성공적인 ICO에 투자할 경우 투자자는 막대한 수익이 가능하나 리스크 또한 매우 높은 편이다. 벤처캐피탈 기반의 투자는 초기 시드 머니부터 시작해서 단계별로 투자가 모집되는 것과 달리, ICO는 초기 단계부터 상용화에 이르는 모든 비용에 대한 투자를 한 번에 모집 하는 경우로서 투자자 입장에서 리스크가 매우 높다. 또한 블록체인 기술에 대한 이해가 높지 않은 투자자들이 ICO를 직접 평가하고 투자하는 것은 힘들기 때문에 ICO에 대한 등급 평가 사이트가 다수 존재하며, 많은 투자자들이 이를 참고한다. 반면, 투자한 ICO의 프로젝트가 성공할 경우 다른 위험 자산과 비교할 수 없는 정도의 엄청난 수익률 달성 가능성이 있다.

둘째, 거래소 상장을 통한 ICO 투자금의 현금화 측면에서 보면, ICO를 통해 받은 암호화폐는 암호화폐 거래소에서 거래될 경우 쉽게 현금화 가능하다. 발행한 암호화폐의 상품성이 높을 경우 보통 암호화폐 거래소에 상장을 시도하고 상위권 암호화폐 거래소는 주식시장에 비교될 만큼 유동성이 풍부하여 암호화폐 거래소에 상장 될 경우 암호화폐는 쉽게 현금화가 가능하다. 암호화폐 거래소에 상장되지 않더라도 통화와 암호화폐의 P2P 교환은 가능하다. 따라서 주요 거래소에 상장은 보통 시장에서 긍정적인 신호이다.

ICO를 선택할 때 다음 사항을 고려 해야 한다. 첫째, 웹사이트 활용이다. 다양한 웹사이트를 이용하여 정보를 수집하는 것이 좋다.

둘째, 백서를 너무 신뢰하지 말아야 한다. 백서의 내용은 직접 구현하기 전에 어떻게 구현할 것인지에 대한 내용을 명시한 것으로 앞으로 구현하려는 계획서이기 때문이다.

셋째, 창업자가 어떤 인물인지 반드시 확인해야 한다. 창업자는 반드시 신뢰할 만한 사람으로 사업에 대해 책임감을 가지는 인물인 경우 투자를 고려한다.

넷째, 개발자에 대한 정보를 반드시 확인해야 한다. 이 분야는 아직 전문가가 많지 않기 때문에 개발자가 이직하는 경우가 많이 있다. 개발자가 이전 다른 프로젝트에 참여한 후 성공 못한 경우라면 피하는 것이 좋다.

다섯째, 개발자 및 운영진과 의사 소통의 원활성이 매우 중요하다. 우수한 코인이더라도 제작이 중단되는 경우도 있기 때문에 의사소통이 잘 되는 개발진의 ICO에 참여하는 것이 중요하다.

여섯째, 깃허브(Github)에 기술적인 부분에 있어서 자료 업데이트가 없거나 자료를 올리기를 거부한다면 기술적 기반이 부족한 개발진일 가능성이 높으니 투자시 고려를 해야 한다.

일곱째, 어떤 방식으로 자금을 모금하고, 개발진이 몇 %를 가져가는지, 기간은 얼마동안 진행하는지, 거래는 언제부터 가능한지에 대한 정보를 파악 후 ICO에 참여해야 한다.

여덟째, 커뮤니티 반응이 확인해야 한다. 우수한 프로젝트로 보이지만 커뮤니티에서 수많은 사람들이 사기라고 언급한다면 매우 위험한 투자일 수 있다.

아홉째, 이더리움을 비롯하여 스트라티스, IOTA 등등 수많은 코인들이 ICO를 진행할 때 위험한 투자로 평가되었다. 상기에서 제시한 정보를 종합하여 결정을 내렸다면 소신있게, 뚝심있게 투자하는 것이 좋다. 다음은 ICO 관련 정보를 얻을 수 있는 사이트들에 대한 정보이다.

[표 8-12] ICO 관련 사이트

구분	내용
분석 및 등급 분류 사이트	• 선별적 자체 코인 리포트 발간 : https://cointldr.com/reports • 코인 평가 등급을 보여주는 사이트 : https://icotracker.net • 사이트 선정 추천 ICO을 보여주는 사이트 : http://icoindex.com/ • ICO 블로깅 해주는 사이트 : http://www.cryptosmile.com/ • ICO 등급 매겨주는 사이트 : http://icorating.com/ • ICO 정보 사이트 : https://tokenmarket.net/ • 스미스앤 크라운, 한 두 줄평 + 백서 정보 있음 : https://www.smithandcrown.com/icos • ICO 추천 사이트, 단순 참고용 : https://icobazaar.com/
수익률 확인 사이트	• https://icostats.com/
일정 확인 사이트	• ICO 일정 보여주는 사이트 : https://www.icoalert.com/ • ICO 진행 중인 코인들 보여주는 사이트 : http://www.coinschedule.com/ • ICO 시작시점과 종료시점 보여주는 사이트 :http://www.icocountdown.com/ • 깃허브 ICO 일정 : https://github.com/Scanate/UltimateICOCalendar
커뮤니티	• 비트코인 톡 : https://bitcointalk.org/index.php?board=67.0 • 토큰 세일 논의하는 슬랙 : https://coinfund.slack.com/messages • ICO 관련 개발진 링크(Link)에 쉽게 접속할 수 있는 사이트 : https://www.ico-list.com/ • 레딧 : https://www.reddit.com/r/icocrypto/

연습문제

01 토큰의 판매 방식으로, 사전 할당으로 개발될 토큰 또는 개발된 토큰을 일부 투자자에게 미리 할당을 하는 방법은?

① Pre-sales

② Pre-allocation

③ Pre-pre-sales

④ Main-sale

02 ㉠에 들어갈 말로 알맞은 것을 고르시오.

> ㉠이란 "The amount received at which your crowdsale will be considered a success"로 정의되며 프로젝트가 도달할 수 있는 예측 가능한 범위 내의 목표치를 의미한다. 프로젝트에 필요한 가장 최소치의 자금을 의미하고 ㉠을 다 채우지 못할 경우엔 투자자들에게 돈을 되돌려 주어야 하는 상황도 발생한다.

① 소프트 캡

② 하드 캡

③ 히든 캡

④ 세컨드 캡

03 ICO의 관련 용어와 설명이 잘못 짝지어진 것은?

① KYC - 고객의 정보

② 화이트리스트 - 프로젝트가 완성된 뒤 종합하는 투자자리스트

③ QRC 토큰 - 퀀텀 기반으로 만들어진 코인

④ 토큰 락 - 거래가 불가능해진 코인

04 ICO 시장의 한계요인으로 틀린 것을 모두 고르시오.

① ICO 회사의 정확한 기업 평가가 어려움

② ICO에 대한 법적 규제 강화

③ ICO를 통한 자금모집의 어려움

④ 자금 모집 후의 기업 안정성 확보 미흡

05 ICO에 투자할 때 고려해야 할 사항으로 틀린 것을 고르시오.

① 백서를 필요이상으로 믿지 않는다.

② 깃허브에 지속적으로 업데이트를 하는지 확인한다.

③ 커뮤니티의 반응을 보기 보다는 개발자와 직접 의사소통 한다.

④ 개발자가 누군지 반드시 확인해야 한다.

정답	1. ② 2. ① 3. ② 4. ②, ③ 5. ③

PART III

블록체인 기술

CHAPTER 09

암호와 보안의 기초

1. 암호

암호와 암호학

초기의 암호는 문자열로 구성된 메시지 보안에 초점이 맞추어져 있어 군사적 및 외교적 목적으로만 사용되었지만, 현재는 메시지 보안 이외에도 인증, 서명 등을 암호의 범주에 포함시켰기에 암호(비밀번호)는 우리의 일상에서 떼 놓을 수 없는 중요한 요소로서 자리 잡고 있다.

암호는 거의 모든 디지털 및 컴퓨터 장비에 적용되어 가장 많이 사용되는 접근 제어 절차 중 하나이다. 암호는 금융거래에 사용, 컴퓨터의 패스워드, 전자상거래 등은 관련 분야에서 다양하게 사용되고 있으며, 이로 인해 거래 안정성을 확보하고 있다.

일반적으로 암호는 주로 사용자 이름과 함께 사용되며, 대부분의 경우 개인은 시스템, 네트워크 또는 기타 암호로 보호된 영역에 접근하기 위해 사용한다. 암호는 접근 코드, PIN(Personal Information Number) 또는 비밀 코드이다. 즉 암호는 암기 또는 저장되어 사용 권한이 있는 사용자에게 시스템, 응용 프로그램 또는 서비스에 대한 접근을 허용하는 데 사용된다. 대부분의 응용 프로그램 및 서비스에서 암호는 사용자가 직접 작성하며 일반적으로 사용되는 각기 다른 시스템 또는 서비스에 따라 구분된다.

암호는 영문자, 숫자, 영숫자 및 기호 문자 또는 조합을 사용하여 만든 비밀 암호 구문으로 구성된 기본 보안 메커니즘이다. 안전한 보안을 위해 암호는 8자에서 24자 사이로 구성하고 최소한 하나의 대문자, 하나의 숫자 및 하나의 특수 문자를 포함해야 한다. 특정 단어가 자주 사용되면 더 쉽게 추측할 수 있기 때문에 특정 단어를 자주 사용하지 않는 것이 좋다.

암호화(cryptography)는 일반 텍스트를 이해할 수 없는 텍스트로 변환하는 프로세스 이다. 데이터를 특정 형식으로 저장하고 전송하여 허가된 사람만 읽고 처리 할 수 있는 방법이다. 암호화는 도난이나 변조로부터 데이터를 보호 할뿐만 아니라 사용자 인증에도 사용할 수 있으며 암호화는 주로 수학 이론 및 컴퓨터 과학에 기반 한다.

암호학(cryptology)은 개인의 정보가 중요하게 여겨지는 현대에서 정보를 보호하기 위해 수학적 및 언어학적 방법론을 다루는 학문으로 수학을 중심으로 컴퓨터, 통신 등 다양한 분야에서 연구 및 개발되고 있다. 암호학을 이용하여 보호해야 되는 메시지를 평문(Plaintext)이라고 하며, 이 평문을 암호학적 방법으로 변환시킨 것을 암호문(Ciphertext)이라고 한다. 이때 평문을 암호문으로 변환하는 과정을 암호화(Encryption) 과정이라고 하며, 암호문을 다시 평문으로 변환하기 위해서는 복호화(Decryption) 과정을 거쳐야 한다.

암호학은 숫자 이론과 같은 수학과 암호 및 암호 해독을 뒷받침 하는 수식 및 알고리즘의 응용 프로그램 이다. 데이터가 저장 또는 전송을 위해 보안을 유지하려면 인가 받지 않은 개인이 진정한 의미를 발견하는 것이 어려울 정도로 변형되어야 하며 이를 위해 특정 수학 방정식이 사용된다. 이는 엄격한 기준이 충족되지 않으면 해결하기가 매우 어려우며 제공된 방정식을 푸는 어려움의 수준으로 이러한 유형의 방정식은 암호화의 기초를 제공한다. 암호학적 서비스가 제공하고자 하는 목표는 다음과 같다.

[표 9-1] 암호 서비스의 목적

구분	내용
기밀성(Confidentiality)	• 부적절한 노출 방지 • 허가받은 사용자가 아니라면 정보에 접근할 수 없어야 함
무결성(Integrity)	• 부적절한 변경 방지 • 허가받은 사용자가 아니라면 내용을 임의로 변경할 수 없어야 함
가용성(Availability)	• 부적절한 서비스 거부 방지
부인봉쇄(Non-repudiation)	• 메시지를 전달하거나 전달 받은 사람이 메시지를 전달했거나 전달받았다는 사실을 부인할 수 없음

암호화는 은행 거래 카드, 컴퓨터 암호 및 전자상거래와 같은 많은 응용 프로그램에서 주로 사용되며 일반적으로 사용되는 유형의 암호화 기술은 대칭키 암호시스템, 공개키 암호시스템, 해쉬 함수 등이 있다.

대칭키 암호시스템

대칭키 암호시스템은 발신자와 수신자 모두 단일키를 공유하며 발신자는 이 키를 사용하여 일반 텍스트를 암호화한 후에 암호 텍스트를 수신자에게 보낸다. 수신자는 동일한 키를 적용하여 메시지의 암호를 해독하고 일반 텍스트를 복구하는 과정을 진행한다.

대칭키 암호시스템은 암호문을 생성하는 암호화 과정을 통해 사용하는 키와 암호문으로부터 평문을 복원하는 복호화 과정에서 사용하는 키가 동일한 암호시스템이다. 암호시스템의 안전성은 키의 길이, 키의 안전한 관리 부문에 많은 영향을 받는다. 암호문의 작성자와 이의 수신자가 동일한 키를 비밀 관리해야 하므로 폐쇄적인 특성을 가진 사용자 그룹에 적합한 암호시스템이다.

냉전 시절 워싱턴과 모스크바 사이의 핫라인(hot line)에 적용되었던 OTP(one time password, 일회용 비밀번호) 시스템은 대칭키 암호시스템의 대표적인 예이다.

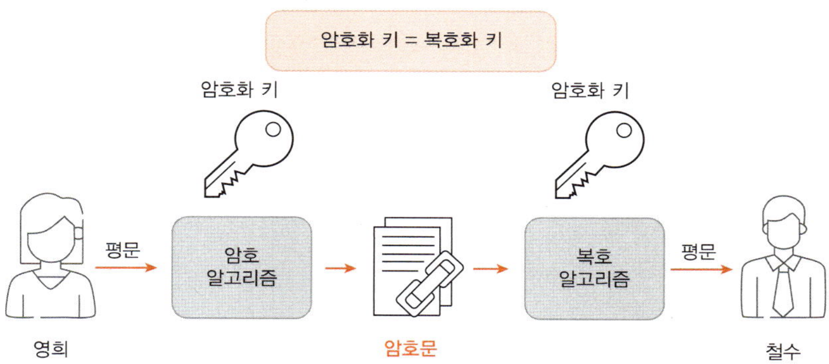

[그림 9-1] 대칭키 암호시스템

DES는 1975년에 IBM에서 개발하고 1979년에 미국 NBS(National Bureau of Standards, 현 NIST)가 국가 표준 암호 알고리즘으로 지정한 대칭키 암호 알고리즘이다. DES가 나오기 이전인 1971년에 IBM에서 '루시퍼'라는 암호 알고리즘을 개발했는데 이를 개량하여

NIST가 국가 표준으로 지정한 알고리즘으로 DES(Data Encryption Standard)를 표준으로 채택했다.

고급 암호화 표준(Advanced Encryption Standard, AES)은 2001년 미국 표준 기술 연구소(NIST)에 의해 제정된 암호화 방식이다.

AES는 두 명의 벨기에 암호학자인 존 대먼과 빈센트 라이먼에 의해 개발된 레인달(Rijndael)에 기반하며 AES 공모전에서 선정 되었다. 레인달(Rijndael)은 두 개발자 빈센트 레이먼(Vincent Rijmen)과 존 대먼(Joan Daemen)의 이름을 따서 지은 것으로 AES 표준은 여러 레인달 알고리즘 중 블록 크기가 128비트인 알고리즘을 말한다. AES는 미국 정부가 채택한 이후 세계적으로 널리 사용되고 있으며, 1977년 공표된 DES를 대체하였고, 암호화와 복호화 과정에서 동일한 키를 사용하는 대칭키 알고리즘이다.

공개키 암호시스템

대칭키 암호시스템의 가장 큰 약점이라고 할 수 있는 것은 키를 관리하기가 어렵다는 것이다. 하나의 개인이 관리해야 할 키의 수가 너무 많아지기 때문이다. 이러한 대칭키 암호 시스템의 약점을 보완하기 위해 나타난 암호시스템이 바로 공개키 암호시스템이다.

공개키 암호시스템은 두 개의 관련키(공개키 및 개인키)가 사용된다. 공개키는 자유롭게 배포 될 수 있지만, 쌍으로 연결된 개인키는 비밀로 유지되며 공개키는 암호화에 사용되고 복호화는 개인키가 사용된다.

공개키 암호시스템에서 각 사용자는 단 두 개의 키를 부여 받는다. 그 하나는 공개되고(공개키, public key), 다른 하나(비밀키, private key)는 사용자에 의해 비밀 관리 되어야 한다. 공개키 암호시스템에서 각 사용자는 본인에게 할당된 비밀키만 관리하면 되므로 키를 관리하는데 있어 어려움을 덜 수 있다. 따라서 공개키 암호시스템에서는 복호화 할 때 사용되는 키와 암호화할 때 사용되는 키가 다르기 때문에 비대칭 암호시스템 이라고도 부른다. 공개키 암호시스템에서 시스템 사용자들의 공개키를 관리하는 공개키 디렉터리(공개키 관리 시스템)가 필요하며, 사용자들은 디렉터리에 자유롭게 접근할 수 있어 다른 사용자의 공개키도 열람 가능하다.

공개키 암호시스템은 두 키의 수학적 특성에 기반 하므로, 메시지를 암호화, 복호화 하는 과정에서 여러 차례의 산술 연산이 들어간다. 따라서 대칭키 암호시스템에 비해서 속도가 매우 느리다는 단점이 있다.

철수와 영희가 암호문을 보내고 복호화 하는 가장 기본적인 과정을 통해 암호화 및 복호화를 구체적으로 살펴 볼 수 있다. 두 사용자에게 각각 비밀키와 공개키가 부여되었으며, 이들의 공개키는 공개키 디렉터리에 저장되어 있다. 영희는 공개키 디렉터리에서 철수의 공개키를 찾고 이를 이용해 문서를 암호화한 뒤 철수에게 보낸다. 철수는 수신 받은 문서를 본인만이 알고 있는 본인의 비밀키로 다시 복호화 하여 영희가 전송한 문서의 내용을 열람할 수 있다. 공개키 만으로는 복호화가 불가능하기 때문에, 영희 역시 암호화하고 나서는 다시 복원할 수 없다는 특징을 가진다.

공개키 암호시스템에서 암호화-복호화 시스템은 두 개의 키가 하나의 짝으로 움직이기 때문에, 비밀키로 암호화할 수 있고 공개키로 복호화 할 수 있다. 이 방법을 사용하면 해당 공개키와 짝인 비밀키 보유자를 찾을 수 있으며, 전자서명 시스템에서는 이런 특성을 사용한다.

공개키 암호시스템에서 각 사용자에게 부여되는 공개키와 비밀키의 관계에서는 수학적 연관이 있기 때문에 암호화와 복호화가 가능하다. 이 둘은 마치 두 조각으로 나눠진 하나의 유리 조각과 같다. 한쪽은 공개되어 있지만 그에 맞는 다른 한쪽은 숨겨져 있는 것이다. 한쪽이 그대로 공개된다면 숨겨진 다른 한쪽의 모습도 알려질 수 있기 때문에 이들은 본래의 제 모습을 감추고 있다. 원래의 모습을 숨기고 또 원래의 모습으로 되돌아가는 과정 속에서 수학이 중요한 역할을 한다.

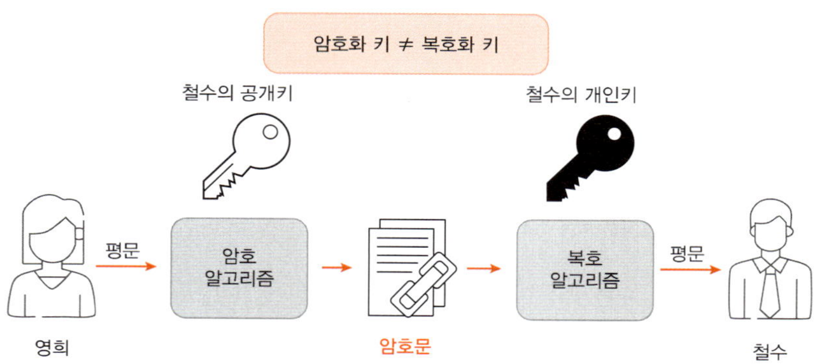

[그림 9-2] 공개키 암호시스템

RSA는 1977년 이 방식을 개발한 Ron Rivest, Adi Shamir, Leonard Adleman 세 사람의 성을 따서 지어진 암호 방식이며, 공개키 암호시스템으로써 암호화뿐만 아니라 전자서명이 가능한 최초의 암호 알고리즘이다. 그리고 RSA 기반의 전자서명 기능은 본인 인증을 요구하는 전자상거래 등에 많이 활용 되었다. 공개키와 개인키가 한 쌍을 이루며, 개인키로 암호화한 내용은 공개키로만, 공개키로 암호화한 내용은 개인키로만 해독할 수 있으며 큰 숫자는 소인수분해 하기가 힘들다는 사실을 이용하고 있다.

공개키 암호화는 사용자와 서로 키를 공유하지 않고도 암호화를 통한 안전한 통신을 할 수 있다는 장점이 있다. 각 사용자들은 자신의 데이터 전송을 위해 보낼 때는 데이터를 공용키(Public key)로 암호화한 뒤에 전송하고, 받고 나서는 개인키(Private key)를 이용하여 복호화를 진행해 정보 보안이 보장된 통신을 할 수 있다.

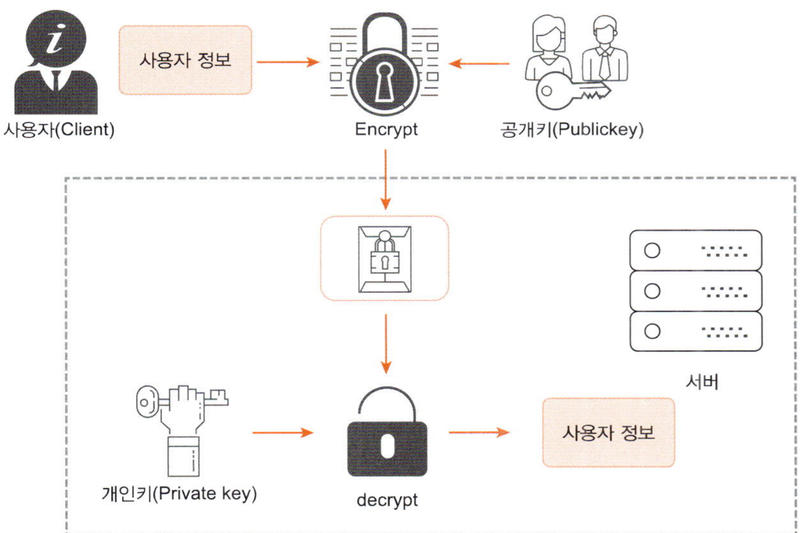

[그림 9-3] RSA 알고리즘

다음은 대칭키의 대표적인 사례로 AES & DES와 비대칭키의 경우 RSA에 대한 비교이다.

[표 9-2] 대칭키와 공개키 암호시스템(비대칭키)의 비교

구분	대칭키	공개키 암호시스템(비대칭키)
사례	AES & DES	RSA
특징	• 대칭키 암호시스템은 송신측과 수신측간에 각각 암호화와 복호화를 위하여 동일한 비밀키를 사용 • 이 키는 직접 전달 또는 비밀 통신망 등의 안전한 전송방식을 통해 사전에 전달돼야 함 • 대칭키 암호화 시스템은 암호화 및 복호화 속도가 빠르다는 이점이 있으나 키 관리에 어려움이 따름	• 대칭키 암호시스템에 반해 공개키 암호시스템은 암복호화를 위해 서로 다른 키를 사용 • 암호화 할 때 사용하는 공개키(Public Key)는 공개된 장소에 공개하고 복호화 할 때 사용하는 비밀키(Private key)는 안전한 장소에 보관하여야 함 • 비대칭키는 암복호화 할 때의 키의 값이 서로 다름 • 대표적으로 RSA 라는 공개키 암호시스템이 있음

양자암호

일반적으로 공개키 암호시스템의 안정성은 한 방향으로의 접근은 쉽지만 그 역방향으로의 해결은 매우 어려운 수학 문제에 기반하고 있다. 예를 들어 RSA는, 이미 알고 있는 매우 큰 두 소수의 곱은 우리가 쉽게 구할 수 있지만, 두 소수를 모르는 채로 곱해진 결과가 과연 어떤 소수들의 곱인지를 찾아내는 것은 현실적으로 불가능하다는 사실에 안전성의 기반을 두고 있다. 그런데 만약 안정성의 기반이 되는 이러한 어려운 수학 문제가 해결되어 버리면, 그 문제에 안전성의 기반을 둔 암호시스템은 더 이상 암호시스템으로써의 효용 가치가 없다. 그렇다면 가장 안전한 암호시스템은 무엇일까? 가장 단순한 알고리즘을 사용하는 OTP(one time password)가 그 가운데 하나 일 것이다. 그러나 OTP는 대칭

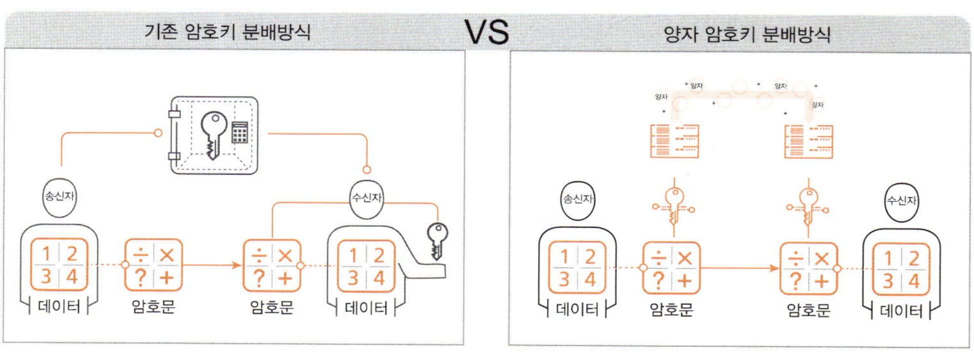

[그림 9-4] 기존 암호키 분배 방식과 양자 암호키 분배 방식의 비교

키 암호시스템으로 키 생성, 키 분배 등 일련의 키 관리의 어려움이 있는 암호시스템 중의 하나이다.

양자암호(Quantum cryptography)는 OTP와 같은 안전한 암호시스템이 갖는 키 분배의 문제점을 해결할 수 있는 도구 이다. 이런 이유로 양자암호는 양자키 분배(QKD : Quantum Key Distribution)로 이해되고 있다.

암호통신에서 가장 중요한 것은 키의 안정성이며 키의 안전성을 이론적으로 확실하게 보장해 주는 기술이 양자암호 키 분배 기술이다. 암호 키는 송신자와 수신자만이 암호화된 정보를 열 수 있도록 하는 금고의 열쇠와 같은 것이다. 암호 키를 복제하면 정보가 누출될 수 있을 뿐만 아니라 송신자와 수신자 모두 그 사실을 모를 수 있다.

양자통신 역시 암호 키를 사용하고 있으며, 암호 키가 복제되는 것을 원칙적으로 차단한다. 일반 암호 키의 경우 정해진 정보를 암호화해서 보내지만 양자암호는 수신자가 받는 순간에 암호 정보가 정해지므로 해커가 중간에 정보를 가로채도 무의미한 정보가 된다. 또한 외부에서 침입하면 정보가 변화되므로 해킹 시도 여부를 바로 판단할 수 있다.

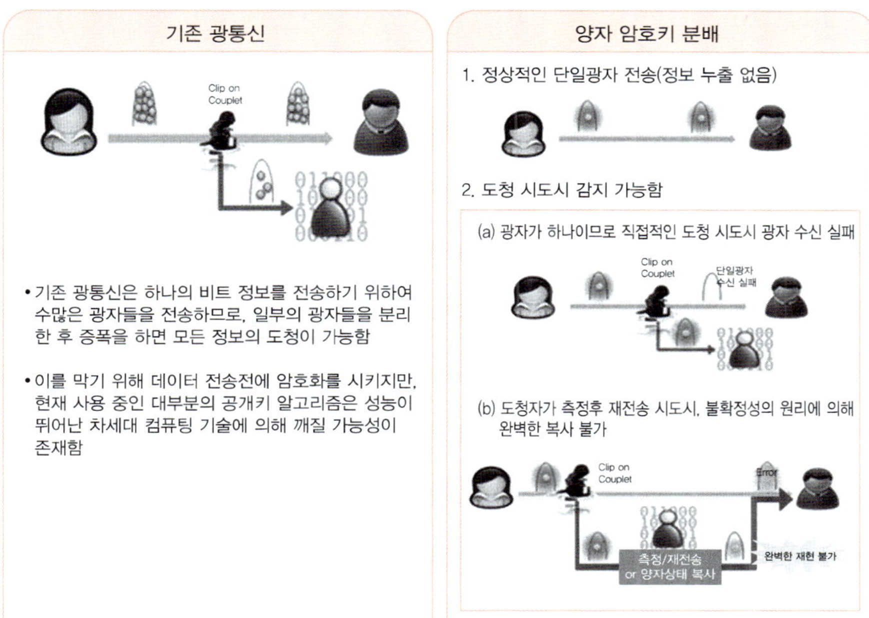

출처 : 한국정보화과학회, 2013

[그림 9-5] 기존 암호해킹 방식과 양자암호 방식 이용시 해킹 비교

양자 암호화 기술은 적어도 이론적으로는, 수신자 외에는 아무도 메시지를 볼 수 없도록 암호화시키는 것이 가능하다. 양자 암호화는 “양자 역학적 특성을 암호화 시스템에 활용한 과학”이라고 정의되며 일반인들을 위한 정의로는 양자의 ‘불변화 이론’과 복수 상태 특성을 활용해 해커가 송신자 몰래 메시지를 가로채 가지 못하도록 보호하는 암호화 방식이다.

일대일로 하나의 광자를 주고 받을 수 있는 시기가 되면, 양자역학의 원리상 해킹은 매우 어렵다. 따라서 국내 기업들은 양자통신의 핵심인 암호생성 기술에 대한 연구를 진행하고 있다.

대표적인 양자암호의 종류로는 BB84, E91 등이 있다. 양자암호의 키분배 프로토콜은 1984년 Charles H. Bennett와 Gilles Brassard에 의해 완성된 키분배 프로토콜 BB84가 대표적인 사례이다. BB84에서는 광자 편광(Photon polarization)의 상태를 수직, 수평 그리고 두 대각선으로 나누어 표현하여 디지털 신호를 나타내는 방법으로 키분배에 활용하고 있다.

양자암호의 안전성은 불확정성 원리(Uncertainty principle)에 근거하고 있는데, 양자암호에서는 키분배를 위한 통신으로 인터넷이나 전화와 같은 통신수단(Classical channel)과 양자채널(Quantum channel)을 동시에 사용한다.

극도로 큰 숫자(Extremely large numbers) 대신 양자 물리학 법칙과 광자에 의존한 양자 암호화 기술은 설령 해커가 무한한 컴퓨팅 파워를 가지고 있는 경우에도 안전하게 메시지를 보호하고 프라이버시를 보장할 수 있는 최첨단 기술이라는 것이다.

기존에 존재하는 암호체계의 대부분이 전부 수학적 복잡성에 보안성의 기반을 두는데 비해, 양자암호는 자연현상에 기반하고 있는 특징을 띄며, 암호에 사용되는 OTP(일회용 비밀번호, One Time Password)를 생성하는 이상적인 방법 중 하나다. 양자암호 시스템은 중간에 도청자가 침입할 경우에도 알 수 있으며, 신호가 왜곡되어 도청자도 정확한 정보를 얻을 수 없는 보안성을 띄고 있어서 양자키 분배(Quantum Key Distribution) 체계라고 한다. 보안분야에서 양자 난수를 모든 IT 기기에 적용할 수 있는 기술이 개발된다면 해킹이 불가능한 암호 시스템을 구현할 수 있을 것이다.

2. 보안

보안은 관리 조직에서 고려해야 할 규칙으로 정보 보안은 정보 시스템의 모든 영역에서 지속적인 관심을 받고 있다. 모든 부분에서 완전히 안전한 시스템 같은 것이 없다는 것은 사실이지만 자산을 보호하는 보안 조치를 늘리면 시스템의 침입이 더 어렵게 되고 올바른 보안 기술이 적용될 때 희생자가 될 수 있는 가능성이 감소한다.

보안은 자산 보호에 관한 것으로 먼저 보호해야 할 조직 자산을 확인해야 한다. 일반적으로 정보 시스템 자산은 다음과 같이 분류 할 수 있다.

[표 9-3] 보안으로 보호해야 할 자산 종류들

자산	오류 발생 현상들	보안 감시 확인	무결성/인증 방해 측면
Hardware	• 장비가 오작동하는 경우 • 더 이상 서비스가 안 되는 경우		
Software	• 프로그램을 삭제하거나 변경 가능 • 사용자 액세스 거부	• 소프트웨어의 무단 사본이 만들어진 가능성	• 프로그램이 실패하거나 변경되도록 프로그램을 수정할 수 있음
Data	• 파일 삭제 • 사용자 액세스 거부	• 무단으로 데이터를 읽은 내역	• 기존 파일이 수정 또는 삭제되고 새 파일이 추가
Communication Lines	• 데이터가 삭제된 경우	• 데이터를 읽을 수 있는 내역 • 네트워크 트래픽 분석	• 데이터가 수정되거나 지연되거나 거짓 데이터가 추가

보안 관련 자료에서 상업용 또는 비상업적 목적으로 정보 시스템에 대한 무단 액세스를 시도하는 사람들은 일반적으로 해커 또는 크래커라고 불린다. 이런 침입자들의 행위를 분류하면, 수동적인 경우는 허락되지 않은 파일이나 데이터를 읽기를 원하고, 능동적인 경우는 더 위험하며 데이터를 무단으로 변경한다. 일반적인 침입자의 유형은 다음과 같다.

[표 9-4] 침입자의 유형

구분	내용
기술적이지 않은 사용자에 의한 캐주얼 캐스팅	• 공유된 장치에 연결되어 있는 동안 다른 사람의 전자 메일이나 파일을 읽는 사용자
내부자에 의한 스누핑	• 고도로 숙련된 사람은 개발자, 학생 또는 컴퓨터 시스템의 보안을 깨뜨리는 것이 개인적인 도전이라고 생각하여 침입하는 경우
돈을 벌기 위해 진행	• 은행 사회에서 일하는 일부 개발자 또는 다른 사람들은 조직에서 돈을 훔치려는 시도
비밀 군대 또는 정부 데이터에 대한 침입 시도	• 매우 심각한 범죄로 간주되며. 이 영역은 국방, 공격 등의 목적으로 국가의 정보를 얻기 위해 경쟁하는 외국 정보를 해킹하는 시도

다음은 일반적인 보안 위협의 유형에 대해 살펴보았다.

[표 9-5] 보안 위협의 유형

구분		내용
내부자공격 (INSIDER ATTACKS)	Logic Bomb	• 특정 조건이 충족 될 때 폭발하도록 설정된 프로그램에 내장된 코드 • 폭탄을 작동시키는 데 사용되는 조건은 특정 파일의 유무, 특정 날짜 또는 날짜, 응용 프로그램을 실행하는 특정 사용자 등일 수 있음 • 일단 트리거되면 폭탄은 데이터 또는 때로는 전체 파일을 변경하거나 삭제하여 컴퓨터 다른 손상을 중지하거나 처리 • 예를 들어, 개발자가 해고되면 로직 폭탄은 특정 코드 부분에 대한 일일 패스워드를 받지 못하거나 다른 조건이 충족 될 때 트리거 됨
	Trap Doors	• 개발자가 무단 액세스 하기 위해 작성한 로그인 프로그램 • 예를 들어 개발자는 로그인 프로그램에 코드를 추가하여 비밀번호와 상관없이 특정 로그인 이름(ex. '학생')을 사용하는 사람을 허용함 • 이 코드가 작동중인 프로그램에 삽입되면 로그인 이름을 "student"로 암호를 입력하거나 빈 암호와 함께 입력하면 로그인이 성공
	Login Spoofing	• 다른 사용자의 암호를 수집하는 기술 • 이 방법에서는 실제 로그인 화면 (일반적으로 안전한 서버에 연결됨)과 동일한 false 로그인 인터페이스가 실제 로그인 화면에 마운트 됨 • 사용자가 자신의 사용자 ID와 암호를 입력하면이 정보는 침입자의 데이터베이스에 저장 됨 • 더미 로그인 쉘이 삭제되고 실제 로그인 화면에서 로그인 매개 변수를 다시 묻는 메시지가 표시 • 대부분의 모든 사용자는 ID 또는 비밀번호를 입력하는 데 실수를 범했다고 생각하고 스누핑에 대해 결코 알지 못하며 다시 자격 증명을 입력하고 시스템에 성공적으로 로그인 함 • 대부분의 시스템에서 CTRL + ALT + DEL을 누른 후에 로그인 화면이 나타남

[표 9-5] 보안 위협의 유형(계속)

구분		내용
외부자 공격 (OUTSIDER ATTACKS)	Trojan Horses	• 유용한 소프트웨어 응용 프로그램처럼 보일 수 있지만 숨겨진 맬 웨어가 포함됨 • 네트워크를 통해 확산시키기 위해 게임 등을 첨부하여 사람들이 열심히 다운로드 하도록 유도 한 후 악성 프로그램은 파일 삭제, 수정 또는 암호화와 같은 용도로 설계됨 • 신용카드 번호, 암호 또는 기타 유용한 데이터를 검색 가능하고 컴퓨터가 재부팅되고 백그라운드에서 실행될 때 자동으로 다시 시작 하고 희생자는 자신을 감염시키는 데 필요한 모든 일을 함
	Virus	• 다른 프로그램을 감염시키고 자체 파일의 복사본을 만드는 프로그램으로 전체 파일 시스템에 퍼져서 운영체제를 임시 제어할 수 있음 • 감염되지 않은 파일에 새로운 바이러스 복사본이 첨부 됨 • 파일을 공유할 때 컴퓨터 간에 전파됨
	Worm	• 웜은 자신을 복제하고 네트워크 연결을 통해 컴퓨터 간에 컴퓨터로 복사본을 보내는 프로그램 • 도착하면 웜은 활성화되어 원치 않는 기능을 수행하기 위해 다시 전파 됨 • 전자 메일 바이러스로 사용됨
	Zombie	• 인터넷에 연결된 컴퓨터를 몰래 가져와 좀비 제작자에게 추적하기 어려운 공격을 시작하는 프로그램 • 웹 서버에 대한 서비스 거부 공격에 사용
	Spyware	• PC에 로드되어 백그라운드에서 실행되는 소프트웨어로 사용자의 지식 없이 감염 될 수 있음
	Adware	• 소프트웨어에 통합된 광고, 팝업광고 나 브라우저의 상업용 사이트로의 리디렉션이 발생 가능 • 브라우저의 홈 페이지를 리디렉션 링크로 변경
	Root kit	• 컴퓨터 보안을 깨고 루트 수준의 액세스를 얻는데 사용되는 일련의 도구 • 루트 키트에는 위의 악성 소프트웨어(ex. 바이러스, 웜, 스파이웨어 등)가 포함될 수 있음

이러한 모든 위협에 대한 이상적인 솔루션은 위협이 시스템에 침입하는 것을 방지하는데 도움을 준다. 예방이 실패 할 수도 있지만, 적어도 해커나 크래커가 공격의 성공을 줄이는 데는 도움이 될 수 있다. 다음은 위협 공격에 대응하는 방법이다.

[표 9-6] 위험 공격에 대응하기

구분	내용
탐지	감염이 발생했는지 확인 후 감염 경로를 찾기
식별	탐지되면 프로그램에 감염된 특정 위협을 식별하기
제거	특정 바이러스가 확인되면 감염된 시스템의 위협 요소를 모두 제거하여 다른 시스템으로 확산 될 수 없도록 함

이러한 모든 접근 방식은 보안을 강화하기 위해 관련 시스템을 설계하고 구현해야 한다. 따라서 시스템을 방어 할 수 있는 여러 가지 방법을 보유하고, 보안 다중 레이어를 갖는 것이 바람직하다.

[표 9-7] 보안을 위한 대응 방안

구분	내용
방화벽	• 방화벽은 인터넷 연결에서 네트워크 또는 컴퓨터 시스템으로 흐르는 정보를 필터링하는 소프트웨어 또는 하드웨어 어플라이언스임 • 들어오는 데이터 패킷이 필터에 의해 플래그가 지정되면 통과 할 수 없음
바이러스백신	• 방화벽은 침입자를 시스템에서 진입하는 것을 방지하지만 위협이 시스템에 진입하면 방어를 할 수 없음 • 이러한 경우 악성 소프트웨어를 탐지하고 제거하는 데 바이러스 백신이 사용되며 때로는 스캐너 나 제거장치 또는 둘 다 사용될 수 있음 • 스캐너는 파일 등의 동작과 위치를 검사하여 위협을 탐지하고 제거자가 바이러스를 제거함
침입탐지	• 침입 탐지(ID)는 컴퓨터 시스템 또는 네트워크 내의 정보를 수집 및 분석하여 침입(조직 외부로부터의 공격)과 오용(조직 내에서의 공격)을 모두 포함하는 보안 침해를 식별함 • 주기적으로 위협을 검색하여 컴퓨터 시스템이나 네트워크의 보안에 기여함

연습문제

01 암호 서비스의 목적으로 틀린 것을 고르시오.

① 기밀성

② 부인봉쇄

③ 투명성

④ 가용성

02 다음 글 상자에서 성명하는 암호 서비스와 그 사례를 알맞게 짝지은 것을 고르시오.

> 암호화 할 때 사용하는 공개키(Public Key)는 공개된 장소에 공개하고 복호화 할 때 사용하는 비밀키(Private key)는 안전한 장소에 보관하여야 함

① 대칭키 암호시스템 - RSA

② 공개키 암호시스템 - DES

③ 대칭키 암호시스템 - AES

④ 공개키 암호시스템 - RSA

03 다음 글 상자에서 설명하는 암호 시스템의 특징으로 틀린 것을 고르시오.

> 기존에 존재하는 암호체계의 대부분이 전부 수학적 복잡성에 보안성의 기반을 두는데 비해 자연현상에 기반하고 있는 특징을 띄며, 암호에 사용되는 OTP(일회용 비밀번호, One Time Password)를 생성하는 이상적인 방법 중 하나다.

① 중간에 도청자가 침입할 경우에도 알 수 있다.

② 안전성의 근거로 불확정성 원리를 들 수 있다.

③ 수신자와 발신자 외에는 아무도 메시지를 볼 수 없다.

④ 모든 IT 기기에 적용할 수 있게 된다면 해킹이 불가능한 암호 시스템을 구현할 수 있다.

04 보안 위협의 유형 중 외부자 공격으로 짝지어진 것을 고르시오.

① Virus, Trap Doors

② Logic Bomb, Adware

③ Worm, Root kit

④ Trojan horses, Login Spoofing

05 보안을 위한 대응 방안 중 '인터넷 연결에서 네트워크 또는 컴퓨터 시스템으로 흐르는 정보를 필터링하는 소프트웨어 또는 하드웨어 어플라이언스'를 고르시오.

① 방화벽

② 바이러스 백신

③ 침입탐지

④ AhnLab

정답	1. ③	2. ④	3. ③	4. ③	5. ①

CHAPTER

10 블록체인 기술 이해

1. 블록체인의 기본 원리

주요 산업분야에 활용되어 4차 산업혁명을 이끌어갈 핵심 기술로 블록체인 기술이 주목받고 있다. 다양한 영역에서 블록체인 기술을 활용하려는 노력을 시도하고 있으며, 이를 기반으로 관련 기술의 발전이 빠르게 이루어지고 있다. 많은 금융기관과 IT 기업, 정부 등 다양한 분야에서 블록체인 기술을 적용하고 있다.

블록체인 기술은 디지털 정보를 배포할 수는 있지만 복사할 수 없도록 함으로써, 새로운 유형으로 인터넷의 중추적인 역할을 수행하고 있다. 블록체인은 비트코인 등의 암호화폐에서 사용되고 있는 핵심 기술이며, 블록체인 기술을 활용한 비트코인은 "디지털 금"이라고 불리며 이와 같이 블록체인 기술은 다른 형태의 디지털 가치를 제공 할 수 있다.

[표 10-1] 블록체인 기술의 구성요소

구분	내용
P2P 네트워크	컴퓨터끼리 같은 목적으로 연결해 네트워크를 형성하는 방식임. 어떤 컴퓨터라도 같은 처리를 할 수 있기 때문에 1대에 이상이 생겨도 시스템 전체에 영향을 끼치지 않는 특징을 가짐
합의 알고리즘	P2P 네트워크와 같은 분산 네트워크에서 합의 형성을 수행하기 위한 알고리즘임. 블록체인을 여러 노드에서 공유하기 위한 가장 중요한 구조
전자 서명·해쉬 함수	트랜잭션(거래)을 발생시킨 사람의 정당성을 보증하거나 거래·블록체인 위변조 방지, 암호화 등 보안과 관련된 기능
스마트 계약	앞서 다룬 스마트 계약과는 달리 블록체인 네트워크에서 동작하는 프로그램을 가리킴. 블록체인 기반 기술 중에서 가장 자유도가 높은 프로그램을 만들 수 있음

블록체인을 구성하는 요소 기술에는 전자 서명과 해쉬 함수, 합의 알고리즘, P2P 네트워크, 스마트 계약이 존재한다.

블록체인의 기본 원리는 정보의 신뢰성을 제공하는 제3자가 존재할 필요가 없으며, 거래 내역을 투명하게 관리할 수 있는 신뢰성이 제공된다는 것이다.

첫째, 정보의 신뢰성을 제공하는 제3자가 존재할 필요가 없다는 것에 대해 논의하면, 블록체인의 기본 원리는 중앙에서 통제하는 구조가 아닌 사용자들이 직접 관리할 수 있는 구조로 클라우드 시스템과 정반대의 개념을 도입한 것이다. 따라서 블록체인은 분산되고, 독립적인 개방된 공통의 장부(원장)를 관리하는 기술이다.

블록체인은 생성된 블록을 연결한 체인이며, 특정 시간 동안 발생한 모든 거래 정보가 기록된 새로운 블록을 생성, 모든 참여자에게 전달하고 블록의 유효성이 검증한 이후 기존 블록체인에 연결되는 방식을 사용한다. 각 블록에 저장될 내용을 결정하는 것은 사용자이다. 사용자 모두 기록된 원장을 보관하고 있으며, 과반수의 원장이 동일한 경우 그 원장은 정상으로 판단하고 블록에 저장하는 PoS(Proof of Sale) 방식 등을 활용하고 있다. 따라서 이 규칙에 따르지 않는 것은 인정하지 않는 원리를 적용하고 있다.

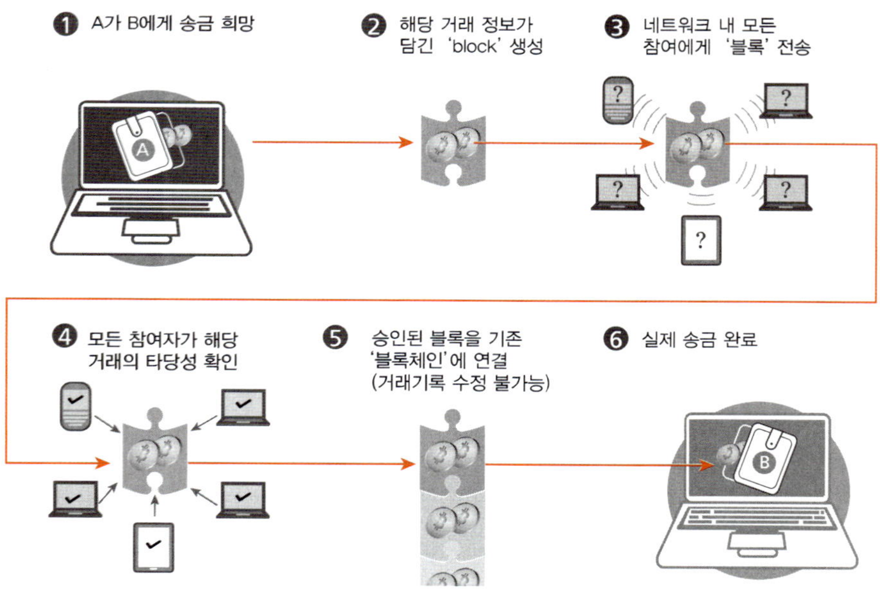

출처 : 블록체인 시스템의 기본 개념, KB금융지주 경영연구소

[그림 10-1] 블록체인 작동 프로세스

둘째, 블록체인 기술은 거래 내역을 투명하게 관리할 수 있는 신뢰성을 제공한다. 비가역성(Irreversibility)은 변화의 조건을 거꾸로 하여도 그 변화가 다시 이전의 상태로 돌아갈 수 없는 성질을 말한다. 블록체인 기술은 새로운 블록이 추가될 때 기존 블록체인의 마지막 블록에 대한 해쉬 값을 포함하기 때문에 이전 블록에 포함된 거래 정보에 대해 수정할 수 없다는 비가역성을 보유하고 있다.

PoS(Proof of stake)와 같은 합의 방식인 과반수를 사용하기 때문에 일부 참여자가 공격을 하더라도 전체 블록체인에 대한 신뢰성이 보장된다. 새로운 블록과 기존 블록체인이 연결되기 때문에 블록체인에 담긴 거래 기록의 위조를 방지할 수 있는 장점을 보유하고 있다.

블록체인은 해쉬(Hash) 함수를 사용하고 있으며, 블록을 연결하여 저장할 경우 이전의 해쉬를 포함하고 있다. 따라서 체인이 증가할수록 신뢰도가 증가한다. 블록체인에서는 여러 블록들이 순차적으로 연결되는 구조를 가지며, 연결된다는 의미는 이전 블록 정보에 대해 SHA256 등의 해쉬 함수를 이용한 해쉬 값이 다음 블록 내용에 기록되는 방식을 사용하고 있다.

사용되는 암호학적 해쉬 함수는 결과값으로부터 입력값을 유추하기 어렵다는 단방향성 성질(Onewayness property)을 가지고 있으며, 이로 인해 특정 블록의 내용을 위변조하는 행위가 매우 어려워진다. 특정 블록을 위변조 해서 검증을 통과하기 위해서는 해당 블록뿐 아니라 이후 생성된 모든 블록에 대해 적합한 해쉬값이 나타나도록 변경을 해야 하지만, 새로운 블록을 추가하기 위해서는 참여자들의 합의를 통해야 하며 이를 우회하는 것이 현실적으로 매우 어렵다.

한 번 블록체인에 기록되어진 정보는 적법한 참여자라 하더라도 수정이 불가하게 되며, 이를 통하여 블록체인 정보의 비가역성이 보장된다.

블록체인 기술의 핵심은 중앙의 신뢰성이 있는 제3의 기관(TTP: Trusted Third Party)이 필요 없는 분산 원장 관리 시스템이며, 블록체인 참여 노드들은 모두 동일한 원장을 공유하고 있다. 블록체인의 분산형 구조는 중앙 서버와 중재 기관의 필요성을 없앨 수 있어서 기존 네트워크의 비용 문제와 저가용성 문제를 해결할 수 있다.

블록체인 원장에 기록되는 정보는 참여 구성원들의 합의(Consensus)를 통해서만 추가될 수 있기 때문에 원장 기록에 대한 높은 신뢰성을 확보하게 되며, 일부 구성원들의 장애 또는 악의적 방해가 존재해도 전체 합의를 유지할 수 있다.

블록체인 분산 원장 자체는 참여자들 간에 공유되지만, 참여자의 개인정보는 암호화 기술의 적용을 통해 보호될 수 있다. 검증된 거래에 대해 네트워크에 참여한 참여자들 간의 합의를 요구하기 때문에 일부 참여자에 대한 공격만으로는 원하는 정보를 변경하거나 정보를 탈취하더라도 정보변경으로 인한 사기 등을 방지 할 수 있다.

비즈니스 규칙 및 로직이 스마트 계약(Smart contract)의 형태로 배포되며, 조건에 부합하는 거래 발생 시 자동으로 계약 내용이 수행된다. 분산 원장의 형태이기 때문에 중앙의 TTP 및 중계기관을 없앨 수 있어 비용 측면에서도 장점이 있다.

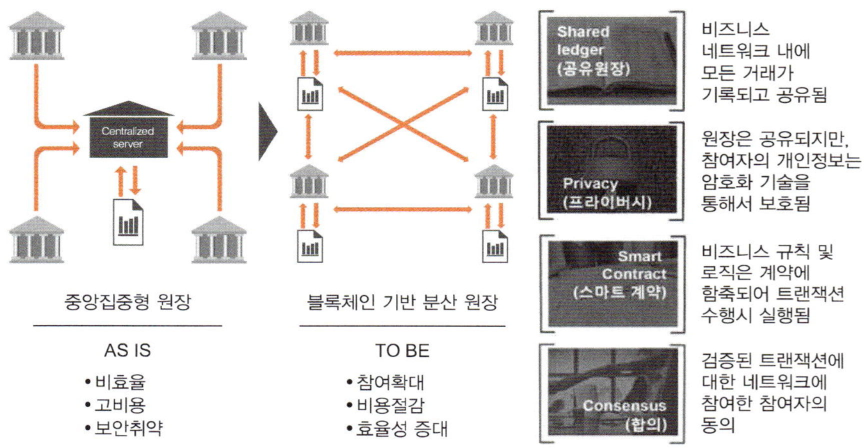

[그림 10-2] 블록체인 기술의 대표적 장점

2. 비트코인에 적용된 블록체인 기술

적용 보안 기술 측면에서 보면, 비트코인은 거래를 투명하고, 안전하게 보호하기 위한 분산 네트워크 운영, 암호화 등 다양한 보안 기술이 적용되고 있다. 분산구조 하에서 보안을 가능하게 하는 핵심기술은 암호화이며, 해쉬함수(Hash function)의 특성과 나운스(Nounce, nonce)를 활용, 머클트리(Merkle tree)의 조합으로 과거 불가능하게 고려되었던 비잔틴 장군문제[12]를 해결하고 있다.

12) 비잔티움 장군 문제는 레슬리 램포트와 쇼스탁, 피스가 공저한 1982년 논문에서 처음 언급됐다. 이 논문에서 저자들은 적군의 도시를 공격하려는 비잔티움 제국군의 여러 부대가 지리적으로 떨

그 특징을 보면, 거래 정보가 모든 참여자가 검증할 수 있도록 네트워크에 공개되어 있으며, 통화 발행이 제한되어 있다. 또한 거래정보의 분산 저장기술은 네트워크에 참여하는 노드들이 동일한 블록체인을 가지며, 블록에는 거래 데이터를 동일하게 저장하게 한다.

분산 네트워크 측면에서 비트코인 정보는 네트워크에 참여하는 노드들이 가지고 있으며, 동일한 거래 내역이 분산 저장되어 관리된다. 또한 거래를 블록체인에 포함시키기 위해서 거래를 승인하는 분산 합의 제도를 채택하고 있으며, 중앙 신용기관 없이 P2P 분산 네트워크에서 그 합의를 검증한다.

채굴이란 해쉬 함수에 이전 블록의 해쉬 값, 즉 거래 내역인 넌스 값을 넣어 특정 조건을 만족하는 결과 값이 나오도록 넌스 값을 유추해 내는 과정을 말하며 채굴 시 각 정보는 각 노드들에게 전송(Broadcast)되고, 유효성 검증을 수행 한 후 합의(노드의 51% 이상)를 통해 블록을 승인한다. 단, 모든 노드가 보유한 컴퓨팅 파워의 절반(51%) 이상을 해커가 장악하게 되는 경우에는, 거래기록이 조작될 위험성이 존재하지만 현재의 컴퓨팅 파워로는 현실적으로 불가능한 것으로 전문가들은 평가하고 있다.

암호기술 측면을 보면, 복호화가 가능한 공개키 기반 검증과 일방향 함수라고도 불리는 해쉬 암호화(SHA-2)를 이용하고 있으며, 개인 간 거래 시 생성되는 디지털 서명을 검증하여 거래내역이 변경되지 않았음을 입증하는데 ECDSA 전자서명 알고리즘을 이용한다.

익명의 공개키를 계좌 정보로 이용하여 얼마를 보냈는지 등의 교환 정보를 알 수 있지만, 거래 당사자들에 대한 정보가 연결되어 있지 않아 소유자에 대한 정보는 알 수 없다. 해쉬 암호화는 거래 내역을 포함하는 블록의 정보가 변경되지 않음을 증명하고, 새로운 블록을 찾기 위한 나운스(Nounce, nonce) 값을 찾는데 이용하고 있다.

디지털 서명은 비트코인 거래 시 거래 정보의 무결성을 입증하기 위해 사용되며, 공개키 기반으로 거래 정보의 해쉬 값을 암호화하기 때문에 무결성 입증이 가능하다. 그리고 거래 내역 입증 간소화를 위해 각각의 거래 내역의 해쉬 값을 누적하는 머클트리 구조의 루

어진 상태에서 각 부대의 지휘관들이 중간에 잡힐지도 모르는 전령을 통해 교신하면서 공격 계획을 함께 세우는 상황을 가정하고 있다. 이 부대의 지휘관 중 일부에는 배신자가 섞여 있을 수 있고, 배신자는 규칙을 충실히 따르는 충직한 지휘관들과 달리 규칙에 얽매이지 않고 마음대로 행동할 수 있다. 이 때 배신자의 존재에도 불구하고 충직한 지휘관들이 동일한 공격 계획을 세우기 위해서는 충직한 지휘관들의 수가 얼마나 있어야 하며, 이 지휘관들이 어떤 규칙을 따라 교신해야 하는지에 대한 문제가 비잔티움 장군 문제이다.

트 해쉬를 가짐으로써 도중에 값이 변경되면, 루트해쉬 값 또한 변경되어 변조 유무를 쉽게 판단 가능하다.

3. 블록체인 기술의 한계 요인

블록체인은 4차 산업혁명의 핵심 기술 중 하나로 시장에서 많은 관심을 도출하고 있으며, 실제로 다양한 블록체인 기반서비스가 등장하고 있다. 그럼에도 불구하고 모든 기술들처럼 다음과 같은 보완 사항을 보유하고 있다.

첫째, 블록체인을 활용한 서비스에서 처리 속도가 상대적으로 느리다는 것이다. 블록체인의 성능은 초당 처리할 수 있는 트랜잭션의 수를 나타내는 TPS(Transactions per second)로 계산되며, 블록체인의 성능에 가장 크게 작용하는 요소는 블록체인에 새로 추가될 블록을 생성하기 위한 참여자들의 합의 확보에 소요되는 성능이다.

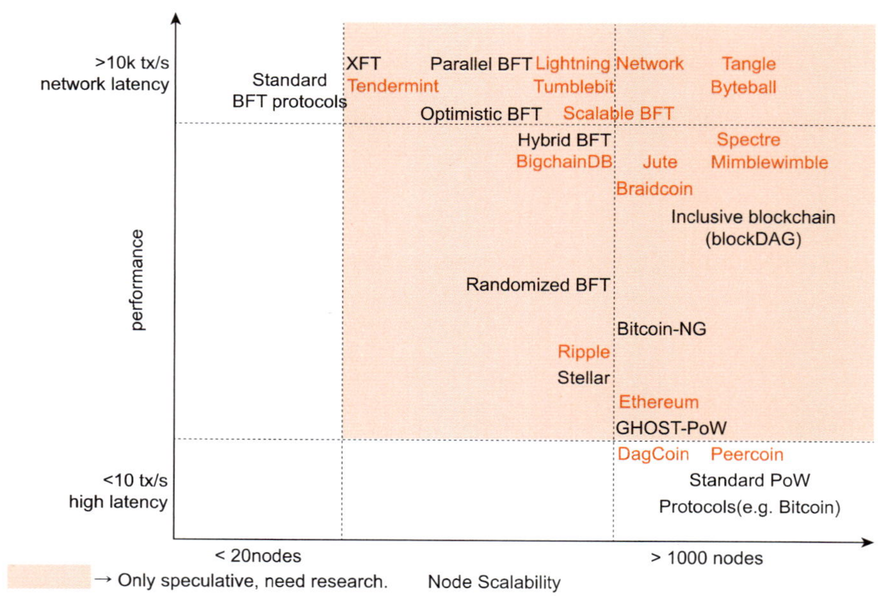

출처 : Decentralized Consensus for Edge-Centric Internet of Things: A Review, Taxonomy, and Research Issues, 2017

[그림 10-3] 블록체인 알고리즘의 성능 대비 노드의 확장성 비교

비트코인(Bitcoin), 이더리움(Ethereum) 등의 암호화폐에서 주로 사용되는 퍼블릭 블록체인의 경우 PoW(Proof of Work), PoS(Proof of Stake) 등의 방식이 적용되고 있으며, 7~30 TPS의 성능을 보인다.

컨소시엄 블록체인과 프라이빗 블록체인에서는 주로 PBFT(Practical Byzantine Fault Tolerance) 방식이 사용되며, 1,000~1,500 TPS의 성능을 보인다. 많은 트랜잭션이 발생하는 대규모의 복잡한 서비스를 안정적으로 제공하기 위해서는 블록체인의 처리 성능에 대한 개선이 필요하다.

둘째, 블록체인 정보 저장 용량 부족이 논의 되고 있다. 기술 발달에 따라 저장 공간이 늘어남에도 불구하고, 블록체인은 분산 형태의 공유 원장이기 때문에 모든 참여자는 동일한 형태의 원장을 각자 저장해야 하며, 규모가 확대되고 활발하게 정보가 생성되는 환경에서는 원장의 크기가 빠르게 증가해서 이를 처리하기 위한 비용이 증가하게 된다. 2018년 기준 비트코인에서도 전체 블록체인의 크기가 크게 증가해서, 저장 공간을 필요로 하며 참여자의 정보 저장 공간에 대한 부담이 가중되고 있다.

셋째, 블록체인 보안 기술 미비에 대한 논의이다. 보안은 창과 방패와 같은 구조여서 보안을 강화하고 있지만 이를 해킹할 수 있는 기술도 발달하고, 블록체인의 경우 정보를 사용자가 보관하는 구조이기 때문에 각 보관된 정보의 위변조 또는 이를 기반으로 하는 제2차 정보 노출이 발생할 수 있다. 블록체인은 해쉬 함수와 전자서명, 합의 알고리즘을 통해 한 번 기록된 모든 트랜잭션과 정보가 이후에 변조되지 못하는 비가역성을 제공하고 있지만 여전히 보안 문제는 해결해야 할 과제로 남겨져 있다.

블록체인은 기록 된 정보에 대한 무결성(Integrity)은 제공하지만, 정보에 대한 기밀성(Confidentiality)은 자체적으로 제공하지 않으며, 참여자에 대한 인증과 접근 제어를 위해서는 별도의 보안 기술을 필요로 한다. 일부 블록체인 플랫폼의 경우 일정 수준의 익명성을 제공하고 있지만, 아직 완전한 수준의 익명성을 제공하지 못하기 때문에 참여자의 프라이버시를 침해할 가능성을 보유하고 있다.

연습문제

01 블록체인 작동 프로세스의 순서를 알맞게 연결하시오.

㉠ 승인된 블록을 기존 블록체인에 연결 ㉡ 해당 거래 정보가 담긴 블록 생성 ㉢ 실제 송금 완료 ㉣ A가 B에게 송금 ㉤ 모든 참여자가 해당 거래의 타당성 확인 ㉥ 네트워크 내 모든 참여자에게 블록 전송

① ㉣ - ㉠ - ㉤ - ㉥ - ㉡ - ㉢

② ㉣ - ㉡ - ㉥ - ㉤ - ㉠ - ㉢

③ ㉣ - ㉠ - ㉥ - ㉤ - ㉠ - ㉢

④ ㉣ - ㉡ - ㉤ - ㉥ - ㉡ - ㉢

02 블록체인의 기본 원리에 대한 설명으로 틀린 것을 고르시오.

① PoS(Proof of Sale) 방식을 활용한다.

② 정보에 대한 기밀성을 보유하고 있다.

③ 참여 노드들은 모두 동일한 원장을 공유하고 있다.

④ 블록체인에 기록되어진 정보는 적법한 참여자인 경우에도 수정할 수 없다.

03 빈칸에 들어갈 말로 알맞은 말을 고르시오.

_____(이)란 해쉬 함수에 이전 블록의 해쉬 값, 즉 거래 내역인 넌스 값을 넣어 특정 조건을 만족하는 결과 값이 나오도록 넌스 값을 유추해 내는 과정을 말하며 ____ 각 정보는 각 노드들에게 전송(Broadcast)되고, 유효성 검증을 수행 한 후 합의(노드의 51% 이상)를 통해 블록을 승인한다.

① 거래
② 채굴
③ 서명
④ 복호화

04 비트코인 거래 시 거래 정보의 무결성을 입증하기 위해 사용되며, 공개키 기반으로 거래 정보의 해쉬 값을 암호화하는 기술은?

① 대칭키 암호 시스템
② 공개키 암호 시스템
③ 디지털 서명
④ 스마트 계약

05 블록체인 기술의 한계로 볼 수 없는 것은?

① 정보의 저장 용량이 부족하다.
② 보안에 대한 위협이 아직도 존재한다.
③ 완전한 수준의 익명성을 제공하지 못한다.
④ 블록체인에 대한 법적 규제가 부족하다.

정답	1. ②	2. ②	3. ②	4. ③	5. ④

CHAPTER 11

블록체인과 보안

1. 블록체인 보안 위협

블록체인 기술을 통해 우리는 해킹이 불가능한 보안성, 안전성, 편의성 그리고 경제적 효율성을 기대하고 있다. 이런 기대는 블록체인 기술을 활용할 수 있는 금융, 에너지, 유통, 의료계의 변화를 유도하고 있다. 이러한 변화 속에 제공되는 다양한 서비스는 우리 삶에 무한한 긍정적인 변화에 대한 기대감을 제공하고 있다.

블록체인의 도입 시, 보안의 핵심적인 요인은 키 관리에 있고 이를 관리하기 위해 하드웨어 보안 모듈과 신뢰 가능한 플랫폼이 실행 환경과 보안 환경에 적합해야 한다.

안전한 거래와 신뢰 그리고 분산과 변경 불가능 등으로 대변되는 블록체인 기술에 있어서 보안 기능은 필수 불가결한 요소이다. 그러나 블록체인 확산의 발목을 잡고 있는 것 또한 보안인데, 그 무엇보다 안전하다는 이유로 조명 받았던 블록체인은 다른 기술들과 마찬가지로 그 취약점이 드러나고 있다.

블록체인 기술 보안의 취약점을 살펴보면 다음과 같다. 블록체인은 블록체인의 기술의 분산된다는 특성으로 인해 부분적으로 복제될 수 있으며 따라서 보안과 위험이 공존하는 기술이라는 점이다. 또한 다른 시스템처럼 범죄에 악용될 가능성이 존재하고 접근 권한과 승인에 대한 명확한 방법론이 제시가 미비되어 있을뿐만 아니라 현장의 보안 측면에서는 운영 경험이 많은 전문 인력이 부족하다.

블록체인 원장은 여러 블록이 체인을 형성하며 연결되어 있는 구조로, 신규 블록이 이전 블록의 해쉬 값을 내부 필드에 포함하는 형태로 연결된다. 해쉬 함수의 단방향성(One-wayness)으로 인해 특정 블록에 대한 위/변조를 수행하기 위해서는 이후의 모든 블록에 대해서도 변경된 해쉬 값에 따라 위/변조를 수행해야 한다. 이 작업은 현실적으로 불가능하다고 여겨진다. 이로 인해 블록체인은 보안의 개념 중 무결성(Integrity)을 강하게 보장한다. 그러나 블록체인만으로 거래 내역에 대한 기밀성(Confidentiality)과 사용자 인증(Authentication), 참여자의 접근 제어(Access Control)를 제공할 수 없다. 특히, 프라이빗 블록체인을 사용하려는 기업의 경우 기밀성, 인증, 접근 제어는 필수적인 요구사항이다.

[표 11-1] 블록체인 기술 보안 위협 요약

분류	보안위협	설명
키 관리	키 도난 및 분실	• 공격자에게 키를 도난당하거나 분실된 키가 악용될 경우 자산 및 기밀거래 메시지 유출
	취약한 키 생성	• 취약한 키 생성 알고리즘으로 인해 키 재생성 공격이 가능할 경우 자산 및 기밀거래 메시지 유출 가능
거래 검증 및 합의	합의 가로채기	• 참여자 중 과반수(또는 운영주체)를 장악하여 블록체인의 합의 과정을 조작
	사이드 채인 내 비정상 거래 발생	• 메인 체인에서 유효하지 않은 자산이 사이드 체인에서 거래 가능
참여자 권한관리	개인정보 침해	• 거래정보에 대한 참여자의 접근권한 관리 부족 시 개인정보 침해 가능
	권한 오남용	• 참여자의 내 외부 권한관리 부족 시 금융회사 및 내부직원에 의한 보안사고 등 발생 가능
블록체인 SW 보안	블록체인 SW 취약점	• 블록체인 SW에 보안 취약점이 존재할 경우 키 도난, 합의 조작, DDoS 공격 등에 악용가능
	스마트 계약 취약점	• 스마트 계약에 취약점이 존재할 경우 자산 유출, 개인정보 침해, DDoS 공격 등에 악용가능
서비스 보안	분산 서비스 거부 공격	• 다수 참여자가 악성코드 등을 통해 공격자에게 장악될 경우 대량의 스팸거래를 발생 가능
	가용성 저하	• 블록체인의 처리속도 한계, 거래정보 급증으로 인해 추가 서비스 개발 및 확대 제한 등의 가용성 저하
	비정상 거래 탐지 불가	• 비정상거래에 대한 사전 탐지 및 차단 기술이 부족하여 사기거래, 자금세탁, 이중 지불 등의 거래 발생 가능
	상호 운용성 미 제공	• 블록체인 간 자산교환, 기능 확장 등 연계 필요시 책임주체 및 표준규격이 명확하지 않아 예상치 못한 보안위협 발생 가능

출처 : 블록체인 기술과 보안 고려사항, 금융보안원, 2017

국내 금융보안원에서 '블록체인 기술과 보안 고려사항'보고서를 통해 안전한 블록체인 시스템 도입을 위한 보안 위협과 대응방안 제시했다. 금융권에서는 블록체인 도입 시 고려가 필요한 보안위협을 '키 관리', '거래 검증 및 합의', '참여자 권한관리', '블록체인 SW 보안', '서비스 보안' 항목으로 분류하여 설명하고 있다.

키 관리

키 관리의 경우, 보안의 위협 요인으로는 공격자가 키를 탈취하여 키 도난 및 분실하는 경우와 취약한 키 생성의 경우가 존재한다.

첫째, 키 관리 측면에서 살펴보면, 블록체인에서 참여자의 개인 키(이하 '키')는 정당한 참여자로서의 활동을 승인 및 증명하는 수단이기 때문에, 공격자에게 도난당할 경우 정상적인 참여자로 위장한 공격자의 다양한 공격에 노출 될 가능성이 있다. 참여자 단말에 저장된 키가 공격자에게 도난 당할 경우, 해당 키로 보호되던 자산 및 기밀거래 유출이 가능하기 때문에 참여자가 키에 대한 접근 권한을 상실하거나 키를 분실할 경우 자산 이전이 불가능해질 수 있으며 공격자가 키를 획득하여 악용한 경우에도 확인이 불가한 실정이다.

둘째, 취약한 키를 생성하는 경우이다. 블록체인에서 암호 키의 생성 방식이 안전하지 못할 경우 공격자는 키 재생성 공격을 통해 참여자의 키를 획득할 수 있다. 예를 들어, 키의 생성방식이 안전하지 못하다는 것은 키 생성에 사용되는 난수 생성방식의 문제로서, 공격자가 난수 값 또는 그 범위를 추측 가능하다는 것을 의미한다. 이 경우 난수에 대한 무작위 대입을 통해 키 재생성 공격을 실행할 수 있다는 것이다.

거래 검증 및 합의

일반적인 퍼블릭 블록체인은 참여자 중 과반수의 동의로 합의를 도출하기 때문에 공격자가 합의 가로채기 방식을 통해 표의 과반수를 장악할 경우 거래 유효성 검증 프로세스를 조작할 수 있는 가능성이 존재한다. 예를 들면, 비트코인의 경우 공격자가 블록체인 네트워크의 전체 컴퓨팅 파워 중 51% 이상을 장악하면 다른 모든 참여자보다 블록을 빨리 생성함으로써 합의 가로채기가 가능하다. 또한, 대부분의 블록체인에 이러한 합의 가로채기를 시도한 공격자에 대해 페널티를 부과하는 제도가 존재하지 않기에 지속적으로 공격을 시도할 수 있다. 프라이빗 블록체인은 해당 규제기관 또는 운영위원회 등(이하 '운영주체')의 정책 하에 운영되므로, 해당 운영주체를 해킹해 장악하거나 권한을 도용하는 것만으로도 블록체인 네트워크 전체를 장악할 수 있다.

사이드 체인은 비트코인 등 주요 블록체인(이하 '메인 체인')의 부족한 기능을 확장시켜 주지만 이 과정에서 유효하지 않은 자산의 이전 등 부작용이 발생할 수 있다.

공격자에 의해서 유효하지 않은 자산이 메인 체인에서 사이드 체인으로 이전되어도 정상적으로 자산거래가 가능하지만, 만약 사이드 체인의 서비스가 중단된다면 사이드 체인 상에서 발생했던 대량의 거래를 메인 체인에 반영해야 하는데 이 경우 메인 체인에 과부하가 발생할 가능성이 있다.

참여자 권한 관리

퍼블릭 블록체인의 참여자는 누구나 본인이 직접 참여하지 않은 거래의 정보를 포함하여 모든 거래 이력을 다운로드 및 조사할 수 있어 개인정보 침해가 발생 가능하다. 또한, 블록체인은 일반적으로 등록되어진 거래정보에 대한 삭제 기능이 제공되지 않기 때문에 잊혀질 권리에 대한 보장이 불가하고 블록체인 참여자뿐만 아니라 스마트 계약도 개인정보를 처리(조회, 추가, 삭제 등)할 수 있어 스마트 계약에 의한 개인정보 침해가 발생할 수 있다.

블록체인은 분산 구조로 인해 참여자 권한관리 등 거버넌스 통제가 모든 참여자에게 일관성 있게 적용됨을 보장하기 어려워 권력 오남용도 발생 할 수 있다.

블록체인 SW 보안

주요 블록체인 S/W는 다수의 전문가에 의해 검토되어 비교적 보안성이 높다고 알려져 있으나 아직까지 발견되지 못한 취약점이 있을 수 있다. 블록체인 S/W에 취약점이 존재한다는 것은 모든 참여자들에게 동일한 취약점이 전부 존재함을 의미한다. 블록체인 S/W는 분산 구조이므로 보안 패치가 모든 참여자에게 적용되었음을 보장하기 어렵다.

스마트 계약은 블록체인에서 실행되는 프로그램이므로 다른 S/W와 같이 코드에 결함이 존재할 수 있으며, 계약이 복잡할수록 오류가 발생할 확률이 높다. 또한, 공격자는 스마트 계약 기능을 악용하여 악성코드와 같은 악의적인 코드를 블록체인에 저장, 실행을 할 수 있다.

서비스 보안

분산 서비스 거부(DDoS) 공격의 경우, 공격자는 분산된 노드를 통해 블록체인 네트워크에 대량의 스팸성 거래를 발생시킴으로써 거래의 유효성 검사 시간을 지연시켜 네트워크 전체에 대한 서비스 거부 공격을 실시한다. DDoS 공격을 위한 스팸거래 요청은 악성코드에 감염된 참여자에 의해 발생될 수 있으며, 블록체인 네트워크는 분산 구조로 이루어져 있기 때문에 전체 참여자 중 누가 악성코드에 감염이 되었는지에 대한 여부를 아는 것과 그에 대한 적절한 대응이 어렵다.

프라이빗 블록체인의 경우 의심스러운 거래를 발생시키는 참여자를 블록체인 네트워크에서 차단하는 등의 조치를 취할 수 있지만, 공격자가 이미 많은 수의 노드들을 장악했을 경우엔 여전히 DDoS 공격이 가능하다.

또한 프라이빗 블록체인은 시간이 지남에 따라 참여자가 급증하고 거래량이 증가 및 누적되어 거래 정보관리에 대한 부담과 거래 처리속도의 한계가 증가하였고 가용성이 몹시 저하되었다.

퍼블릭 블록체인은 익명성으로 인해 거래 참여자 식별이 불가능하기 때문에 사기거래, 자금세탁 및 테러자금 조달을 위한 거래 등 비정상거래에 대한 탐지가 어렵다. 또한, 금융사기 및 고객의 실수로 인한 비정상거래라 할지라도 거래의 유효성만 검증되면 정상거래로 처리된다. 또한 그 이후의 거래에 대한 거래취소와 강제, 이체에 대한 대응에 어려움이 존재한다.

또한, 블록체인 간 자산 이전, 기능 확장, 연계 서비스 개발 시에 블록체인 간의 호환성이 요구되지만 상호운용성이 제공되지 않기에 예상하지 못한 위협이 발생할 수 있다. 또한, 현재는 블록체인 별로 서로 다른 전자 지갑을 사용하기에 거래요청 및 통신 프로토콜, 키 생성 알고리즘 등이 호환되지 않기 때문에 표준 블록체인 전자 지갑 개발과 같은 연구가 필요한 상황이다.

2. 블록체인 기술의 보안위협 대응방안

키 관리

키 관리를 위한 대응 방안으로는 안전한 키 저장 및 보관에 대한 최신 보안 가이드를 준수하는 것과 키 저장 시 암호화 기법을 적용하는 방법이 있다. 다중 서명(multi signature)을 적용하여 공격자가 복수의 키를 획득하지 못하도록 하여 거래를 수행할 수 없도록 방지하고, 보안 · 위협을 확실히 대응하기 위해서는 용도 별로 별도의 키를 구분해서 사용해야 한다.

취약한 키 생성에 대한 대응 방안은 이는 공격자의 키 재생성을 방지할 수 있는 방안이 될 수 있다.

거래 검증 및 합의

합의 가로채기 대응방안으로는 공격자의 과반수 장악하여 시도를 방지하기 위해 합의 참여자 행위를 모니터링 하는 것이며, 사이드 체인 내 비정상 거래 발생에 대한 대응 방안으로는 메인 체인과 사이드 체인의 거래 검증 및 합의 과정을 통합해서 비정상 거래를 차단하고, 메인 체인의 비정상 자산이 사이드 체인으로 이전되어 거래되는 것을 방지해야 한다.

참여자 권한관리

개인정보 침해 대응 방안으로는 기밀 거래의 경우 전체 노드가 아닌 일부 검증 노드만 참여하는 별도의 채널을 구성하고 거래 유효성이 검증 되어야 한다. 또한 중요 거래 정보의 경우 암호화를 적용하고 거래 당사자와 권한이 있는 참여자만 접근하도록 제어해야 하며 스마트 계약 코드에 대한 테스트 및 검증을 통해 개인정보 침해 시도를 탐지해야 한다.

권한 오남용 대응방안으로 내부 직원의 행위를 식별 및 통제 가능하도록 내부 거버넌스 통제 절차를 수립하여야 하고, 참여자에 대한 접근 제어 정책 자체도 스마트 계약 기반으로 적용해야 한다.

블록체인 SW 보안

블록체인 SW 취약점 대응 방안으로 블록체인 플랫폼 및 애플리케이션 등의 SW에 대해 자체 또는 신뢰기관을 통해 코드 리뷰를 수행하는 것이다. 블록체인 SW에 대해 모의해킹 테스트를 수행해서 취약점을 탐지 및 개선해야 한다.

스마트 계약 취약점 대응 방안으로는 스마트 계약 배포 이전에 코드 리뷰를 통해 취약점 분석과 악성코드를 탐지하는 것이다. 또한 안전성이 검증된 스마트 계약 코드 및 라이브러리를 배포하여 코드 개발 시 이를 사용하도록 유도하는 것이다.

서비스 보안

분산 서비스 거부 공격에 대한 대응 방안으로는 정상 거래를 지연시키는 스팸거래를 분류 및 차단해야 하며 참여자별 거래 요청 건수를 제한하고, 거래 요청이 허가 된 참여자 목록 관리를 해야 한다.

가용성 저하의 보안 위협 대응 방안으로 거래 검증을 전체 노드가 아닌 신뢰하는 일부 검증 노드가 수행하도록 하여 처리속도를 개선 가능하게 해야 한다. 또한 풀 노드가 아닌 일반 노드의 경우, 거래 내역 전체를 저장하는 대신 거래의 해쉬 값만 포함된 블록헤더만 저장하는 방식으로 저장공간 문제를 완화해야 한다.

비정상거래 탐자 불가의 보안 위협 대응 방안으로는 블록체인의 게이트웨이 역할을 수행하는 거래소 등의 거래에 집중해 자금세탁 등 비정상적인 거래를 탐지하는 것이다.

상호 운용성 미제공의 보안 위협 대응방안은 블록체인 간 연계에 필요한 데이터 형식, 통신 프로토콜, 절차 및 키 관리 등에 대한 표준을 개발하는 것이다.

[표 11-2] 블록체인 기술 보안위협 대응 방안

분류	보안위협	설명
키 관리	키 도난 및 분실	• 최신 보안 가이드를 준수하고, 키 저장 시 암호화 기법 적용
	취약한 키 생성	• 격자의 키 재생성을 방지하기 위해 안전하고 최신 보안 가이드를 따르는 키 생성 알고리즘 검증 후 사용
거래 검증 및 합의	합의 가로채기	• 프라이빗 블록체인의 경우 참여자에 대한 지속적인 인증 및 검증이 가능
	사이드 체인 내 비정상 거래 발생	• 메인 체인과 사이드 체인의 거래 검증 및 합의 과정을 통합해서 비정상 거래를 차단하고, 메인 체인의 비정상 자산이 사이드 체인으로 이전되어 거래되는 것을 방지
참여자 권한관리	개인정보 침해	• 블록체인 플랫폼 및 애플리케이션 등의 SW에 대해 자체 또는 신뢰기관을 통해 코드 리뷰 수행
	권한 오남용	• 참여자에 대한 접근 제어 정책 자체도 스마트 계약 기반으로 적용
블록체인 SW 보안	블록체인 SW 취약점	• 블록체인 플랫폼 및 애플리케이션 등의 SW에 대해 자체 또는 신뢰기관을 통해 코드 리뷰 수행
	스마트 계약 취약점	• 안전성이 검증된 스마트 계약 코드 및 라이브러리를 배포해 코드 개발 시 이를 사용
서비스 보안	분산 서비스 거부 공격	• 정상 거래를 지연시키는 스팸거래 분류 및 차단
	가용성 저하	• 거래 검증을 전체 노드가 아닌 신뢰하는 일부 검증 노드가 수행하게 해서 처리속도 개선 가능
	비정상거래 탐지 불가	• 블록체인의 게이트웨이 역할을 수행하는 거래소 등의 거래에 집중해 자금세탁 등 비정상적인 거래를 탐지
	상호운용성 미제공	• 블록체인 간 연계에 필요한 데이터 형식, 통신 프로토콜, 절차 및 키 관리 등에 대한 표준을 개발

연습문제

01 블록체인 기술에 대한 보안 위협과 분류, 설명이 알맞게 짝지어 진 것은?

① 가용성 저하 - 거래 검증 및 합의 - 블록체인의 처리속도 한계로 인한 가용성 저하

② 권한 오남용 - 참여자 권한관리 - 거래 정보에 대한 참여자의 접근권한 관리 부족 시 개인정보 침해 가능

③ 스마트 계약 취약점 - 블록체인 SW보안 - 자산유출, 개인정보 침해등 악용 가능

④ 비정상 거래 탐지 불가 - 거래 검증 및 합의 - 사기거래, 자금세탁, 이중지불 등의 거래 발생 가능

02 블록체인 기술 보안 고려 사항에서 서비스 보안에 해당하는 보안위협을 모두 고르시오.

① 상호 운용성 미제공

② 권한 오남용

③ 비정상 거래 탐지 불가

④ 합의 가로채기

03 ㉡에 들어갈 말로 알맞은 말을 고르시오.

공격자에 의해서 유효하지 않은 자산이 ㉠에서 ㉡으로 이전되어도 정상적으로 자산거래가 가능하지만, 만약 ㉡의 서비스가 중단된다면 ㉡상에서 발생했던 대량의 거래를 ㉠에 반영해야 하는데 이 경우 ㉠에 과부하가 발생할 가능성이 있다.

① 사이드 체인

② 메인 체인

③ 히든 체인

④ 블록 체인

04 참여자 권한관리 보안 위협에 대한 설명을 모두 고르시오.

① DDoS 공격을 위한 스팸거래 요청은 악성코드에 감염된 참여자에 의해 발생될 수 있다.

② 프라이빗 블록체인은 참여자가 급증하고 거래량이 증가 및 누적됨에 따라 가용성이 저하되었다.

③ 잊혀질 권리에 대한 보장이 불가하다.

④ 거버넌스 통제가 모든 참여자에게 일관성 있게 적용됨을 보장하기 어렵다.

05 빈칸에 들어갈 말로 알맞은 것은?

__________은 블록체인에서 실행되는 프로그램이므로 다른 S/W와 같이 코드에 결함이 존재할 수 있으며, 계약이 복잡할수록 오류 발생할 확률이 높다. 또한, 공격자는 __________ 기능을 악용해 악성코드와 같은 악의적인 코드를 블록체인에 저장, 실행이 가능하다.

① 스마트 기능

② 통신 프로토콜

③ SW 보안

④ 서비스 보안

정답	1. ③ 2. ①, ③ 3. ① 4. ③, ④ 5. ①

CHAPTER 12

합의 알고리즘

1. 합의 문제

디지털 환경에서 디지털 복사로 인해 원본과 복사본을 구별하지 못하는 문제, 즉 '이중 처리(지불) 문제'가 발생 할 수 있다. 예를 들어, 보유한 재산이 100원인 A가 100원을 B에게 송금 한다는 거래를 주변 노드에게 보내면서 동시에 C에게 100원을 송금한다는 거래(트랜잭션)를 동시에 보낼 경우, 블록체인 시스템에서 어느 것이 유효한 거래인지 합의를 하지 못하면 거래가 이중 처리 될 수 있는 문제가 발생한다. 즉 이를 피하기 위해 정상적인 거래를 위한 합의 문제(Consensus Problem)가 발생한다.

기존 시스템에는 이러한 이중 처리 문제를 해결하기 위해 은행과 같은 제3의 신뢰 기관이 데이터 관리를 진행하였다. 제3자가 관리하는 경우, 역시 거래 지연, 중개 수수료, 단일 장애 지점(Single Point of Failure) 존재 등 관리 문제가 발생한다.

블록체인 기술은 합의 알고리즘을 통해 P2P 네트워크 환경에서도 제3자 또는 중앙 통제 시스템 없이 데이터베이스의 오류와 무결성을 보장 할 수 있다. 즉, P2P 네트워크 상의 다수의 노드들이 합의를 통해 하나의 블록체인을 유지하는 것이다. 이때 합의 알고리즘은 노드가 새 거래 데이터와 블록을 어떻게 처리할 지를 통제하는 명령어로서 역할을 수행한다. 따라서 모든 노드가 동일한 거래에 대한 처리 기록을 가지도록 함으로써 이중 처리 문제를 해결 한다. 이 합의 알고리즘은 현존하고 있는 알고리즘의 문제를 보완하기 위해 계속 연구되고 있다.

2. 합의 알고리즘

개요

합의 알고리즘은 분산된 프로세스 또는 시스템 간에 단일 데이터 값에 대한 합의를 달성하는 데 사용되는 컴퓨터 과학의 처리 과정(프로세스)이다. 합의 알고리즘은 여러 개의 신뢰할 수 없는 노드가 포함된 네트워크에서 안정성을 확보 할수 있도록 설계 한다. 합의 문제를 해결하는 것은 분산 컴퓨팅 및 다중 에이전트 시스템에서 매우 중요하다.

이러한 현실을 수용하기 위해 합의 알고리즘은 반드시 일부 프로세스와 시스템을 사용할 수 없으며 일부 통신이 손실 될 것이라고 가정한다. 결론적으로 합의 알고리즘은 의사결정 시 내부에 결함이 있다는 것을 전제로 하는 것이다. 예를 들어, 일반적으로 모든 노드가 같은 것에 대해 응답하지 않으므로 그 중 응답한 일부 노드가 51% 이상 존재하여 합의에 도달해야 한다.

합의 알고리즘의 활용은 다음과 같다.

(1) 분산 트랜잭션을 데이터 베이스에 승인(커밋)할지 결정한다.
(2) 일부 분산 작업의 경우 노드를 리더로 지정한다.
(3) 상태 머신 복제본 동기화 및 일관성을 보장한다.
(4) 합의 알고리즘은 Google의 PageRank, 로드 밸런싱, 스마트 그리드, 시계 동기화 및 무인 항공기 제어와 같은 많은 실제 활용되는 시스템을 지원한다.

비트코인은 블록체인의 합의 알고리즘을 사용하여 노드 간의 합의를 도출한다. 블록체인은 P2P(Peer to Peer) 네트워크에서 분산 컴퓨터에 의해 관리되는 분산 데이터 베이스 이다. 따라서 각 피어는 SPOF(Single Point of Failure)를 방지하기 위해 원장 사본을 유지 관리하며 업데이트 및 유효성 검사는 모든 사본에 동시에 반영한다. 비트코인은 광부가 제출한 블록 내에서 채굴이 이루어지도록 보장하는 메커니즘을 포함시킴으로써 신뢰성이 부족한 네트워크의 보안을 보장하기 위해 PoW(proof of work) 알고리즘을 사용한다.

채굴자의 컴퓨터에 있는 소프트웨어는 트랜잭션 관련 알고리즘을 해결하기 위해 처리 용량에 접근한다. 이 블록은 계산 집약적인 프로세스에서 생성된 암호화 된 해쉬에 대한 작업증명이다. 모든 당사자가 원장에게 일련의 블록을 제출할 수 있지만 합의를 가짜로 만드는데 필요한 컴퓨팅 리소스의 양이 너무 많아 노력 대비 효과가 거의 없다.

일반적으로 적용되는 합의 알고리즘에는 작업증명(PoW: Proof of Work), 지분증명(PoS:proof-of-stake), 위임된 지분증명(DPoS: delegated proof-of-stake), 실용적인 Byzantine Fault tolerance 알고리즘, PBFT 알고리즘 및 DPoS(delegated proof-of-stake) 알고리즘이 포함된다.

블록생성 권한 분배

비허가형(Permissionless) 블록체인과 같은 경우, 블록체인의 각 노드들은 특별한 자격 없이도 블록을 생성할 수 있다. 그러므로 각 노드들이 블록을 어떠한 노력 없이 쉽게 찍어낼 수 있게 된다면, 수많은 블록이 동시에 생성될 수 있으며, 이것은 각 노드가 하나의 블록체인에 합의하는 것을 불가능하게 만들 수 있다. 따라서 블록체인에서 합의 알고리즘에 따른 거래 처리를 거래가 일어나는 순간마다 즉시 하는 것이 아닌, 각 노드가 일정시간 동안의 거래를 묶어서 처리하도록 하며, 특정 조건을 갖춘 채굴자를 선정해 블록을 생성하게 한다. 이때, 각 합의 알고리즘이 요구하는 채굴자의 조건은 토큰 보유량, 계산 능력 등 다양한 조건이 나올 수 있다.

계산 능력 값을 알아보는 방법을 보면, 작업증명(PoW: Proof of Work) 같은 경우에는 계산 능력에 따라 채굴 확률이 결정된다. 예를 들어, A의 계산능력이 10이고, B가 20이면, 이들의 채굴 확률은 10:20으로 결정되어, A가 10개 채굴할 때 B는 20개를 채굴할 수 있음을 의미한다. 이와 같은 채굴자의 특정 조건으로 알고리즘이 적용된다.

포크(Fork, 분기) 발생시 체인 선택

노드 간 전송 속도와 떨어져 있는 거리에 따라 특정 시점에서 노드마다 블록체인이 다르게 형성될 수 있다. 예를 들어 A국가에 있던 노드에는 파랑블록 다음에 빨강블록이 자식으로 연결되어 있는 상태(자식으로 연결되었다는 의미)는 바로 앞 블록의 블록 해쉬를 포함하고 있음을 의미하는데, 초록블록이 뒤늦게 전달되어 파랑블록 다음에 자식으로 연결됨으로써 포크(Fork)가 발생한다. 이와 같이 한 부모에 대해 자식 블록이 여러 개가 생기는 상황을 포크(Fork)라고 하며, 포크가 된 상황은 각 노드가 소유하고 있는 분산장부 간에 일치되지 않는 상태를 유발하게 된다. 따라서 이러한 불일치 문제를 해결하기 위해 각 블록체인은 블록체인 별로 합의 규칙을 정하여 모든 노드가 파란블록에 대해 빨강블록이 자식이 될지, 초록블록이 자식이 될지 동일하게 결정한다.

이것을 해결하기 위해 비트코인에서 쓰이는 대표적인 방법은, 바로 가장 긴 체인을 선택하는 것이다. 한 노드가 초록블록을 부모로 하여 분홍블록을 만들고 분홍 블록을 모든 노드에게 전파를 하면, 초록블록은 자식 블록이 연결됨으로서 빨간 블록보다 긴 체인을 형성하게 되어 초록블록이 속한 체인이 메인 체인이 된다.

비잔틴 장군 문제

블록체인의 경우 하나의 주체가 홀로 네트워크를 구성하는 것이 아니라 신뢰관계가 아닌 노드들이 모여서 네트워크를 구성하게 된다. 그리고 각 노드들은 네트워크 조작을 통해 부당한 이득을 취하는 것이 가능하기 때문에 블록체인 시스템은 비잔틴 장군 문제(Byzantine General Problem)가 등장한다. 비잔틴 장군 문제를 해결한다면 네트워크에 악의적인 노드가 존재하여도 신뢰성 있는 시스템을 구축할 수 있다.

블록체인에서 비잔틴 장군문제는 분산 네트워크 문제를 해결하는 시스템이다. 비잔틴 장군문제는 분산 컴퓨팅의 아버지 레슬리 램포트(L. LAMPORT)가 논문을 통해 처음으로 제안한 것으로, 악의적인 노드가 분산 시스템에 참여했을 경우의 상황을 모델링한 문제이다. 비잔틴 장군문제를 해결한 시스템이라면, 전체 시스템은 악의적 목적을 가진 노드가 분산 시스템에 참여한 상황에서도 신뢰도 있는 서비스를 제공할 수 있음을 보장한다.

비잔틴 장군 문제는 일반적인 노드들을 장군으로 가정하고, 특정성에 대해서 모든 장군들이 다같이 공격을 한다면 이길 수 있는 상황으로, 장군들은 흩어져 있기 때문에 같은 시간에 공격하기 위해 정보를 공유 해야 한다. 그러나 비잔틴 장군들 중 첩자가 있어 중간에 정보를 교체할 수 있으며, 정보에 혼선을 제공하여 장군들을 교란시킬 수 있다. 이때, 모든 장군들이 같은 시간에 공격을 할 방법은 무엇일까? 라는 질문이 등장한다.

이 문제에서는 장군들로 표현 하였지만 네트워크에 있는 악의적인 노드와 오작동 하는 노드를 첩자라고 생각하면 된다. 이러한 비잔틴 장군 문제를 해결할 수 있는 시스템은 특정 노드가 해킹을 시도하거나 오작동이 발생해 문제가 생긴다고 하여도 네트워크는 신뢰도 있는 서비스를 제공할 수 있다. 그러한 시스템으로 대표적인 비잔틴 결함허용(Byzantine Fault Tolerance) 알고리즘, PBFT(Practical Byzantine Fault Tolerance)가 있다.

3. 작업증명

작업증명(PoW : Proof of Work)이란 스팸 전자 메일을 보내거나 서비스 거부(DoS: Denial of service) 공격을 시작하는 등 컴퓨팅 능력의 사소하거나 악의적인 사용을 막기 위해 실현 가능한 노력을 요청하는 시스템을 의미한다. Proof of Work 란 용어의 의미대로, 작업(값을 찾기 위한 연산)을 통해서 블록의 유효성을 입증하고 채굴 권리를 얻어내는 방식이다. 작업증명은 비트코인 네트워크에서 작동할 때 작업증명에 초점을 맞춘 것이다.

PoW는 작업증명 방식으로, 컴퓨터 연산을 통해 특정 Nonce 값(블록 헤더의 해쉬 값이 난이도에 제시된 값보다 작은 값이 나오게 하는 Nonce 값)을 먼저 찾는 사람이 블록을 채굴(검증)할 권리를 부여받게 되는 구조이다. 그리고 연결되는 블록이 많아질수록 해당 난이도는 점점 올라가게 된다. 이러한 값을 구하기 위해선 무작위로 숫자를 대입하여 푸는 방법 밖에 없기 때문에, 컴퓨팅 파워가 클수록 채굴을 할 수 있는 확률이 커진다.

이 개념의 등장 배경을 보면, 2004년 Hal Finney가 "재사용 할 수 있는 작업 증명"이라는 아이디어를 통해 화폐에 적용 되었다. 2009년에 소개된 비트코인에 적용되어 Finney의 아이디어 중 처음으로 널리 채택된 응용 프로그램이 되었다. Finney는 첫 번째 비트코인 트랜잭션의 수신자이다. 작업증명을 다른 많은 암호화폐(cryptocurrency)의 기반을 제공했다.

비트코인(Bitcoin)은 블록체인(blockchain)으로 알려진 일종의 분산원장에 의해 뒷받침 되는 디지털 통화이다. 이 원장에는 순차적인 블록으로 정렬된 모든 비트코인 트랜잭션의 기록이 포함되어 있어 사용자가 자신의 소유물을 두 번 이상 쓸 수 없는 구조이다. 훼손을 방지하기 위해 원장은 공개되거나 배포 되고 있기 때문이다. 임으로 변경된 버전은 다른 사용자들에 의해 신속하게 거부된다.

사용자가 실제로 변조를 감지하는 방법은 해쉬를 통해 작업증명의 역할을 하는 긴 문자열을 사용하는 것이다. 주어진 데이터 집합을 해쉬 함수(비트코인은 SHA-256을 사용한다)에 넣으면 해쉬를 하나만 생성한다. 그러나 원본 데이터의 일부분을 조금만 변경해도 완전히 인식 할 수 없는 해쉬가 된다. 원래 데이터 세트의 크기에 상관없이 주어진 함수에 의해 생성된 해쉬는 동일한 길이 이다. 해쉬는 단방향 함수이므로 해쉬를 생성한 데이터가 원본 데이터와 일치하는지 확인하기 위해 원본 데이터를 가져 오는 데 방법을 사용할 수 없다.

비트코인 트랜잭션 집합에 대한 해쉬를 생성하고 프로세스를 운영으로 바꾸기 위해 비트코인 네트워크는 일정 수준의 난이도를 설정한다. 이 설정은 새 블록이 "마이닝" 되도록 조정되어 약 10분마다 유효한 해쉬를 생성하여 블록체인에 추가한다. 난이도 설정은 해쉬에 대한 '대상'을 설정하여 수행한다. 대상이 낮을수록 유효 해쉬집합이 작아지고 해쉬 집합을 생성하는 것이 어려워진다. 실제로 이것은 긴 0의 문자열로 시작하는 해쉬를 의미한다. 예를 들어 블록 # 429818의 해쉬는 000000000000000004dd3426129639082239efd 583b5273b1bd75e8d78ff2e8d이다. 이 블록에는 1,000개가 넘는 비트코인이 포함된 2,012건의 트랜잭션과 이전 블록의 헤더가 들어 있다. 사용자가 하나의 거래금액을 0.0001 비트 동전 만큼 변경한 경우 결과 해쉬는 인식 할 수 없으며, 네트워크는 더 이상 거래가 되지 않는다.

주어진 데이터 집합은 오직 하나의 해쉬를 생성 할 수 있기 때문에 어떻게 채굴자가 목표 아래에 해쉬를 생성하는지 확인하는 방법으로 채굴자는 nonce("number used")라는 정수를 추가하여 입력을 변경한다. 유효한 해쉬가 발견되면 네트워크로 브로드 캐스팅되고 블록이 블록체인에 추가된다.

마이닝은 경쟁적인 과정이지만 경주보다는 복권에 가깝다. 평균적으로, 누군가는 10분마다 허용되는 작업증명을 생성할 것이지만 그것이 누구인지는 누구나 추측 할 수 있다. 채굴자가 함께 모여 채굴 블록 기회를 늘리면 거래 수수료가 발생하고 제한된 시간 동안 새로 생성된 비트 동전에 대한 보상이 발생한다.

작업증명에 따르면, 블록체인의 모든 측면을 변경하는 것이 매우 어렵다. 이어 변경을 적용하기 위해 모든 블록을 다시 마이닝 해야 하기 때문이다. 또한 해쉬기능을 완료하는 데 필요한 기계 및 전원이 비싸기 때문에 사용자 또는 사용자 풀이 네트워크의 컴퓨팅 성능을 독점하는 것은 거의 불가능하다.

PoW 역시 장점과 단점을 가지고 있다. PoW는 일시적으로 합의가 깨질 수 있으나, 확률적으로 마지막엔 결국 하나의 블록체인을 합의하게 되는 알고리즘이다. 기존 합의 알고리즘이 대다수의 노드는 올바른 행동을 한다는 가정(보통 3f+1 이상이 제대로 일을 해야 정상 운영이 됨. f는 잘못된 노드의 수)을 통해 작동하는 알고리즘인 것과 달리, 작업증명 알고리즘은 글로벌한 규모의 온전히 오픈된 네트워크에서 운영할 수 있는 알고리즘이다. 그러나 작업증명 알고리즘은 속도가 느리다는 것과 에너지 낭비가 심각하다는 단점이 있다.

블록을 생성하기 위해서 아무 의미도 없는 해쉬 값을 찾아내야 하고, 그 작업을 위해 불필요한 연산들을 계속적으로 실행해야 하므로 무의미한 에너지 소비가 증가하는 문제점을 보유하고 있다.

현재 비트코인 한 블럭을 생성하기 위해서는 위해선 5,000,000 TH/s(1 TH/s = 초당 1,000,000,000,000번의 해쉬연산) 이상의 해쉬 파워가 필요로 한다. 특정 연산 능력만이 중요하게 여겨지다 보니, 연산 능력이 집약된 별도 칩들이 새로 등장하게 되고 화폐 경제에서 '못 가진 자'와 '가진 자'로 나눠지는 빈부격차 문제가 발생하여 블록 생성 보상을 다 같이 나눠 갖기 위한 연맹인 마이닝 풀(Mining Pool)이 만들어짐에 따라 이러한 세력 나눔은 더욱 강화되었다. 이러한 문제점들 때문에 다른 암호화폐들에서 새로운 형태의 PoW 알고리즘을 만들기 위한 시도가 진행되고 있다.

이렇게 컴퓨팅 파워에 의존할 수밖에 없는 구조 덕분에 PoW는 높은 보안성이 제일 큰 장점이다. 그 이유는, 이것은 블록체인의 가장 잘 알려진 취약점인 '51% 공격'을 보다 쉽게 방어할 수 있는 구조이기 때문이다. PoW 알고리즘에서 악의적인 공격자가 블록체인 네트워크에 공격을 하기 위해서는, 51% 이상의 컴퓨팅 파워를 확보해야 하지만 이는 현실적으로 천문학적인 비용이 요구되기 때문에 공격을 통해 공격자가 얻을 수 있는 이익은 들어가는 비용보다 낮을 수밖에 없다.

이러한 장점과 동시에 PoW는 엄청난 전력을 소비시킨다는 큰 단점을 갖고 있다. 비트코인 채굴에 소모되는 전력량은 연간 약 48TWh(테라와트시)로 추정되며, 이는 연간 홍콩이나 페루를 넘어 포르투갈이나 싱가포르의 연간 전력에 맞먹는 규모라고 한다. 또한 이러한 구조는 자연스레 기업형 채굴꾼들을 등장하게 만들어 컴퓨팅 파워를 많이 보유한 소수에게만 채굴권이 집중되는 문제를 만들어 냈다. 이는 특히 비트코인을 비롯한 블록체인 기술의 핵심 기능인 탈중앙화를 역행하는 현상이다.

4. 지분증명

지분증명(PoS : Proof of Stake)은 블록체인 기술에서 일반적으로 사용되는 합의 알고리즘 중 하나이며, 블록을 검증하는데 사용한다. 기존 작업증명 알고리즘의 에너지 낭비 문제와 Nothing at stake 문제를 해결하기 위해 만들어졌으며, 연산 능력이 아닌 화폐 보유량에 따라 각 노드 간 합의가 이루어진다.

이 시스템은 2011년에 처음 제안되었는데, 2012년 Peercoin을 구현한 최초의 암호 해독 기술이 있다. 지분증명의 주요 장점은 에너지 효율성과 보안성 확보이다.

지분증명 시스템의 증명에서, 다음 블록을 생성할 수 있는 사용자의 조건은, 보유하고 있는 암호화폐(cryptocurrency)의 화폐량의 정도에 따라 결정되거나 또는 어떤 경우에는 그 조건을 보유하고 있는 기간에 의해 무작위 시스템에 의해 결정된다. 화폐에 대한 연산 능력 대신에, 블록을 생성하고 관련 보상을 받을 확률은 사용자가 네트워크에서 토큰 또는 암호 해독성을 유지하는 것에 비례한다. 즉 잠재적인 유효성 검사 집합을 보면, 40개의 토큰을 보유하고 있는 영희, 30개를 가지고 있는 철수, 20개 가진 가빈 및 10개 가진 수빈이로 구성된 경우, 영희는 40%, 철수 30%, 가빈 20%, 수빈 10% 이어서 지분이 더 많이 보유한 사람이 유리해지는 구조를 가지고 있다.

지분증명 시스템에 대한 무작위 추출은 중앙 집중화를 방해한다. 그렇지 않은 경우 시스템의 가장 부유한 개인이 항상 다음 블록을 만들고 지속적으로 부를 늘려 결과적으로 시스템을 통제하게 된다.

작업증명 대비 지분증명의 주된 이점은 훨씬 적은 에너지를 사용하므로 더 비용 효율적이라는 것이다. 작업증명 시스템을 사용하는 비트코인 거래가 2주만에 네덜란드 가정의 평균 전기 요금을 엄청나게 증가시킨 것을 보면, 지분증명은 비효과적이다.

이런 점에서 지분증명은 훨씬 적은 전기 사용량을 필요로 하기 때문에 우수한 합의 알고리즘으로 간주 될 수 있다. 또한, 지분증명 시스템은 비용 효율적이기 때문에 네트워크를 유지하기 위해 광부에게 인센티브를 부여하는 수단으로 너무 많은 새로운 동전을 발급해야 할 필요성이 줄어든다. 이는 특정 동전의 가격을 보다 안정하게 유지하는 데 도움이 된다.

지분증명 알고리즘은 개인이 시스템에 참여하도록 격려하는 것뿐만 아니라 어떤 개인이 네트워크를 제어하지 못하게 하는데 효과적이다. 왜냐하면 51%의 공격을 수행하기 위해서는 개인이나 그룹이 네트워크 상의 대부분의 동전을 소유해야 한다.

첫째, 한 사람이 모든 것을 사들이는 경우 많은 개인이 통화를 사용하지 않기 때문에 다른 사람들이 적대적 인수를 저지하기 위해 가격을 올릴 것이기 때문에 화폐를 충분히 구입하는 것은 극도로 비싸다. 또한 공격자가 보유하고 있는 동전의 가치를 크게 떨어뜨리기 때문에 네트워크를 공격하는 것은 완전히 비생산적이다.

근본적으로, 암호화폐에서 가장 높은 지분을 가진 사용자는 보유하고 있는 암호화폐의 명성과 가격을 떨어뜨리기 때문에 네트워크를 유지하고 보호하는 데 가장 많은 관심을 가지고 있다. 그러나 지분증명에도 단점이 있으며, 그 중 하나는 "아무런 문제가 없다"는 문제이다. 이 문제는 블록 생성하기 위해 합의가 이루어지지 않은 경우에 발생한다.

지분증명은 비잔틴 결함 허용문제를 해결하는데 적합하다. 이는 모든 유효성 검사기가 네트워크에 의해 추적되고 ID(ex. Lisk 지갑 주소)의 신원을 알고 있기 때문이다. 비잔틴 결함 허용문제(BFT : Byzantine Fault Tolerance)는 검증자의 2/3가 정직해야 하므로 이러한 개별 신원을 추적하면 기능적 상태를 유지하는 데 도움이 된다. 따라서 지분증명 합의 알고리즘은 의도된 목적을 효율적으로 수행하는 견고한 시스템이다.

5. 작업증명과 지분증명의 비교

작업증명의 지지자는 암호가 통화로 더 효과적으로 기능 할 수 있다고 주장하고 있으며, 지분증명은 사용자가 장시간 동안 동전을 버려서 비활성화 상태로 만드는 것에 대한 인센티브를 제공한다.

지분증명의 경우 시스템의 전반적인 우월성이 존재한다. 우선, 비트코인이 만든 에너지 소비 문제를 해결 한다.

비트코인의 네트워크에 더 많은 거래와 사용자가 추가됨에 따라 성장을 수용하기 위해서는 더 많은 컴퓨팅 성능이 필요하고 네트워크에 추가되는 컴퓨팅 성능이 높을수록 해쉬 비율이 높아진다. 블록을 생성하기 위해 컴퓨터가 생성해야 하는 작업량이 증가하게 되면 더 많은 어려움이 따르게 되며, 이러한 증가 된 출력은 더 많은 에너지 소비로 이어진다. 비트코인의 성장과 채굴 난이도는 기하 급수적으로 에너지 소비와 관련되어 있으며 비평가들은 이것을 PoW 모델에서 해결할 수 없는 문제로 보고 있다.

PoS의 경우 블록체인에 대한 51%의 공격을 방어한다. 최근의 비트코인 캐시(Cash)와 비트코인 내전에서 보았듯이, 불균형적인 채굴로 인해 블록체인 네트워크가 사실상 중앙 집중화 될 수 있다. PoS 블록체인의 대다수를 제어하기 위해 유효성 검사기는 해당 암호의 전체 공급량의 51% 이상을 소유해야 한다. 그래서 누군가 Cardano의 블록체인을 공격하기 위해서는 Cardano의 가치가 609,286,157.643 달러가 되어야 하며 이런 환경이 발생하는 것은 거의 불가능하다.

PoW를 염두에 두어야 할 마지막 사항은 통화의 동전이 발행되고 유통되면 모든 블록 보상이 중단 된다는 것이다. 이것은 PoW 동전을 인센티브로 삼아 PoS 모델로 업데이트 할 수 있다.

[표 12-1] 작업증명(PoW)와 지분증명(PoS)의 비교

구분	작업증명(PoW)	지분증명(PoS)
채굴방식	블록 채굴시 채굴자가 얼마나 노력을 했는지에 따라 달라짐	블록 채굴시 얼만 많은 화폐(코인)를 보유하느냐에 따라 정해짐
보상	보상은 채굴자에게 점점 줄어들게 계획 51% 공격하여 확보하는 경우 보상이 거의 없음	51%에 대한 공격시 비용이 많이 들게 설계됨
현상	이 시스템은 강력한 채굴 팀이 확보됨 시간이 지남에 따라 중앙집중화 현상 발생	이 시스템은 분산화된 시스템을 유지 코인 중심으로 협력체계를 구축하기 위해 노력을 해야 함

6. 위임된 지분증명

위임된 지분증명(DPoS : Delegated Proof of Stake)은 네트워크 전체에서 진실에 대한 반박할 수 있는 합의를 유지하고 거래를 확인하며, 디지털 민주주의의 한 형태로 행동하는 합의 알고리즘이다.

작업증명 방식의 대안으로 등장한 지분증명 방식 또한 완전하지 못하며 이를 해결할 수 있는 대안으로서 EOS의 창시자 '댄 라리머'에 의해 제안 된 합의 방식이 바로 DPoS이다. 이는 위임된 지분 증명 방식으로 PoS와의 차이점은 권한을 소수의 대표자에게 제공한다는 것이다. 지분증명이 직접 민주주의라면 위임된 지분증명(DPoS)는 간접민주주의 이다. 지분 보유자들은 지분에 비례한 투표권을 행사하여 자신들을 대신하여 블록 생성과 검증, 네트워크 유지, 합의에 대한 권한을 소수에게 위임한다. 현재 가장 성공적인 사례인 'Steemit'은 이러한 DPoS 방식을 채택해 21명의 증인(대표자)를 통해 DPoS 방식과 퍼블

릭 블록체인의 가능성을 증명 해주고 있다.

위임된 지분증명의 증거는 합의를 달성하기 위한 평판의 사회 시스템과 결합된 실시간 투표를 사용한다. 이 방법은 가장 일반적인 것으로서 등장한 다른 방식 대비 가장 적은 참여자가 참여하는 중앙화된 알고리즘이라고 볼 수 있다. 그럼에도 불구하고 모든 토큰 소유자는 네트워크에서 일어나는 일에 대해 어느 정도의 영향력을 행사할 수 있다.

DPoS의 가장 큰 장점은 투표에 의해 선출된 소수의 대표자들이 전체를 대신하여 블록을 생성한다는 점이다. 이로 인해 상대적으로 빠른 합의 속도와 비용이 적게 소요 된다는 장점이 있다. 이와 동시에 전체 네트워크 관리와 프로젝트의 발전에 대해 아무런 관심이 없는 일반 이용자들은 오히려 편의성이 증가한다. 토큰 소유자가 가지고 있는 투표권(투표 가중치라고도 함)은 계정에 보유하고 있는 기본 토큰의 수에 따라 결정된다. 대의원은 네트워크를 원활하고 안전하게 운영 할 수 있도록 최대한 관심을 가지고 선택하는 것이 중요하다.

일부 DPoS 버전에서는 대의원이 시간 제한 보안 계정(악의적인 행동으로 몰수 된 경우)에 자금을 입금하여 약정을 표시해야 한다. 이 버전의 DPoS는 보증금을 기반으로 한 지분 증명이라고도 한다.

주요 역할을 보면 다음과 같다.

(1) 노드가 항상 가동되고 있는지 확인한다.
(2) 네트워크를 통해 트랜잭션을 블록으로 수집한다.
(3) 블록을 서명하고 브로드 캐스팅하여 트랜잭션의 유효성을 검사한다.
(4) 합의와 관련하여 문제가 있는 경우 DPoS는 이를 공정하고 민주적인 방법으로 해결할 수 있다.

DPoS는 소수에 의한 효율성을 확보했지만, DPoS를 비판하는 많은 사람들은 다음의 질문을 던진다. 소수에 의해 관리되는 네트워크가 과연 탈중앙화의 기본 원리에 위배 되는가 이다. 이 점에 대해서는 여러 견해가 있겠지만, 기술적으로 고려하면 노드의 소수 집중적 구조는 기존 블록체인 기술이 가지고 있는 가장 큰 강점인 탈중앙화로 인한 보안성을 잃어버리는 단점이 있다. 모든 네트워크가 소수에 집중되면 그만큼 공격에 취약해 지는 것은 당연한 일인 뿐더러 자신의 정체를 투명하게 공개해야 하는 경우에 대한 공격은 더욱 그렇다.

7. 비잔틴 결함 허용

여러 운영 시스템은 하드웨어, 소프트웨어, 전원, 네트워킹 연결성 등 여러 이유로 정상 작동이 안되는 장애 현상이 존재한다. 또한 모든 장애에 대해 기존의 내결함성 메커니즘을 통해서 쉽게 감지 할 수 있는 것은 아니며, 네트워크 클러스터의 시스템에도 같은 현상들이 나타난다. 수천 개가 아닌 수백 개의 노드로 구성된 대규모 네트워크를 상상해보면 쉽게 알 수 있다. 이러한 예측 불가능한 상황을 처리하려면, 클러스터가 실패 또는 오작동을 허용 할 수 있도록 하는 투표 시스템을 구축해야 한다.

비잔틴 결함은 다른 관찰자(즉, 분산 컴퓨팅 시스템)에 대한 여러 유형의 증상을 보여주는 결함으로 정의된다. 비잔틴 실패란 한 서비스 또는 작업을 수행하기 위해 합의에 도달해야하는 환경에서 비잔틴 결함으로 인해 시스템 서비스가 손실되는 것이다.

비잔티움 결함 허용(BFT : Byzantine Fault Tolerance)의 목적은 이러한 비잔틴 실패에 대비하여 분산 플랫폼을 통해 방어하는 것이다. 시스템의 실패한 구성요소는 남은 구성요소가 작동을 수행하는 데 필요한 그러한 자체 간에 합의에 도달하는 것을 막을 수는 없다는 것에서 출발하고 있다. 너무 많은 결함이 존재하지 않는다고 가정할 때 비잔틴 결함 허용 시스템의 정상적인 기능을 수행하는 구성 요소는 중단 없는 서비스를 계속 제공할 수 있다는 것이다.

이 문제의 이름은 비잔틴 장군문제(BGP)에서 파생된다. 비잔틴 장군 문제는 모든 참여회원과 의견이 일치하지 않는 계약 문제를 강조하고 있다. 비잔티움 군대의 여러 부서가 요새화 된 도시밖에 진을 치는 시나리오를 상상해보면, 각 부서에는 자체 장군이 있으며, 장군이 서로 통신 할 수 있는 유일한 방법은 메신저를 사용하는 것이다. 장군들은 공동의 행동 계획을 결정해야 한다.

문제는 장군 중 일부는 배신자가 될 수 있고 정상적으로 전달 할 수 있다는 것이다. 그들 중 한 반역자와 함께, 반역자가 공통의 계획을 결정할 수 있다. 비잔틴 결함 허용 환경에서 이 질문에 대한 정답은 '예'이다. 3개 그룹에서 한 반역자는 다수의 합의에 이르지 못하게 된다. 예를 들어 한 장군이 공격이라고 말하면서 다른 두 명이 퇴각이라고 말하면 그룹의 반역자가 누구인지를 쉽게 판별 할 수 있다. 또한 반역자가 아닌 자들 간에 어떤 종류의 합의에 도달 할 수 있다.

이제 이 개념을 컴퓨팅 노드의 분산 네트워크에 적용해 보면, F노드 수가 Byzantine으로

가는 경우, 2f + 1 노드는 오작동을 허용하지 않다. 잠재적으로 결함이 있는 노드보다 제대로 작동하는 노드가 1개만 더 있으면 된다.

비잔틴 결함 허용은 블록체인의 탄력성을 제공하는 핵심이다. 트랜잭션을 처리하기 위해 합의를 도출 할 수 없는 경우, 블록체인 시스템은 올바르게 작동하고 있지 않은 것이다.

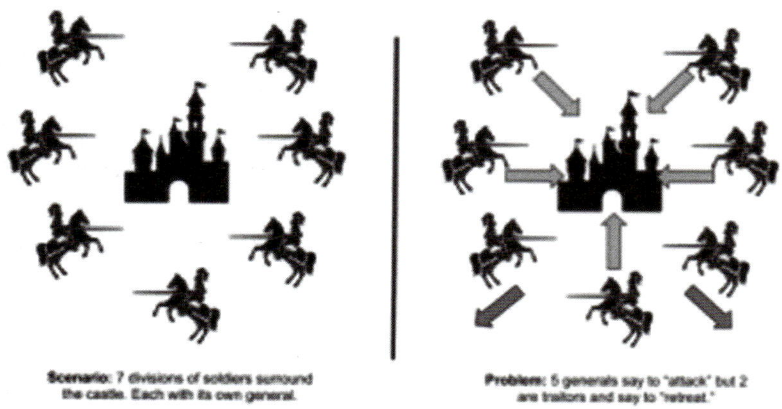

[그림 12-1] 비잔틴 장군의 문제점

8. 실용적인 비잔틴 결함허용

비잔틴 결함 허용(BFT; Byzantine Fault Tolerance)은 시스템의 악의적인 노드가 잘못 되었거나 잘못된 정보를 보내고 있음에도 불구하고 분산된 컴퓨터 네트워크가 충분한 합의에 도달할 수 있다는 것이다. 비잔틴 결함 허용의 목표는 이러한 악의적인 노드의 영향을 줄임으로써 치명적인 시스템 장애를 예방하는 것이다.

비잔틴 경함 허용은 관련 당사자가 완전한 실패를 피하기 위해 단일 전략에 동의해야 하는 상황에 대한 컴퓨터 과학 용어인 비잔틴 장군의 문제에서 파생된다. 관련 당사자 중 일부가 부패하거나 신뢰할 수 없다고 가정한다.

비잔틴 결함 허용은 비잔틴 장군 문제에 속하는 실패의 부류를 견딜 수 있는 시스템을 정의하는 특성이다. 비잔틴 결함 허용은 항공기 엔진 시스템, 원자력 발전소 및 많은 센서에 의존하는 거의 모든 시스템에서 필요하다. 분산 노드 네트워크에서 신뢰(Trust)를 설정해야 하는 블록체인 기반 시스템에 적용된다.

실용적인 비잔틴 결함 허용(PBFT : Practical byzantine fault tolerance)은 비잔틴 결함 허용 오차(즉, 비잔틴 결함에 대한 보호)의 측면을 최적화하는 알고리즘으로 일부 블록체인 플랫폼을 포함한 여러 현대 분산 컴퓨터 시스템에서 구현되었다.

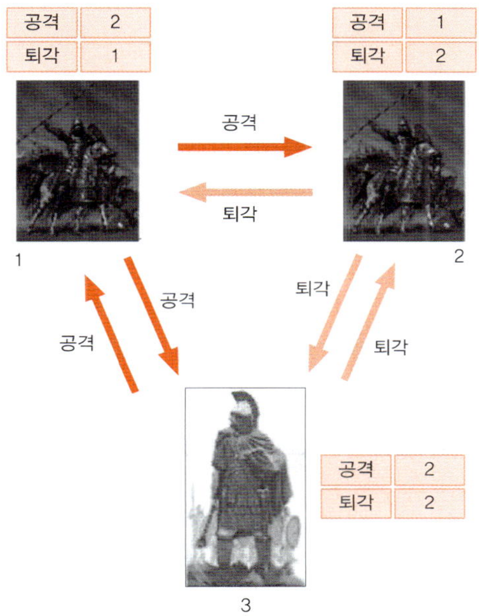

[그림 12-2] 실용적인 비잔틴 결함허용(pBFT)

Miguel Castro와 Barbara Liskov는 1999년에 발표된 논문에서 실용적인 비잔틴 결함 허용(PBFT : Practical Byzantine Fault Tolerance) 알고리즘을 발표했다. 이 기술은 초당 수천 회의 요청을 처리하고 대기 시간이 1 밀리 초를 연장하는 고성능 비잔틴 상태 시스템 복제를 제공했다.

실용적인 비잔틴 결함 허용이 출시 된 후 견고성과 성능을 향상시키기 위해 더 많은 BFT 프로토콜이 도입 되었다. 이러한 예로는 성능 및 비용 문제를 다루는 Q/U, HQ, Zyzzyva 및 ABsTRACT 뿐만 아니라 견고성 문제를 다루는 Aardvark 및 RBFT가 포함 되었다.

실용적인 비잔틴 결함 허용은 특정 노드를 통해 전송 된 독립적인 노드 오류 및 조작된 메시지가 있다고 가정하여 비잔틴 오류(즉, 악의적 인 노드)를 허용하는 실용적인 비잔틴 상태 시스템 복제를 제공하는 데 중점을 둔다.

실용적인 비잔틴 결함 허용은 시스템의 노드는 한 노드가 리더가 되고 다른 노드가 백업 노드라고 하는 순서로 정렬된다. 시스템의 모든 노드는 모든 정직한 노드가 다수 규칙을 사용하는 시스템 상태에 대한 합의에 도달한다는 목표로 서로 통신한다.

노드 간의 통신에는 두 가지 기능이 있다. 노드는 특정 피어 노드에서 온 메시지를 증명해야 하며 전송 중에 메시지가 수정되지 않았음을 확인해야 한다.

실용적인 비잔틴 결함 허용 시스템이 작동하려면 악의적인 노드의 수가 주어진 취약성 창에서 시스템의 모든 노드의 1/3 이상이면 안 된다. 작업 일치 증명 메커니즘과 마찬가지로, 실용적인 비잔틴 결함 허용 네트워크에 노드가 많을수록 보안이 강화된다.

실용적인 비잔틴 결함 허용 합의 라운드를 뷰라고 하고 4단계로 분류된다.

(1) 클라이언트는 서비스 조작을 호출하기 위해 리더 노드에 요청을 전송한다.
(2) 선두 노드는 요청을 백업 노드로 브로드 캐스트 한다.
(3) 노드는 요청을 실행 한 다음 클라이언트에 응답을 보낸다.
(4) 클라이언트는 다른 노드의 f + 1 응답을 동일한 결과로 기다린다. 여기서 f는 오류가 발생할 가능성이 있는 노드의 최대 수를 나타낸다. 선행 노드는 모든 보기 동안 변경되며, 선행 노드가 요청을 브로드 캐스팅 하지 않고 일정 시간이 경과하면 보기 변경이라고 하는 프로토콜로 대체 될 수 있다. 또한, 정직한 노드의 초 대다수는 지도자가 언제 결함인지를 결정할 수 있으며, 다음 지도자와 교체 할 수 있다.

적용 사례를 살펴보면, 실용 비잔틴 결함 허용을 사용하는 두 개의 프로젝트는 Hyperledger Fabric과 Zilliqa이다.

Hyperledger Fabric은 플랫폼용 실용적인 비잔틴 결함 허용 버전을 사용하여 Linux Foundation에서 호스팅하는 블록체인 프로젝트를 위한 오픈 소스 협업 환경이다. 승인된 체인은 작은 합의 그룹을 사용하고 공용 블록체인과 동일한 분산을 필요로 하지 않으므로 실용적인 비잔틴 결함 허용하는 처리량이 많은 트랜잭션을 제공하는 데 효과적이다. 또한 권한이 부여된 블록체인은 사적인 것으로 알려져 있으며 알려진 신원 정보를 가진 초대에 의해 운영된다. 이는 이미 당사자 간의 신뢰 요소가 있음을 의미한다. 이렇게 하면 신뢰없는 환경의 필요성이 줄어들고 단점도 없이 네트워크에서 실용적인 비잔틴 결함 허용의 이점을 얻을 수 있다.

Hyperledger Fabric 및 PBFT에 대한 자세한 내용은 다음과 같다. Zilliqa는 최적화된 버전의 PBFT를 사용하여 블록체인의 데이터에 대한 합의를 도출한다. Zilliqa는 채굴자가 샤드(shard)라고 하는 작은 그룹으로 분류하는 네트워크 샤딩(sharding)을 수행하기 위해 ~ 100 블록마다 작업 증명 합의(Proof of Work consensus)를 사용한다. 각 샤드는 트랜잭션을 병렬로 처리 할 수 있으므로 네트워크에 높은 처리량을 제공한다. 네트워크는 다중 서명을 사용하여 고전 PBFT의 통신 오버 헤드를 줄이고 테스트 환경에서 초당 수천 건의 트랜잭션에 도달한다.

이 방식의 장점을 살펴보면, 첫 번째 장점은 거래 최종 합의가 가능하다는 점이다. 실용적인 비잔틴 결함 허용의 본질은 여러 번의 확인이 필요 없이 거래가 합의되고 최종화 될 수 있음을 의미한다.

두 번째, 장점은 에너지 효율성이다. 작업 합의 메커니즘의 증거와는 달리 실용적인 비잔틴 결함 허용은 에너지 집약적인 계산 없이 네트워크 합의를 도출 할 수 있다. 일부 실용적인 비잔틴 결함 허용 시스템은 Sybil 공격을 방지하기 위해 작업 증명을 사용한다. 즉 단 한명의 공격자가 네트워크의 여러 노드를 제어하면서 여러 당사자 인 척 한다.

세 번째, 장점은 낮은 보상 차이이다. 실용적인 비잔틴 결함 허용은 리더 만이 다음 블록을 제안하는 작업 증명과 달리 메시지 서명을 통해 기록에 투표함으로써 집단적 결정을 요구한다. 따라서 실용적인 비잔틴 결함 허용 시스템의 모든 노드가 인센티브를 받을 수 있어 채굴자의 보상 변화를 낮출 수 있다.

약점에 대해 살펴보면, 첫 번째는 스케일링이다. 노드 그룹이 작지만 대규모 네트워크에서는 비효율적인 경우 실용적인 비잔틴 결함 허용가 유망한 합의 솔루션이다. 이는 각 노드가 네트워크를 안전하게 유지하기 위해 다른 모든 노드와 통신해야 하기 때문에 노드의 양이 증가함에 따라 커다란 통신 비용으로 급격히 증가 할 수 있기 때문이다.

두 번째 약점은 Cybil 공격이다. 실용적인 비잔틴 결함 허용 모델은 Sybil 공격에 취약하다. 네트워크에서 다수의 노드를 생성 또는 조작하고 보안을 손상시킨다. 이 위협은 네트워크 크기가 커지면 줄어들지만 일반적으로 PBFT의 확장성 문제를 고려할 때 다른 합의 메커니즘과 함께 사용해야 한다.

9. 텐더민트

텐더민트(Tendermint)는 블록체인 합의 엔진(blockchain consensus engine)과 일반 응용 프로그램 인터페이스(generic application interface)의 두 가지 주요 부분으로 구성된 프로토콜이다. 블록체인 합의 엔진인 텐더미트 코어(Tendermint Core)는 피어 투 피어 네트워크를 용이하게 하고 PoS(Proof of Stake)를 제공한다. 반면에 ABCI(Application BlockChain Interface)는 블록체인이 텐더민트 코어(Core) 프로토콜에 연결하는 도구 역할을 한다.

텐더민트의 목적은 블록체인 엔진을 만드는 것이다. 개발자가 불편하고 기술적인 암호화를 건너뛰고 고급 블록체인 및 응용 프로그램 개발에 뛰어들 수 있는 도구가 될 수 있다. 텐더미트 코어는 두 가지 주요 부분으로 구성된 패키지 오픈 소스 소프트웨어 이다.

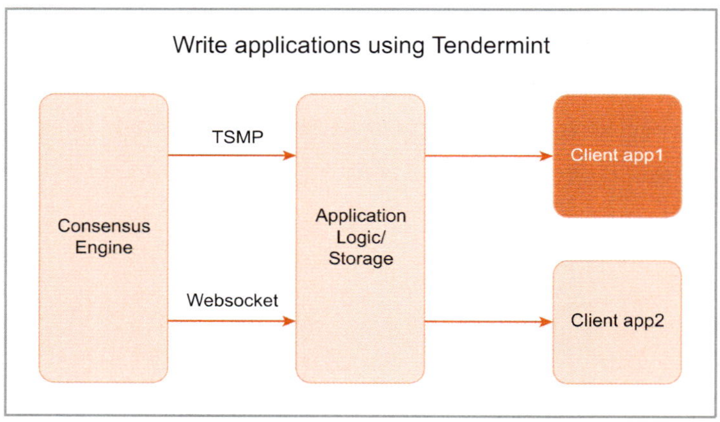

[그림 12-3] 텐더민트(Tendermint)

텐더민트의 BFT Proof of Stake는 100명의 검증자가 서로에 대해 원장을 신속하고 안전하게 확인할 수 있게 해준다. 즉, 모든 검사자는 도시를 공격 할 시기를 알고 있다. BFT Proof of Stake 알고리즘은 부분 동기식 네트워크 모델을 사용하여 비잔틴 일반 문제를 극복한다. 기본적으로 이것은 도시를 둘러싼 장군이나 블록에 투표하는 유효성 검사기가 미리 설정된 시간에 행동 할 필요가 없다는 것을 의미한다.

텐더민트는 먼저 블록을 제안 할 수 있는 유효성 검사기를 무작위로 할당하여 이를 수행한다. 블록이 제안 된 후, 유효성 검사자는 다중 라운드 결정론 프로세스에서 투표한다. 첫 번째 단계는 상당히 랜덤 방식으로 진행하고 두 번째는 미리 정해진 순서를 따른다.

텐더민트를 사용하면 유효성 검사기는 결정적 가중 라운드 로빈 형식으로 회전된다. 검사기의 지분이 많을수록 리더로 선출되는 횟수가 늘어난다. 현재 프로토콜은 100개의 유효성 검사기로 제한되지만 필요한 경우 유효성 검사기의 수를 늘릴 수 있다.

응용 프로그램 블록체인 인터페이스(Application BlockChain Interface)이다. ABCI는 모든 언어로 작성된 응용 프로그램의 비잔틴 결함 허용 자이다. C ++, Python, Solidity 또는 다른 언어로 작성된 블록체인 응용 프로그램을 프리 패브 BFT 블록체인 엔진에 복제 할 수 있다.

ABCI는 블록체인 응용 프로그램과 텐더민트 블록체인 엔진 사이의 변환기, 래퍼 및 소켓이다.

모노리스 태클이라는 것은 텐더민트 코어 위에 ABCI를 겹쳐 놓는 것은 블록체인 개발에 대한 접근 장벽을 낮추기 위한 핵심 단계이다. 대부분의 블록체인 시스템은 모놀리식(monolithic) 아키텍처를 가지고 있으며, 종종 그 위에 쓸 수 있는 언어를 제한한다. 예를 들어, Ethereum Turing-complete 바이트 코드 가상 머신은 바이트 코드와 하위 호환성이 있는 언어로 제한한다.

대조적으로, ABCI는 모든 프로그래밍 언어를 위에 쌓아 올리고 기본 텐더민트 코어 엔진과 완전히 호환 되도록 허용한다. 개발자는 그들이 선택한 블록체인의 단일 모놀리식 스택을 따를 필요가 없다. 대신 애플리케이션 물류에 중점을 두고 잇기 때문에 사실상 블록체인에 가깝지 않다.

오픈 소스 텐더민트의 제작자는 코스모스(Cosmos)라는 프로젝트를 구현했다. 블록체인의 인터넷이 되도록 설계된 코스모스는 텐더민트 기반 응용 프로그램을 함께 네트워크를 이룬다. 코스모스는 응용 프로그램이 원래 텐더민트 위에 구축되어 코스모스 생태계 내에서 작업 할 필요가 없다는 것이다. 코스모스는 텐더민트의 응용 복제기를 기존의 블록체인을 인 어플리케이션을 위한 교두보 일뿐만 아니라 블록체인 복제 기계이기도 한다.

텐더민트 코어에 하드 스푸닝(hard-spooning)하여 활용 한다. 텐더민트는 모듈화된 블록체인을 좀 더 명확히 하기 위해, 텐더민트의 설립자 Jae Kwon이 하드 스푼을 묘사하는 방법은 다음과 같다.

하드 스푼(Hard spoon)이란 기존 체인에서 상태를 고려한 새로운 체인이다. 경쟁을 하지 않고 폭넓은 접근성을 제공해야 한다. 각 프로젝트의 토큰은 텐더민트 상단에 존재하고, 코스모스 블록체인 네트워크에 연결된다. 결론 텐더민트 Core와 ABCI는 함께 프로그래밍 언어 개발자를 위한 오픈 소스 블록체인 엔진인 텐더민트를 구성한다. 텐더민트는 개발자를 낮은 수준의 암호화에서 응용 프로그램 계층으로 옮긴다.

텐더민트와 블록체인을 비교하면, 아티스트의 캔버스와 비교할 수 있다. 캔버스에 수많은 아이디어를 표현할 수 있지만, 현대 예술가는 자신 만의 아이디어를 개발하고 개발할 필요가 거의 없다. 텐더민트는 캔버스와 마찬가지로 무한한 블록체인 어플리케이션을 개발할 수 있는 기초이다.

10. 쿼럼체인

일반적인 목표는 합의 메커니즘의 플러그 가능성을 보장하는 것이지만 쿼럼(Quorum)이 지원하는 초기 합의 메커니즘은 시간 기반의 다수결 알고리즘인 쿼럼체인(QuorumChain)이라는 새로운 메커니즘으로 다음과 같은 이점을 활용한다.

(1) 합의를 관리하고 합의에 참여할 수 있는 사람을 관리하는 스마트 계약
(2) 네트워크를 통해 표를 전파하는 에테리엄 거래
(3) 메이커와 유권자 노드로 부터 받은 서명을 검증하기 위한 이더리움의 서명 검증

정족수 네트워크 내의 노드는 유권자 역할을 부여받을 수 있다. 이 역할을 통해 어떤 블록이 특정 높이의 표준 헤드가 되어야 하는지 투표 할 수 있다. 가장 많은 표를 얻은 가장 최근의 블록은 체인의 정식 대표로 간주된다. 블록은 유효한 투표자로부터 제공된 투표의 임계값을 받은 후에만 유효한 것으로 간주된다.

블록 생성은 메이커(Maker) 역할이 부여 된 노드에서만 허용된다. 이 역할을 가진 노드는 블록을 생성하고 블록의 ExtraData 필드에 서명을 설정하여 서명 할 수 있다. 블록 가져 오기에서 블록 헤더 유효성 검사의 일부로 노드는 투표 계약의 유효한 메이커 목록에서 서명자 주소를 조회하여 메이커 역할이 있는 노드 중 하나가 블록을 서명했는지 확인한다.

명령줄 인수를 통해 노드에는 역할이 없고 역할 중 하나 또는 두 역할이 모두 부여 될 수 있다.

투표 스마트 계약에 대해서 살펴보면, 쿼럼 체인은 초창기에 생성된 블록 내에서 주소 0x0000000000000000000000000000000000000020에 설정된 블록 투표(BlockVoting) 계약에서 구현 된다. 이 주소, 블록 투표 계약의 사전 컴파일 된 바이트 코드 및 관련 ABI는 쿼럼 클라이언트에 하드 코딩된다. 블록 투표 계약의 합의 규칙을 업데이트 해야 하는 경우 새 코드를 컴파일 해야 하며 새 코드를 반영하기 위해 쿼럼 클라이언트를 업데이트 해야 한다.

계약서에 사전 정의된 기능을 통해 유권자와 제조업체를 추가하거나 제거 할 수 있으며, 승자로 선정되기 전에 투표 수를 최소로 설정할 수 있다.

블록 투표 계약은 유효한 투표자로 부터 받은 투표 수와 특정 블록에 대해 수신 된 투표 수가 계약서에 정의 된 투표 임계값(voteThreshold)보다 큰지 여부를 추적한다.

블록 유효성 검사의 일부로 계약은 필요한 득표 수(체인의 표준 높이)를 충족하는 최신 블록을 결정하기 위해 호출된다. 제안된 블록이 빌드 하려고 시도해야 하는 블록이다.

메이커 노드는 블록 제작을 담당하며 이더리움 주소는 블록 투표 계약에 등록된다. 계약서에는 적어도 하나의 제조사 노드가 구성되어야 한다. 메이커 노드들의 초기 세트는 genesis.json 파일을 통해 기성 블록에서 사전 구성되지만 일단 네트워크가 설정되면 메이커 노드들은 적절한 함수 호출이 있는 트랜잭션을 블록 투표 계약에 보내어 다른 메이커 노드를 추가 및 제거 할 수 있다.

메이커 노드는 유권자 노드로 설정할 수도 있다. 유권자 노드는 블록 투표 계약에도 등록되어 있으며 블록의 유효성에 대한 투표를 담당한다. 투표 역할은 노드가 특정 높이에서 표준 해쉬가 되어야 하는 블록을 투표하게 한다. 가장 많은 표를 얻은 블록이 승리하고 체인의 공식적인 정보로 인정된다.

메이커들과 마찬가지로, 투표 노드의 초기 세트는 genesis.json 파일을 통해 기성 블록에서 사전 구성 되지만 일단 네트워크가 설정되면 투표자 노드는 적절한 함수 호출이 있는 거래을 보내서 다른 투표 노드를 추가 및 제거 할 수 있다. 블록 투표 계약. 유권자 노드는 블록이 체인에 수락되기 전에 충족되어야 하는 투표 임계값을 설정할 수도 있다.

현재 구현에서 네트워크상의 유권자 노드 수가 변경 될 때 투표 임계값을 동적으로 업데이트하지 않으며, 또한 주어진 기간 동안 유권자가 얻은 득표수를 구체적으로 추적하거나 제한하지 않는다.

옵저버(Observer) 노드의 경우는 메이커나 투표자가 아닌 경우 옵저버로 간주되며 블록 작성이나 투표에 참여하지 않고 단순히 블록을 수신하고 유효성을 검사한다.

블록 생성 같은 경우 쿼럼 네트워크의 여러 노드를 메이커 노드로 구성 할 수 있지만 동시에 2개 이상의 메이커가 동시에 블록을 만들 가능성을 줄이기 위해 각 메이커는 임의의 지속 시간(제한 시간)을 생성하기 때문에 이전에 대기해야 한다.

메이커가 다른 메이커가 되기 전에 타임 아웃에 도달하면 블록이 생성되고, 그 다음에 새로운 임의의 시간 초과가 생성되고 다른 블록을 생성하기 전에 경과 하기를 기다린다. 메이커가 블록 생성 프로세스를 시작하면 다른 메이커 노드는 현재 타임아웃을 재설정하고 새로운 임의의 타임아웃을 생성하며 블록 생성을 시도하기 전에 만료 될 때까지 기다린다.

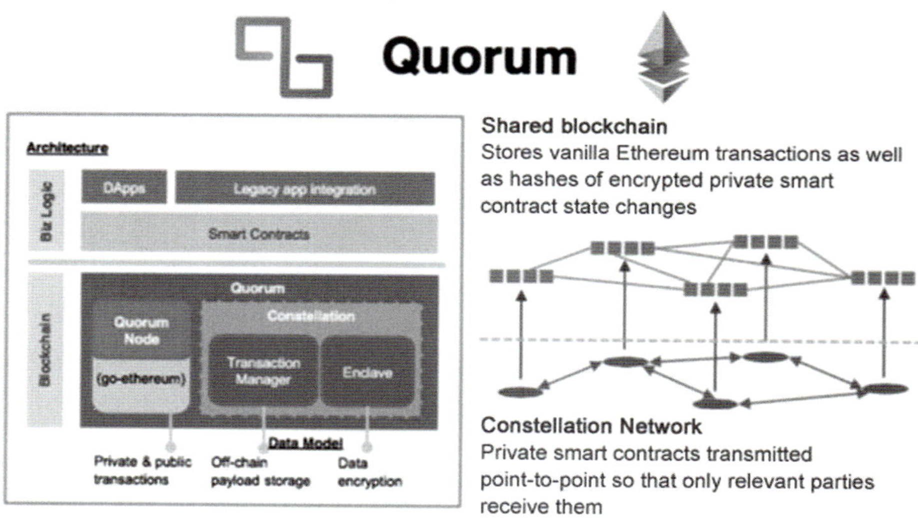

출처 : jpmorgan.com/quorum

[그림 12-4] 쿼럼체인의 구조

타임아웃 지속 시간은 BlockMakerStrategy에 정의되고 CLI 시작 플래그 --minblocktime 및 --maxblocktime을 통해 설정할 수 있는 최소 및 최대 시간(초) 내에 임의로 떨어진다. 이들이 시작 시 명시적으로 설정되지 않으면 기본 값이 사용된다. 블록이 체인 헤드로 성공적으로 가져온 후 새로 보류 중인 블록이 해당 블록 위에 준비 된다. 모든 처리 가능한 트랜잭션이 선택되어 새 블록의 보류 상태에 적용된다. 노드가 메이커 역할로 구성되고 블록을 만들도록 명령을 받으면 먼저 부모 블록 해쉬가 유효한 정식 해쉬(필요한 투표 수를 가진 최신 블록)인지 확인한다. 이 블록이 현재 로컬 헤드와 다른 경우 블록 작성이 실패한다. 블록이 올바른 블록 위에 구축 된 경우 새로운 블록이 블록체인에 삽입되어 다른 노드로 브로드 캐스트 된다.

현재 구현 단계는 제한된 온라인 유권자 노드로 인해 체인 중단을 피하기 위해 메이커 노드는 투표 임계값을 충족시키고 체인이 진행되도록 허용하기 위해 부모 블록에 대해 투표자(투표자로 구성된 경우)를 전송한다. 이것은 자연적으로 통제 합의를 지니며 유권자 노드가 네트워크에 대한 의무를 이행하도록 보장함으로써 관리 되어야 한다.

차단 투표 블록은 위에서 설명한 블록 작성 기간과 연결된 기간 내에서 발생한다. 블록을 성공적으로 검증한 후, 투표자는 블록 투표 계약을 호출하여 해당 블록에 대해 투표를 한다. 블록 작성은 위의 블록 작성 섹션에 설명된 BlockMakerStrategy에 의해 관리되지만, 두 개의 메이커 노드가 동시에 시간 초과 및 둘 다 블록을 만든다. 유권자는 두 블록 모두에 투표 할 것이지만 투표 기간이 끝나면 가장 많은 득표를 한 것이 체인의 정식 대표가 되도록 선정 된다. 기 합의 프로세스 흐름은 기간 내에 주어진 블록에 대한 투표는 표준 트랜잭션을 통해 이루어지기 때문에 다음 블록을 만들 때만 처리 할 수 있다.

(1) 타임아웃에 도달 한 메이커 노드는 먼저 블록을 생성하고 서명한다. 블록에는 이전 기간에 캐스팅 된 상위 블록에 대한 투표가 포함된다.
(2) 블록은 표준 이더리움 P2P 프로토콜을 사용하여 네트워크에 게시된다. 모든 노드는 역할에 관계없이 블록을 수신한다.
(3) 유권자 노드가 블록의 유효성을 검사한다. 여기에는 다음이 포함된다.
(4) 블록 투표 계약을 호출하여 메이커 노드가 블록을 만들 수 있는지 확인해야 된다.
(5) 블록 투표 계약을 호출하여 블록의 부모 블록이 충분한 득표 수를 받았는지 확인해야 된다.
(6) 트랜잭션 처리 및 프라이버시 페이지에서 정의 된대로 블록에서 모든 처리 가능한

트랜잭션, 즉 노드가 참여하는 공개 트랜잭션 및 개인 트랜잭션 (즉, 트랜잭션 관리자에서 트랜잭션 페이로드를 검색 한 후)을 실행 한다.

(7) 공용 상태 루트 해쉬를 블록 내의 상태 루트와 비교하여 공용 상태를 확인 한다.
(8) 블록(공개 및 비공개의 모든 트랜잭션을 해싱하고 해당 해쉬를 블록의 트랜잭션 해쉬와 비교한다.
(9) 노드가 블록의 트랜잭션 목록에 동의 하도록 한다.
(10) 유권자 노드가 성공적으로 검증되면 모든 노드에 배포되는 표준 이더리움 트랜잭션을 사용하여 블록 투표 계약에 투표권을 보낸다.

메이커 노드는 타임아웃에 도달하여 이전 블록에 대한 최소 투표 수가 수신되었는지 확인한 다음 블록 생성 → 유효성 검사 → 투표 프로세스가 반복된다.

개인 거래에 관한 합의에 관한 주석을 살펴보면, 사설 국가에 대한 합의는 증명 가능한 동기화된 계약 입력(전역 트랜잭션 해쉬 유효성 확인), 확정적으로 결정적인 EVM(공개 상태 유효성 검사) 및 증명 가능한 체인 동기화(새로운 블록만이 표준 체인에만 추가됨), 개인 상태 일치는 새로운 rpc 명령 인 eth_storageRoot를 통해 추가로 확인 할 수 있다. 이 명령은 주어진 블록 번호에서 계약 계정의 개인 상태 루트 해쉬를 반환한다. 그런 다음 상대방의 storageRoot 결과에 대해 체인 외부 또는 응용 프로그램 계층에서 유효성을 검사할 수 있다.

쿼럼 블록 구조는 다음과 같다.

(1) 블록(개인 및 공개)의 모든 트랜잭션의 해쉬인 전역 트랜잭션 해쉬
(2) 공공 국가 루트 해쉬(표준 이더리움의 전역 상태 루트 해쉬와 반대)
(3) ExtraData 필드의 블록 메이커 서명

연습문제

01 다음 글 상자에서 설명하는, 디지털 환경에서 일어날 수 있는 문제로 알맞은 것을 고르시오.

> 보유한 재산이 100원인 A가 100원을 B에게 송금 한다는 거래를 주변 노드에게 보내면서 동시에 C에게 100원을 송금한다는 거래(트랜잭션)를 동시에 보낼 경우, 블록체인 시스템에서 어느 것이 유효한 거래인지 합의를 하지 못하면 문제가 발생

① 비정상 거래 탐지 불가 문제
② 비잔틴 장군 문제
③ 이중 처리 문제
④ 합의 가로채기 문제

02 비잔틴 장군 문제(Byzantine General Problem)에 대한 설명으로 틀린 것을 고르시오.

① 레슬리 램포트(L. LAMPORT)가 논문을 통해 처음으로 제안하였다.
② 악의적인 노드가 분산 시스템에 참여했을 경우의 상황을 모델링한 문제이다.
③ 시스템의 악의적인 노드가 잘못되었거나 잘못된 정보를 보내고 있음에도 불구하고 분산된 컴퓨터 네트워크가 충분한 합의에 도달할 수 있다
④ 비잔틴 장군 문제를 해결하게 되면 네트워크는 신뢰도 있는 서비스를 제공할 수 있다.

03 작업증명과 지분증명의 설명에 대해서 틀린 것을 고르시오.

① 작업 증명은 채굴자가 연산 능력에 따라 채굴 권리를 부여한다.
② 작업 증명의 보상은 채굴자에 점점 줄어들게 계획되어있다.
③ 지분 증명은 채굴자의 화폐 보유량에 따라 채굴 권리를 부여한다.
④ 지분증명은 채굴을 하면 할수록 비용이 점점 많이 들게 설계되어있다.

04 실용적인 비잔틴 결함 허용 합의 라운드 4단계에 대한 설명으로 맞는 것을 고르시오.

① 1단계 : 클라이언트는 서버 조작을 호출하기 위해 리더 노드에 요청 전송
② 2단계 : 선두 노드는 요청을 백업 노드로 브로드 캐스팅
③ 3단계 : 노드는 요청을 백업 노드로 브로드 캐스트
④ 4단계 : 클라이언트는 다른 노드의 f+1 응답을 동일한 결과로 기다림

05 다음 글 상자와 같은 이점을 갖고 있는 개념에 대한 설명으로 틀린 것을 고르시오.

> (1) 합의를 관리하고 합의에 참여할 수 있는 사람을 관리하는 스마트 계약
> (2) 네트워크를 통해 표를 전파하는 에테리엄 거래
> (3) 메이커와 유권자 노드로부터 받은 서명을 검증하기 위한 Ethereum의 서명 검증

① 타임 아웃에 도달 한 메이커 노드는 먼저 블록을 생성하고 서명한다.
② 공용 상태 루트 해쉬를 블록 내의 상태 루트와 비교하여 공용 상태를 확인한다.
③ 옵저버 노드가 블록의 유효성을 검사한다.
④ 노드가 블록의 트랜잭션 목록에 동의 하도록 한다.

정답	1. ③	2. ③	3. ④	4. ①	5. ③

CHAPTER 13

블록체인 플랫폼

1. 블록체인 기반 플랫폼 분류

개요

블록체인의 1.0세대는 비트코인 이라고 불리우며 블록체인 2.0 세대는 비트코인이 가지는 한계점을 해결하기 위해 등장한 여러 시스템들로 대표적인 것은 이더리움, 리플, 라이트코인, 비트쉐어 등이 있다. 블록체인 3.0은 알트코인을 들 수 있으며 현재 지속적으로 연구되고 있는 영역으로 개념 정립이 되어 있지 않다.

[표 13-1] 블록체인 기반 코인의 세대별 분류

구분	코인	설명
1.0	비트코인	블록체인 기술을 적용한 최초의 암호화폐
2.0	이더리움, 리플, 라이트코인, 비트쉐어	비트코인의 취약점을 보완한 형태로 나타난 2세대 블록체인 기술
3.0	알트코인	블록체인 2.0 발전 형태로서 블록체인 2.0 기반으로 만들어진 모든 코인들로 보고 있으며 지속적인 연구가 이루어지고 있음

블록체인 기술을 2009년 비트코인에서 처음 사용한 이후 현재까지 이더리움, 리플, 하이퍼레저 등 다양한 형태의 블록체인 플랫폼이 개발되어 시장에서 활용되고 있다.

블록체인을 구성하는 참여자의 멤버쉽을 기준으로 분류하면, 참여에 제한이 없는 비승인형(Permissionless) 블록체인과 허가된 사용자만이 참여하는 승인형(Permissioned) 블록체인으로 구분 된다. 비승인형(Permissionless) 블록체인은 누구나 참여 가능한 일반 사용자용 블록체인으로 활용되며, 승인형(Permissioned) 블록체인은 보안을 중요시하는 기업용

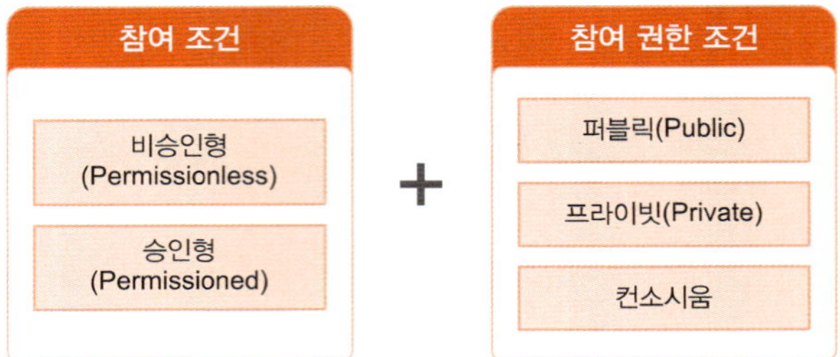

[그림 13-1] 블록체인을 참여 조건과 참여 권한으로 분류

블록체인으로 활용된다.

다음은 블록체인 참여조건으로 현재 개발되고 있는 종류들이다.

[표 13-2] 블록체인 참여 조건 기준으로 활용되는 사례들

구분	승인형(Permissioned)블록체인	비승인형(Permissionless)블록체인
개념	허가된 사용자들만이 참여 가능	누구나 참여 가능
종류	Tillit, Ripple Lab, Tembusu, Clearmetrics, Eris, Tezos, CrytoCorp, Typerledger	Bitcoin, Ethereum, Augur, Tendermint, Namecoin, Litecoin, Darkcoin(Dash), NXT

참여 권한 측면인 운영방식으로 보면, 퍼블릭, 컨소시엄, 프라이빗 형태로 운영되고 있다. 블록체인에 새로운 블록을 추가할 수 있는 주체에 따라 분류할 수 있으며, 퍼블릭 블록체

[표 13-3] 블록 생성 주체를 기준으로 블록체인 플랫폼 분류

구분	퍼블릭 블록체인	컨소시엄 블록체인	프라이빗 블록체인
블록생성 권한	누구나	멤버	소유주(Owner)
블록읽기 권한	누구나	규칙을 따름	규칙을 따름
규칙변경	매우어려움(다수동의)	중간(멤버 동의)	쉬움
주요특징	상대적으로 느린 거래 속도	상대적으로 빠른 거래 속도, 확장성	
적합업무 영역	암호 화폐, 공증	금융사간 거래 공급망 추적	감사
타임 라인	현재	2017–2018	2016
사례	Bitcoin 외 다수	R3CEV 뱅크 프로젝트	NASDAQ Eris Industries

출처: 블록체인 기술의 동향과 금융권의 대응, 금융보안원, 2016

인과 프라이빗 블록체인으로 구분된다. 퍼블릭 블록체인은 참여자 누구나 열람 및 블록 생성이 가능한 공개된 형태이다. 프라이빗 블록체인은 미리 선정된 노드들에 의해 블록 생성이 제어되는 반중앙형 블록체인이다.

블록체인 운영 방식

블록체인은 운영 방식에 따라 크게 3가지인 퍼블릭, 컨소시엄, 프라이빗으로 분류 된다.

[표 13-4] 운영 방식에 따른 블록체인 특성 비교

구분	퍼블릭 블록체인 (Public blockchain)	컨소시엄 블록체인 (Consortium blockchain)	Private 블록체인 (private blockchain)
개념	• 최초의 블록체인 활용 사례 • 인터넷을 통해 모두에게 공개 및 운용 가능한 장부 • 컴퓨팅 파워의 네트워크 제공을 통해 누구든 공증 작업에 참여 가능 • 네트워크 확장이 어렵고 거래 속도가 느림	• 반중앙형 블록체인 • 컨소시엄에 포함된 소수의 주체들만 참여 가능 • 주체들간 합의된 규칙을 통해 공증에 참여 • 네트워크 확장이 용이하고 거래 속도가 빠름	• 개인형 블록체인 • 하나의 주체가 내부 전산망을 블록체인으로 구현 • 블록체인 플랫폼 서비스 등장
관리자	• 모든 거래자 참여	• 컨소시엄 소속된 참여자	• 한 중앙기관이 모든 권한 보유
거버넌스	• 한번 정해진 법칙을 바꾸기 매우 어려움	• 컨소시엄 참여자들의 합의에 따라 법칙을 바꿀 수 있음	• 중앙기관의 의사결정에 따라 용이하게 법칙을 바꿀 수 있음
거래속도	• 네트워크 확장이 어렵고 거래 속도가 느림	• 네트워크 확장이 쉽고 거래 속도가 빠름	• 네트워크 확장이 매우 쉽고 거래 속도가 빠름
데이터 접근	• 누구나 접근 가능	• 허가받은 사용자만 접근 가능	• 허가받은 사용자만 접근 가능
식별성	• 익명성	• 식별가능	• 식별가능
거래 증명	• PoW, PoS 등 알고리즘에 따라 거래 증명자가 결정됨 • 거래 증명자가 누구인지 사전에 알 수 없음	• 거래 증명자가 인증을 거쳐 알려진 상태 • 사전에 합의된 규칙에 따라 거래 검증 및 블록 생성이 이루어짐	• 중앙기관에 의하여 거래 증명이 이루어짐
활용 사례	비트코인, Ripple, Ethereum, DAS	R3CEVC, HSBC, Citi, Barclays	나스닥 비상장 주식거래소 (NASDAQ) 플랫폼인 링크 (Linq), Overstock 등

퍼블릭 블록체인의 경우 모든 참여자가 거래 내역을 검증하면 무결성에 도움이 되지만, 프라이버시 문제가 발생할 수 있다. 내부 정보나 영업기밀 등 자본시장에서 반드시 숨겨야만 하는 정보들을 보유하고 있어 프라이빗 블록체인은 높은 프라이버시를 보장하면서도 실제 운용상의 현실적 필요를 채울 수 있는 방법 중의 하나이다.

[표 13-5] 퍼블릭 블록체인과 프라이빗 블록체인의 차이점

구분	퍼블릭 블록체인	프라이빗 블록체인
Access(접속)	Open read/write access to database	Permissioned read and/or write access to database
Speed(속도)	Slower	Faster
Security(보안)	Proof-of-Work/ Proof-of-Stake	Pre-approved participants
Identity(인증)	Anonymous/Pseudonymous	Known identities
Asset(자산)	Native assets	Any asset

컨소시엄 블록체인(Consortium blockchain)은 단일 회사와의 권한 통합 없이 효율성 및 트랜잭션 개인정보 보호와 같은 사설 블록체인과 관련된 많은 혜택을 제공한다. 협의회 구성원은 일반적으로 알려진 개체이며 누가 블록체인 원장에 대한 액세스 권한을 가지고 있는지 결정할 수 있다. 컨소시엄 블록체인 플랫폼은 개인 블록체인과 동일한 장점을 많이 가지고 있지만 독립적으로 움직이는 대신 그룹의 리더십하에 운영된다.

[표 13-6] 퍼블릭 블록체인과 컨소시엄 블록체인 비교

구분	퍼블릭 블록체인 (Public blockchain)	컨소시엄 블록체인 (Consortium blockchain)
주요특징	거래 증명자가 익명이기 때문에 무법적 요소가 강하며. 51% 공격이나 이중송금(double spending)의 위험성이 존재	거래 증명자가 인증을 거쳐 알려진 상태(known)이기 때문에 51% 공격이나 이중송금(double spending)과 같은 문제가 없음
변경환경	한번 정해진 법칙을 바꾸기 굉장히 어려움	블록체인 소유자에게 알맞게 법칙을 바꿀 수 있음
소요 비용	네트워크 유지(채굴)하는데 드는 비용이 큼	네트워크 유지비용이 거의 없음
네트워크 환경	네트워크 확장이 어렵고 거래 속도가 느림	네트워크 확장이 쉽고 거래 속도가 빠름

주요 블록체인 기반 암호화폐 플랫폼 비교 결과는 다음과 같다. 비트코인의 경우 블록의 생성 주기가 10분으로 길고, 초당 처리할 수 있는 거래량을 나타내는 TPS가 7정도에 머물고 있다. 이더리움, 라이트코인, 도지코인 등 퍼블릭 블록체인은 전반적으로 블록 생성 주기가 긴 편이며, TPS도 수십 개 정도의 수준에 머물러 있다. 리플, 스텔라 등 PBFT와 유사한 분산합의 알고리즘을 사용하는 블록체인은 블록 생성 주기도 짧고 TPS도 100~1,000 수준을 제공한다.

[표 13-7] 주요 블록체인 기반 플랫폼 비교

구분	비트코인	이더리움	리플	라이트코인	도지코인	대시	피어코인	스텔라
합의방식	작업증명	작업증명	분산합의	작업증명	작업증명	작업증명	작업증명/지분증명	분산합의
블록생성주기	10분	12초	5초	2.5분	1분	2.5분	10분	2–4초
확정시간	6블록 (60분)	6블록	1블록	6블록 (15분)	6블록 (6분)	6블록 (15분)	6블록 (60분)	1블록
처리용량(TPS)	7	25	1,000	28	33	30	7	300
거래비용	0.0001 BTC (52.5원)	0.00042 ETH (2.7원)	0.00001 XRP (0.0원)	0.001 LTC (4.2원)	1DOGE (0.3원)	0.25–0.5%	0.01 PPC (5.8원)	0.00001 XLM (0.0원)

출처: 블록체인 기술의 동향과 금융권의 대응, 금융보안원, 2016

다음은 블록체인의 대표적인 플랫폼인 비트코인, 이더리움, 하이퍼 레저 패브릭의 기술 비교에 대해 살펴보았다.

[표 13-8] 대표적인 블록체인 기반 기술 비교

구분	비트코인	이더리움	하이퍼레저 패브릭
블록체인 분류	공용, 컨소시엄, 개인	공용, 컨소시엄, 개인	컨소시엄, 개인
합의 알고리즘	Proof of Work(PoW)	Proof of Work(PoW) 이후 Proof of Stake(PoS)로 변경 예정	Practical Byzantine Fault Tolerance(PBFT)
결제 완료성	없음. 각 노드가 각각의 블록을 만들기 때문에 블록체인이 분기되는 경우 확정된 트랜잭션이 반복될 수 있음	없음. 각 노드가 각각의 블록을 만들기 때문에 블록체인이 분기되는 경우 확정된 트랜잭션이 반복될 수 있음	있음. 갱신시 합의를 확정하기 때문에 결제 완료성 있음

[표 13-8] 대표적인 블록체인 기반 기술 비교(계속)

구분	비트코인	이더리움	하이퍼레저 패브릭
성능	블록 생성 간격은 10분 단위지만, '확정됐다'고 판단하기 위해서는 어느 정도 블록을 이어나가야 하기 때문에 1시간 정도 소요	블록 생성 간격은 12초 단위지만, '확정됐다'고 판단하기 위해서는 어느 정도 블록을 이어나가야 하기 때문에 몇 분 정도 소요	갱신시 합의를 확정하기 때문에 성능이 좋으며, CPU 자원도 효율적으로 사용함. 15 노드로 10만 TPS를 목표로 함
계정 관리	참가자(계정)는 각 노드에서 관리되고 공유되지 않음. 따라서 참가자 유입을 제한하는 기능은 존재하지 않음	참가자(계정)는 각 노드에서 관리되고 공유되지 않음. 따라서 참가자 유입을 제한하는 기능은 존재하지 않음	멤버십 서비스가 사용자와 노드를 등록. PKI 기반 증명서를 발행
최소 구성 대수	1대부터 작동. 장애 복구를 위해서는 최소 2대 필요	1대부터 작동, 장애 복구를 위해서는 최소 2대 필요	PBTF에서 1대의 장애 복구를 위해서는 최소 4대 필요
데이터 모델	블록체인에 포함되어 전파됨. 정보는 UTXO(Unspent Transaction Output) 방식으로 유지되므로 집계하기 위해서는 모든 블록을 참조해야 함	계약 자체도 블록체인에 포함되어 전파됨. 정보는 UTXO (Unspent Transaction Output) 방식으로 유지되므로 집계하기 위해서는 모든 블록을 참조해야 함	블록체인과 월드 스테이트로 구성됨. 월드 스테이트는 키 밸류 스토어이며, 트랜잭션 완료시 상태를 보존할 수 있음
정보 은닉화	트랜잭션의 내용은 공개정보가 됨	트랜잭션의 내용은 공개정보가 됨	트랜잭션은 암호로 은닉할 수 있음. 각 트랜잭션은 트랜잭션 증명서로 서명되므로 요청자를 추적할 수 없음
스마트 계약 개발	비트코인 트랜잭션은 스크립트 언어로 실행됨. 매우 간단한 언어로 루프 처리나 분기 구문에 제한이 있음(튜링 불완전성). 따라서 확장성이 부족함. 하지만 안전성과 유효성, 용이성의 관점에서 의도적으로 제한하고 있는 부분도 있음	계약이라고 불리는 프로그램을 개발함. 개발언어는 Solidity라는 전용 언어를 주로 사용. 소스 코드는 Ethereum Virtual Machine (EVM)이라는 가상 머신에서 동작하기 때문에 플랫폼에 의존하지 않음. Gas라는 일종의 연료 개념이 있어 일정 처리 비용 안에서 동작시켜야 함	체인 코드라는 프로그램을 개발함. 개발 언어는 Go와 자바, 향후 자바스크립트가 추가될 예정. 스스로부터 네이티브 코드를 생성해 직접 실행함. 도커 컨테이너 안에서 실행됨

출처 : 아카하네 요시하루, 아이케이 마나부 - 블록체인 구조와 이론(위키북스)

2. 퍼블릭 블록체인 플랫폼

비트코인

1) 개념

비트코인은 현재 가장 주목받고 있는 양방향 암호화폐로서 2009년에 도입되어 빠르게 시장에서 주목을 받고 있는 암호화폐 중의 하나이다. 또한 비트코인은 중앙 집중식의 기존 화폐 관리 방식에서 분산형태 방식으로 관리하는 대표적인 블록체인 기반 시스템이다.

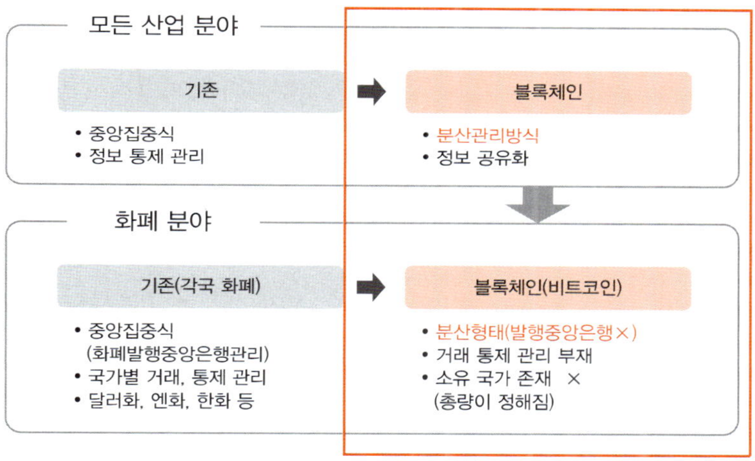

[그림 13-2] 모든 산업 분야와 화폐 분야에서의 블록체인 방식

일반통화는 각국의 중앙은행에서 발행하는 형태로 진행되고 있으나 비트코인의 통화 생성 원리와 발행 방법은 중앙집중식이 아닌 분산관리 방식에 의해 이루어지고 있다.

비트코인 시스템은 기본적으로 특정 서버 혹은 네트워크에 의존하지 않는 P2P(Point-to-point) 네트워크에서 분산 데이터베이스 구조로 이루어져 있다.

비트코인은 2009년 일본의 소프트웨어 엔지니어이자 수학자인 나카모토 사토시(Nakamoto Satoshi)가 개발한 것으로 알려져 있다.[13] 2009년에 'Bitcoin: A peer-to-peer electronic cash system'이라는 보고서를 통하여 금융기관 개입 없이 개인 간에 직접 자금을 주고받을 수 있는 암호화폐 개념을 제시하였으며, 암호 통화(Cryptocurrency)인 b-money[14]

13) 나카모토 사토시는 실명이 아닌 가명으로 정확한 개발자는 알려져 있지 않다.

[표 13-9] 비트코인 기본정보

구분	내용
화폐단위	• BTC, 소수점 이하 8단위 까지 분할 사용 가능 • 0.00000001 BTC = 1사토시(가장 작은 단위)
비트코인 총량	• 2,100만 BTC(2040년 도달) • 4년 마다 반감기
비트코인 채굴	• SHA-256 기반 • 블록 생성 간격 : 10분
합의 알고리즘	• PoW(Proof of Work) 채택

의 개념에 기반하고 있다.

2010년 미국의 'laszlo'라는 닉네임을 가진 사람이 비트코인 포럼 게시판에서 1만 BTC로 피자 2판을 사겠다는 제안으로 첫 거래가 성립했다. 2010년에 마운트곡스(Mt.Gox)라는 거래소가 등장했으며, 현재는 실제 화폐와 자유롭게 환전이 가능하고 수천 개의 인터넷 쇼핑몰에서 거래 수단으로 인정하고 있다. 심지어 투자수단 및 안전자산으로도 이용되고 있다. 비트코인의 성공에 힘입어, 네임코인(Namecoin), 라이트코인(Litecoin), 피피코인(PPCoin) 등도 등장했다.

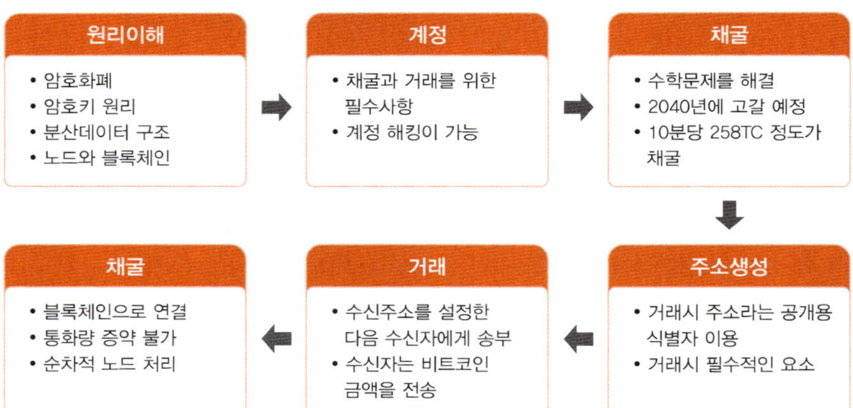

[그림 13-3] 비트코인의 생성 원리 및 거래과정

14) 1998년 암호학자인 웨이다이(Weidai)가 구상한 원리이다.

국내의 경우 비트코인 거래소인 코빗이 개장했으며, 비트코인을 결제수단으로 채택하는 상점도 등장했다. 비트코인의 자동화기기(ATM)가 캐나다에 등장했으며, 미국 FBI는 마약 밀거래사이트인 '실크로드'를 단속해 범죄수익을 압수했는데, 가장 많이 사용된 화폐는 유로·달러가 아닌 비트코인이었다.

2) 주요 특징

비트코인의 특징을 정리하면, P2P 방식(탈중앙 통제, decentralization), 익명성(anonymity), 암호화 방식, 불가역성(irreversibility), 공개성과 통화 공급량 조절이다.

첫째, 비트코인은 제3자나 금융조직의 개입이 전혀 없는 P2P 방식의 분산처리 방식을 취하고 있다. 현실 화폐(명목화폐)나 기존의 암호화폐는 금융조직이나 발행기관의 개입에 의해 이중사용 방지라든지, 조작, 가치조절 등의 조치가 취해지지만, 비트코인은 이러한 개입이나 조작이 존재하지 않고, 개인과 개인이 직접 거래하는 시스템을 취하고 있기에 비트코인의 가치도 순전히 거래자의 의사에 의해 결정된다.

비트코인은 글로벌 화폐로서 경계마다 다른 화폐를 사용하는 현행 체제에는 상반된다. 그리고 비트코인 블록은 내 PC에 보관하는 것이 아니기 때문에 전 세계 어디에서든지 컴퓨터에 연결해 인터넷 공간에 저장된 정보인 비트코인을 거래할 수 있으며, 제3자나 금융조직의 개입이 없다.

글로벌 화폐이고 각국 정부나 중앙기관의 통제를 받지 않고 거래가 이루어진다는 점에서 인터넷 기업은 환영하고 있지만, 각국 정부는 우려를 표하고 있다. 특히 각종 거래에 대해 세금을 매길 수 없다는 점은 각국 정부의 개입의 정당성을 키워주는 역할을 하고 있다.

둘째, 비트코인은 거래자의 개인정보를 제시하지 않고 단지 거래자가 생성한 주소(address)를 통해 주고받기 때문에 익명성이 보장된다. 비트코인은 개념적으로 주소 대 주소로 거래가 일어나는 것이지 개인 대 개인으로 거래가 발생하는 것은 아니다. 다만 주소의 생성자를 파악하면 거래자를 찾을 수 있기에 완전한 익명성이 보장되는 것은 아니다(pseudo anonymity). 이러한 익명성은 마약, 도박, 포르노, 성범죄, 무기매매 등의 범죄수단이나 비자금 용도나 돈세탁 목적으로 악용되는 경우도 있다. 예컨대 마약범죄에 비트코인이 사용된다면 추적이 어렵기 때문에 많이 사용되고 있으며, 한 개인의 컴퓨터에 보관되어 있는 파일을 암호로 잠그고 비트코인을 결제하면 다시 풀어주는 랜섬웨어의 경우에도 해커는 그 추적이 불가능한 비트코인을 결제수단으로 요구하고 있다.

셋째, 비트코인은 암호화 방식을 취하고 있다. 비트코인은 공개된 암호화된 정보를 소지한다고 해서 소유자가 되는 것은 아니고, 이 정보에 매칭이 되는 비공개키(private key)를 가진 사람이 비트코인을 소유하게 된다. 즉 비트코인은 비공개키에 의해 소유권이 결정된다.

넷째, 비트코인은 한번 이체를 실행하게 되면 다시 그 거래를 취소할 수 없다. 수령자가 다시 이체를 해주지 않으면 이체 자체를 취소할 수 있는 방법이 존재하지 않는다. 이러한 이유는 비트코인 거래는 해쉬 함수값의 처리를 통해 이루어지는데, 해쉬 함수는 일방향 암호화 방식으로서 암호 값을 다시 풀어낼 수 없기 때문이다.

다섯째, 비트코인은 채굴과정 부터 거래내역까지 모든 정보가 노드나 블록체인을 통해 모두에게 공개된다. 그러나 익명적인 정보가 공개됨으로 누구의 거래인지는 원칙적으로 파악하기 어렵다. 비트코인의 공개성은 중복사용을 막는 역할도 하고 있다. 비트코인은 거

[표 13-10] 비트코인 주요 특징

구분	내용
P2P 방식(탈중앙 통제, decentralization),	• 비트코인 블록은 내 PC에 보관하는 것이 아니기 때문에 전 세계 어디에서든지 컴퓨터에 연결해 인터넷 공간에 저장된 정보인 비트코인을 거래할 수 있으며, 제3자나 금융조직의 개입이 없음 • 각종 거래에 대해 세금을 매길 수 없다는 점은 각국 정부의 개입의 정당성을 키워주는 역할을 하고 있음
익명성	• 주소의 생성자를 파악하면 거래자를 찾을 수 있기 때문에 완전한 익명성이 보장되는 것은 아님
암호화 방식	• 비트코인은 비공개키에 의해 소유권이 결정
불가역성 (irreversibility)	• 수령자가 다시 이체를 해주지 않으면 이체 자체를 취소할 수 있는 방법이 존재하지 않음
공개성	• 비트코인의 공개성은 중복사용을 막는 역할도 하고 있음 • 비트코인은 거래내역이 공개돼 있을 뿐 아니라 오픈소스의 형태로서 누구에게나 공개되어 있기 때문에 누구나 개발에 참여할 수 있음
통화공급량 조절	• 비트코인은 제한된 양을 채굴할 수 있으며, 따라서 수요가 많아질수록 비트코인의 시가는 상승할 수밖에 없음 • 공급 제한성을 고려해 비트코인이 장차 현실화폐 가치의 하락과 인플레이션에 대한 통제수단으로 사용될 수 있다고 생각하는 사람들도 있음

래내역이 공개되어 있을 뿐 아니라 오픈소스의 형태로서 누구에게나 공개되어 있기 때문에 누구나 개발에 참여할 수 있다.

여섯째, 비트코인은 무제한으로 공급되지 않는다. 비트코인은 제한된 양을 채굴할 수 있으며, 따라서 수요가 많아질수록 비트코인의 시가는 상승할 수밖에 없다. 이러한 공급제한성을 고려해 비트코인이 장차 현실화폐 가치의 하락과 인플레이션에 대한 통제수단으로 사용될 수 있다고 생각하는 사람들도 있다.

3) 비트코인 원리 이해

비트코인 원리를 살펴보면, 비트코인은 암호화폐로서 암호키를 기반으로한 노드와 블록체인으로 구성되어 있으며 중앙집중식이 아닌 분산 데이터 구조를 가지고 있다.

비트코인의 모든 블록정보와 거래내역은 모든 사람들에게 공개되고, 이 때 필요한 것이 정보를 모으는 것과 통합하는 것인데, 전자를 노드라 할 수 있고, 후자를 블록체인이라 할 수 있다.

노드란 비트코인 블록정보와 거래내역을 모으는 비트코인 네트워크의 각 수집 사이트이다. 원하는 사람은 지원하여 자신의 웹 사이트를 노드로 운영 할 수 있다. 채굴이 되거나 특정 비트코인 거래가 발생하면 블록 정보나 거래내역이 모든 노드에 전달 되며, 전달 받은 노드들은 경쟁적으로 블록정보나 거래내역을 업데이트 한다.

각 블록들은 하나의 체인으로 길게 연결되어 있는데, 이를 블록체인이라 한다. 블록체인에는 공인된 블록정보와 거래정보가 포함되어 있으며, blockchain.info 사이트에서 그 내용을 누구나 확인할 수 있다. 블록체인 또는 blockchain.info 사이트는 각 노드들에서 수집한 블록정보나 거래정보를 근거로 그 중에서 공인된 정보를 업데이트하고 있다.

비트코인은 익명성을 가지지만 공개성도 같이 가지고 있기 때문에 이용자나 노드가 네트워크에서 중간에 이탈하더라도 문제되지 않는다. 재접속 하였을 때 가장 높은 번호가 있는 블록체인(longest blockchain)을 근거로 다시 업데이트 작업을 하기 때문이다.

비트코인 블록이란 암호를 순차로 연결된 비트코인 전체 중에서의 하나의 단편을 말하지만 단순한 단편이라기보다는 거래내역 등의 정보가 포함되어 있는 일종의 거래 장부라 할 수 있다.

비트코인 시스템을 구성하고 있는 컴퓨터는 해쉬(hash)라 불리는 특정한 조건을 만족시키는 패턴을 찾아내기 위해 경쟁하며 이를 가장 먼저 찾아낸 컴퓨터(노드라고 불리움)에게 비트코인이 생성된다.

새롭게 생성된 비트코인은 다른 노드의 인증과정을 거쳐 이용이 가능하게 되고, 이 패턴을 찾아낼 수 있는 가능성은 컴퓨터의 연산능력에 비례하며, 비트코인을 획득한 컴퓨터는 그 대가로 생성한 비트코인에 대한 모든 거래기록을 관리하고 있다. 따라서 비트코인은 발행기관이 없으며 중앙통제 관리 형태가 아닌 암호시스템을 통하여 화폐를 발행하며, 네트워크를 통하여 개인 간(Peer-to-Peer, 이하 'P2P')에 화폐를 환전할 수 있어 금융기관과 같은 중계기관이 필요없다.

비트코인 블록의 크기는 채굴 또는 거래 시에 결정된다. 각 비트코인 블록에 대해 하나의 공개키와 비공개키가 존재하지만, 거래의 필요성에 따라 쪼개어 사용되기도 하는데 이 때 기존의 키 값은 파기되고, 별도의 공개키와 비공개키가 생성된다.

비트코인의 암호키 원리를 살펴보면, 공개키(public key)를 가진 공개된 암호화 정보이며, 공개된 공개키와 공개되지 않은 비공개키(private key)의 매칭으로 거래 자격을 획득 한다. 즉 특정 비트코인 블록에 관한 비공개키를 가진 사람만이 특정 비트코인 블록을 소유하고 거래할 수 있다. 비공개키는 보통 서명(signature)으로 비유되곤 하는데, 따라서 서명을 할 수 있는 자격이 있는 비공개키의 소유자가 결국 특정 비트코인 블록의 소유자가 된다. 비공개키에는 다른 전자서명이나 오프라인의 서명과 달리 소유자에 대한 정보가 포함되지 않아 거래의 익명성이 보장되고 있으며, 비공개키는 모든 비트코인 블록끼리 수학적으로 연결되어 있다.

비트코인은 디지털 비트로 되어 있기 때문에 복사나 위·변조되어 이중 이용(Double spending)될 수 있는 리스크가 존재하며 비트코인은 이중 이용에 대응하기 위하여 타임스탬프(Timestamp) 방식을 이용하고 있다. 타임스탬프(Timestamp) 방식은 거래시점에 비트코인이 존재하고 있으며, 마지막 거래 이후에 비트코인의 거래정보를 저장한 블록체인이 변경되지 않았다는 것을 확인해 주는 원리로 작동된다. 따라서 타임스탬프를 이용하여 블록체인의 비트코인과 관련된 모든 거래 이력을 확인하고 문제가 없는 경우에만 비트코인 거래를 승인한다. 그리고 거래가 승인되면 해쉬는 거래정보가 담긴 블록체인과 타임스탬프의 확인 내역을 저장한다.

한 사람이 자신의 비트코인을 두 사람에게 동시에 보내는 경우에는 어떤 거래가 승인되어야 하는가? 비트코인 정보를 담고 있는 노드나 블록체인에 특정 블록에 대한 정보가 2개 전송되는 경우 노드나 블록체인은 이를 어떻게 처리해야 하는가? 비트코인의 핵심은 중복사용의 효율적인 방지책을 제시하고 있다는 점이다.

중복사용의 문제는 흔히 비잔틴 장군들의 고민(The Byzantine Generals Problem)과 관련되는데, 비잔틴 시대에 각 군영 사이의 연락병 중에서 배신자가 잘못된 정보를 퍼뜨리는 문제를 말한다. 비트코인의 중복 사용 방지 방법을 살펴보면 다음과 같다.

첫째, 각 채굴과정에서 만들어지는 비트코인 블록은 일련의 암호화 함수로 체인처럼 연결되어 있다. 따라서 하나의 블록만을 빼내어 위조하기는 불가능하며, 만일 위조를 하려면 전체 블록을 모두 위조해야 하는데 블록수가 30여 만개 정도라는 점을 감안하면 이것은 사실상 불가능하다. 이렇게 블록끼리의 암호화 체인이 가능한 이유는 채굴시 다음 채굴될 블록의 함수값을 미리 찾아내어야 하기 때문이다.

둘째, 채굴 보상금이 미리 정해져 있어 총 통화량 계산이 매우 용이하기 때문에 통화량을 임의로 늘리거나 조작하는 것이 불가능하다. 처음 21만개의 블록을 채굴할 때까지는 블록마다 50BTC가 제공되고, 21만1번째 블록부터 42만번째 블록까지는 25BTC가 지급되게끔 미리 설계되어 있기 때문이다.

셋째, 한 사람이 자신의 비트코인을 두 곳에 보낼 때를 대비해 'The longest chain wins'의 원칙이 적용된다. 모든 거래 내역은 모든 노드에 제공되는데, 각 노드에서는 먼저 도달한 거래 내역만 저장하고 나중에 도달한 것은 저장하지 않는다. 그리고 노드들끼리 저장된 정보가 다를 때는 가장 긴, 가장 높은 번호가 있는 블록체인을 공식적으로 채택한다. 이런 원칙을 적용해 중복사용 문제를 효율적으로 해결하고 있다.

4) 계정

비트코인을 채굴하고 거래하려면 우선 계정을 만들어야 한다. 계정이란 비트코인(정확하게는 비공개키)을 보관하면서 새로이 주소를 생성해 비트코인의 거래를 할 수 있는 프로그램으로 일종의 비트코인 관리 도구이다. 계정은 여러 가지가 존재하는데, 그 형태는 웹사이트형 지갑(Blockchain, Coinbase, Coinjar, Coinpunk 등), 소프트웨어형 계정(BitcoinQT, Armory, Multibit 등), 모바일폰형 계정(Blockchain, CoinJar, Coinpunk 등)이 있다.

거래자는 여러 개의 계정을 생성해 여러 개의 주소를 분류하여 관리할 수 있다. 계정에 접근하기 위해서는 아이디와 비밀번호를 입력하는 절차를 거쳐야 하지만, 지갑을 만들 때

공인을 받아야 하는 것은 아니므로 지갑의 생성으로 비트코인의 익명성은 감소하지 않는다.

비트코인 자체의 절도나 분실은 있을 수 없지만 계정에 접근할 수 있는 아이디나 비밀번호를 절취당하거나 분실하게 되면 비트코인까지 절취당하고 분실할 수 있다. 계정을 해킹해 금전을 요구하는 사례도 발생한다. 따라서 계정 기능의 핵심은 보안성이며, 비공개키가 인터넷에 노출되지 않을수록 보안성이 우수하다. 소프트웨어형 계정이 웹사이트형 계정 보다 보안성이 좋다고 평가되지만 설치시 기초적인 채굴·거래 정보를 다운로드 받는데 시간이 걸리는 단점이 있다.

5) 채굴

비트코인은 채굴(mining)함으로써 취득할 수 있으며, 비트코인을 얻기 위해서는 클라이언트 프로그램을 다운받은 다음 공식사이트에 접속해 고도의 수학문제를 풀어야 하는데 이를 채굴이라고 한다. 하나의 문제를 풀어 얻을 수 있는 최대의 양은 50 비트코인이고, 채굴이 완성되면 정보를 얻게 되는데, 이 때 채굴을 마친 비트코인 블록의 해쉬 암호 값을 확정함과 동시에 다음에 누군가 채굴될 비트코인 블록의 해쉬 암호 값을 찾게 된다. 채굴이 완성되면 그 결과는 모든 노드에 전달이 되는데, 노드가 블록정보를 다음에 채굴된 블록의 해쉬 암호 값으로 업데이트 함으로써 모든 채굴 과정이 종료된다.

채굴할 수 있는 양은 2,100만개이며 2015년 까지 약 절반 정도가 채굴됐고 2040년에는 전부 고갈될 예정이다. 공급량 조절을 위해 채굴량이 늘수록 문제의 난이도는 올라간다. 난이도 조절은 채굴시에 찾게 되는 해쉬 함수값에 위치한 제로(0)의 개수를 늘림으로써 가능하다.

6) 거래

비트코인의 소유자는 비공개키를 이용해 비트코인에 대한 거래를 하는데, 이 비공개키는 노출되지 않아야 하기 때문에 비공개키로 부터 해싱 기법을 통해 생성된 유일무이한 주소(address)라는 공개용 식별자를 이용해 거래가 진행된다. 즉 주소란 거래자를 대신해 만들어지는 거래식별자 또는 인터넷통신에서 이메일의 역할이라 할 수 있다. 비트코인 거래란 한 주소에서 다른 주소로의 이전이라 할 수 있다.

거래자는 거래 시 마다 새로운 주소를 생성해 거래를 할 수 있고, 이미 만들어진 주소를 재사용하여 거래를 할 수 있다. 주소 재사용이 잦을수록 거래자의 식별이 쉬워진다. 주소는 지갑에 보관하며, 주소와 주소 사이의 이전인 비트코인 거래는 블록체인 사이트에 모두 공개된다.

거래는 통상적으로 지갑의 도움을 받아 진행한다. 비트코인의 지급을 요구하는 사람(C : Customer)은 지갑 프로그램을 열고, 수신주소를 설정한 다음 지급하는 사람(R : Receiver)에게 보내면, 지급하는 사람은 새로이 주소를 만들거나 기존 주소를 활용해 송신주소를 고른 다음 수신주소를 그대로 옮기고, 이후 거래하고자 하는 비트코인 액수를 기재해 보내면, 자동적으로 지갑 안에 저장되어 있는 비공개키의 서명절차와 거래내역의 전체 비트코인 네트워크에의 공지(broadcast)가 이루어지면서 거래가 완성된다. 비트코인은 소수점 8자리까지 분할될 수 있다(이를 1 사토시라 하므로, 0.00000001 BTC = 1 satoshi가 된다). 거래가 이루어지는 경우, 기존거래의 내용과 당해 거래내용을 근거로 새로운 해쉬 함수값이 생성되며, 비트코인 네트워크로부터 거래가 승인되는 시간은 통상 10분 정도 소요된다. 거래 수수료는 자발적으로 부담할 수 있으나 매우 미미한 수준이다.

이더리움

1) 개념

이더리움의 사전적 의미는 에테르, 에너지, 빛을 전파하는 가상의 매질, 아리스토텔레스의 4원소를 확장한 우주를 구성하는 제5원소를 말한다. 이더리움의 등장 배경을 보면, 비트코인이 화폐로서의 신뢰성을 보장하기 위한 체계를 구축하였지만, 시스템을 확장・개선하기 위한 협의가 이루어지지 않아 지속적으로 문제점이 발견 되었다. 이에 따라 비트코인을 이용한 서비스 개발에는 한계가 있으며, 추가 기능을 개발하기 위해서는 상당량의 코드 수정이 필요하므로 매우 비효율적인 것으로 인식 되었다.

이더리움은 비트코인이 가지는 한계 요소를 극복하기 위해 2013년 비탈릭 부테린(Vitalik Buterin)이라는 프로그래머에 의해 고안되었으며, 프로그래밍이 가능한 블록체인(Programmable Blockchain)을 구현한 웹 프레임워크로써, 확장된 분산어플리케이션을 만들 수 있는 플랫폼을 제공했다. 이더리움은 튜닝완전 언어(Turing-Complete Programming Language)를 제공하는 플랫폼 이라고도 불리운다. 이더리움은 기존 통화 시스템의 문제점을 해결하려는 것으로 투명한 사회, 금융민주주의, 낮은 거래 수수료, 익명성 보장, 모든 인간, 사물간의 소통, 자동화를 추구하고 있다.

이더리움은 비트코인이 개발된 이후에 비트코인이 가지는 한계 요소에 대해 문제 제기를 시작하면서 개발된 새로운 형태의 코인이다. 2013년 비탈릭 부테린은 이더리움 백서를 발표하였고, 비탈릭 부테린의 이더리움은 개발 자금을 모아 운영되고 있는 암호화폐의 성공적인 모델 중 하나다.

[표 13-11] 이더리움 소개

구분	사례
문제의식	• 비트코인 시스템은 다중 계약 거래가 되지 않음 • 비트코인 시스템은 상태표시에 제한이 있음 • 블록체인 상에서 다양한 어플리케이션 구현이 어려움
이더리움 소개	• 블록체인 기반의 분선 컴퓨팅 플랫폼(상상 가능한 모든 형태의 프로그래밍 가능) • 자체토큰인 이더(ether)가 있으며 계좌 간 송금 & 가스를 통한 스마트 Contract 구현 가능 • 이더리움 블록체인에는 일반 트랜잭션과 스마트 트랜잭션으로 구성 • 스마트 계약 : 온라인 상에서 특정계약 조건을 실행 • 스마트 계약이 코드로서 블록체인 위에 기록되기 때문에 누구도 처음에 명시된 조건 이외의 경우 계약 조건을 바꿀 수 없으며, 특정조건을 만족시키는 경우에는 계약 내용이 자동적으로 무조건 실행 • Dapp(Decentralization Application, 분산 어플리케이션): 이더리움 노드들이 저장되어 있는 앱 • 이더리움은 비트코인 대비 좀 더 복잡하고 다양한 계약 조건들을 구현 가능 • A가 B에게 5BTC 보낸다 vs 2017년 3월 21일 이전에 B의 잔고가 10ETH 이하인 경우 A가 B에게 5ETH를 보낸다(예시 : 트럼프가 당선되면 트럼프에 베팅 했던 사람들에게 ~ETH를 보낸다)
이더리움 주요 연혁	• 2013년 비탈릭 부테린 백서 발표 • 2014년 7월–8월 이더리움 개발을 위한 크라우드 펀딩 165억원 모집 • 2014년 7월 Frontier 출시 : 첫 번째 라이브 단계 • 2015년 7월 이더리움 체인 가동 시작 • 2016년 2월 Homestead 출시 : 개발자 중심의 생태계를 구성하는 단계(진행 중임) • 2017년 8월 Metropolis 출시 : 일반 사용자를 이한 Dapp 스토어 출시 • 2018년 Serenity 출시 : 대용량 트랜잭션을 위한 기능 등이 적용되어 전 세계에서 발생하는 기록들을 담을 수 있는 수준의 블록체인 • 이더리움 재단이 준비한 거의 모든 것이 완성된 후의 단계
이더리움의 시련	• 2016년 6월 DAO 해킹으로 1,000ETH 유출 • 2016년 7월 20일 DAO 해킹 대응 하드포크(DAO 토큰 보유자들이 ETH를 되돌려 받게 하는 버전 업그레이드) • 2016년 7월 24일 이더리움 Classic 플로닉스 상장 • 2016년 9월–11월 이더리움 체인 DoS 공격 받음 • 2016년 11월 30일 DoS 공격 방어를 위한 하드 포크(채굴자와 일반 유저 모두 신 버전으로 업그레이드)

출처 : 한채영의 이더리움 베이직 1.0

이더리움이란 복잡한 수학 알고리즘에 의해 화폐의 생성, 트랜잭션의 고유성 등이 안전하게 보장되는 것을 특징으로 하고 있으며 시스템에서 생성되는 모든 트랜잭션을 담당하는 표준화된 단일 인스턴스 머신이 있음을 의미한다. 또한 블록체인 기반으로 설계되어 머신에 기록된 State가 모든 사람에게 공개되고 공유된다.

이더리움(Ethereum)이란 2015년 출시된 분산형 응용 프로그램(Dapps) 구축 플랫폼이며, 블록체인 네트워크에서 스마트 계약을 생성하여 프로그래밍 코드 형태의 데이터를 전송하여 해당 코드를 실행할 수 있는 오픈 플랫폼이다. 이는 전용 프로그래밍 언어로 계약을 기술할 수 있는 것이 특징이다.

[표 13-12] 이더리움 기본정보

구분	내용
화폐단위	• 이더(Ether) • Szabo(10^{-8} Ether) • Wei(10^{-18} Ether)
이더의 총량	• 이더리움은 정기적으로 새로운 이더를 "영원히" 발행
이더 채굴	• 이더리움의 경우 16초마다 새로운 블록이 생성
합의 알고리즘	• PoW(Proof of Work) 채택

이더(Ether)란 이더리움에서 사용되는 화폐의 단위이다. 하드 포크 없이 잔류한 이더리움 클래식(Ethereum Classic)에서는 ETC를 이더의 단위로 사용한다. 하드 포크를 진행한 공식적인 이더리움은 ETH를 이더의 단위로 사용한다. 이더보다 더 작은 단위인 Szabo, Wei도 존재한다.

가스(Gas)란 이더리움에서 트랜잭션을 실행하기 위한 네트워크 수수료의 단위이며, 트랜잭션을 만든 사람이 먼저 지불하는 수행비용이다. 각 연산마다 필요한 가스의 양이 미리 정해져 있는데 트랜잭션 실행 시 가스가 없는 경우, 그 시점까지 수행 되었던 작업이 중단 되고 작업 이전의 상태로 되돌아간다. 성공적으로 수행되면, 남은 가스를 트랜잭션을 만든 사람에게 돌려준다. 가스로 무한 루프의 발생을 막아 DoS공격에 대비가 가능하다.

통화 발행은 초기에 약 72만 이더(Ether)3)를 발행하여 투자비용을 위해 사전 판매(62만 이더)하였으며, 총 이더에 대한 신규 이더의 발행률 비중이 '0'이 되도록 매년 줄어들게

[표 13-13] Gas 관련 사항

구분	규격
Storage Fee	• 트랜잭션에 Storage의 항목을 지우는 단계가 포함된 경우, 해당 Opcode의 실행비용은 면제되고, Storage 공간을 비우는 것에 대한 환불이 진행됨 • Contract를 지울 경우 24,000가스, Storage를 지울 경우 15,000가스를 환불하지만 해당트랜잭션이 사용한 가스의 최대 절반까지만 적용됨. 예를 들어 60,000가스를 사용한 트랜잭션에서 2개의 계약을 지울 경우 환불되는 가스는 48,000가스가 아닌 30,000가스임
Block Gas Limit	• 가스 Limit(Start Gas)는 트랜잭션이 소비하는 가스의 최대량임. 블록 가스 Limit은 해당 블록에 넣을 수 있는 가스 Limit(Start Gas)의 한도를 말함 • 현재 블록 가스 Limit는 6,712,096가스로 한 블록에 표준 트랜잭션(21,000가스)을 약 319개 넣을 수 있는 양임 • 이더리움의 채굴자는 어느 방향(Up, Down)으로든 1/1024(0.0976%)만큼 조정할 수 있음
High Gas Limit	• 가스가 부족하면 트랜잭션이 실행되지 않기 때문에, 가스 Limit(Start Gas)를 높게 설정하는 것이 항상 좋음. 하지만 과도하게 높게 설정된 가스 Limit(e.g. 400만)는 Miner에게 선택을 받지 못할 수 있음 • 이는 가스 limit와 실제 소비되는 가스와의 차이 때문인데 가스 Limit가 400만 가스라고 해도 실제 소비되는 가스가 100만가스라면 채굴자는 300만가스의 잠재수익을 놓칠 수 있음

설정 되었다. 총 통화 발행량은 고정적 이지 않으나 인플레이션 등을 고려하여 이더리움 재단(Ethereum Organization)에서 발행량을 유동적으로 조절한다.

이더리움의 진화단계는 다음과 같이 설명된다.

[표 13-14] 이더리움의 진행 단계

구분	프로젝트	영문	설명
1단계	프론티어	Frontier	• 암호화폐로서 이더리움을 개발, 채굴하고 네트워크를 형성하는 단계
2단계	홈스테드	Homestead	• 이더리움이라는 신대륙(기반)에 가정집(Dapp & 프로젝트)이 하나둘씩 생기면서 생태계가 구축되는 단계
3단계	메트로폴리스	Metropolis	• 가정 집들이 모여 도시를 만다는 것처럼 이더리움 대중화를 위한 사회적 인프라를 형성하는 단계 • 채굴방식을 작업증명(PoW)에서 지분 증명
4단계	세레니티	Serenity	• 모든 변화가 이뤄진 후 다신 평정을 찾는 마지막 단계

이더리움은 이더리움 재단, 탈중앙화 자율조직 The DAO, 이더리움 연합체 EEA, 이더리움 개발자 컨퍼런스 DEVCON 등이 있다. 이더리움의 대표적인 경쟁상대로는 Cardano, IOTA, EOS, NEO, QTUM, BitShares, Tezos 등이 있다.

이더리움 출시 이후 특정 비즈니스에 특화된 블록체인 비지니스가 활발히 시도되고 있으며 플랫폼형 암호화폐와 서비스에 특화된 암호화폐 발행이 급증하고 있다. 또한 2015년 7월 이더리움 출시와 함께 민간 금융기관들의 블록체인 투자도 확대되었다. 스마트 계약이 가능한 이더리움의 등장으로 금융기관을 중심으로 기존 블록체인이 결제에만 적용가능 하다는 인식에서 다양한 분야에 적용 가능한 기술로 인식이 전환되고 있다.

이더리움과 같은 2세대 가상화폐는 블록체인 네트워크 플랫폼을 매개로 개방형 생태계가 구축 되었다. 이더리움은 Solidity라는 프로그래밍 언어를 제공하며, 이를 통해 이더리움 네트워크 위에 DAPP(Decentralized Application)와 ERC20 토큰을 구현 할 수 있다. DAPP는 이더리움 네트워크 안에서 구동되는 어플리케이션으로 이더리움이 구글 스토어라면, DAPP는 다운받을 수 있는 어플리케이션에 해당되며 이더리움 이후 유사한 플랫폼 기반의 가상화폐와 특정 서비스에 특화된 가상화폐가 지속적으로 발행 중이다.

Cardano, Stella, NEO 등은 이더리움과 같이 플랫폼을 제공하는 암호화폐가 지속적으로 출시하고 있으며, 치과의료 데이터 공유(덴트), 스마트그리드(파워렛저), 소셜네트워크 추천시스템(스팀) 등 최근 다양한 분야에 블록체인 기술을 적용한 암호화폐의 출시도 늘어나는 중이다.

2) 주요 특징

이더리움의 장단점을 살펴보면 다음과 같다.

이더리움의 특징은 첫째, P2P 네트워크 상에서 거래 이력을 블록체인에 기록하는 것이다. 둘째, 최소 1대부터 작동, 장애 복구를 위해서는 최소 2대 필요하다. 셋째, 계좌(참가자)는 각 노드에서 관리되고 계좌 자체가 공유가 되지 않는다. 넷째, 스마트 계약 그 자체나 실행 이력도 기록할 수 있다. 다섯째, 한 노드에 배포된 프로그램은 블록체인을 통해 모든 노드에 배포된다. 여섯째, 블록이 생성되면 채굴된 블록에 저장된 스마트 계약이나 송금이 실행된다. 일곱 번째, 각 노드가 각각의 블록을 만들기 때문에 블록체인이 분기되는 경우 확정된 트랜잭션이 변경될 수 있다.

[표 13-15] 이더리움의 장단점

구분	장점	단점
내용	• 기축통화, 거래 속도, 스마트 계약, 빠른 Dapp 구현, 안정적인 재단 • 블록체인 노드에서 구글에서 개발된 언어인 GO로 120% 포팅이 되고 있음 • GO 언어로 포팅이 되면서 이더리움 기반 언어들이 쏟아져 나오면서 생태계가 조성되고 있음 • 개발자가 많아지면서 스마트 계약 기반 코인이 많아지고 있음 • 여러 대기업들이 EEA에 참가하게 되면서 신뢰도와 기대감이 높아지고 있음	• 느림 발달 속도, 경쟁자 없는 상태, 미래기술(양자컴퓨터) • POW에서 POS로 전환을 해도 트랜잭션 처리에 도움이 될 것인가? • 몇 년간 시도했던 dApp의 느린 속도 • GO 언어가 난이도가 높지는 않지만 아직 대중적이지 않음 • 과거 DAO 해킹사건으로 하드포크를 시행했는데, 앞으로 또 이런 일이 벌어지지 않을 거라는 보장이 없음 • 오픈소스이며 재단 형식으로 되어 있는지라 사실상 전체 이더리움 소프트웨어를 책임지는 책임자가 없고 담당자가 빠르게 바뀌어 연속성이 끊어지는 문제가 있음

3) 이더리움 원리 이해

이더리움은 비트코인과 달리 단순히 위조지폐 방지의 목적으로만 만들어진 것이 아니며 개선을 통해 일반적인 계약에까지 적용될 수 있다. 이를 스마트 계약이라고 하며 스마트 계약에서는 중개인이 없어지기 때문에 소요되는 비용도 크게 줄어든다.

[표 13-16] 이더리움 구성

구분	내용
이더리움 블록체인 (Ethereum Blockchain)	• P2P 이더리움 네트워크에서 실행되는 블록체인
이더리움 클라이언트 (Ethereum Client)	• 블록체인이 로컬에 다운로드 된 로컬 블록체인과 Ethereum 네트워크(이더리움 블록체인)을 연결하는 역할 • go–Ethereum과 parity가 이더리움 클라이언트로 가장 유명함 • go–Ethereum은 Geth라고 불리며 Go 언어를 이용하여 개발된 형태임 • parity는 Rust를 이용하여 구축
이더리움 가상머신 (Ethereum Virtual Machine)	• 스마트 계약의 실행 환경 프로그램, Ethereum Client에 포함되어 있음 • 운영체제에 종속되지 않는 특성을 가짐 • 이더리움 네트워크의 모든 노드는 이더리움 가상 머신(EVM)을 실행함
web3	• 이더리움 클라이언트와 이더리움 브라우저(MIST)간 상호작용을 할 수 있게 도와주는 라이브러리

출처 : 블록체인 구조와 이론 :예제로 배우는 핀테크 핵심 기술

다음은 이더리움을 이해하기 위해 사용되는 개념에 대해 살펴보았다. 솔리디티(Solidity)란 이더리움에서 스마트 계약을 개발하기 위한 이더리움 전용 프로그래밍 언어이며 튜링 완전성(Turing-Completeness)을 갖춘 언어이다. 솔리디티로 작성된 스마트 계약(프로그램)은 이더리움 가상 머신(EVM)이라는 기계에서 작동한다.

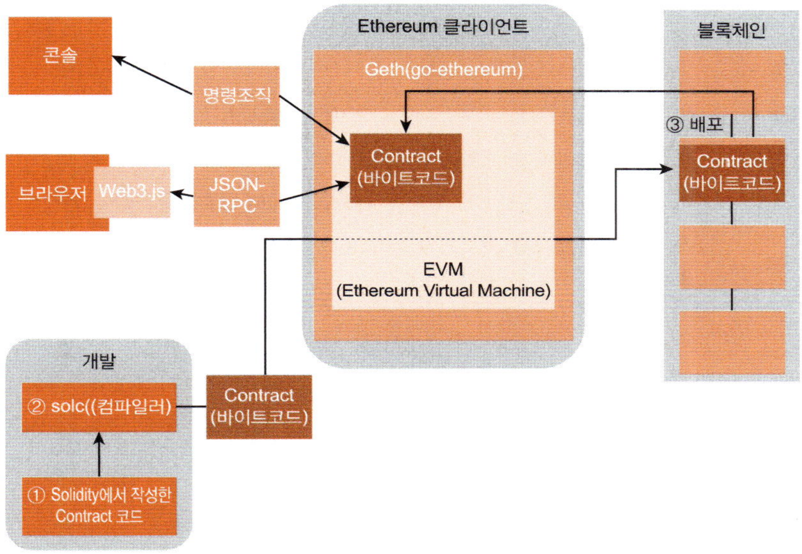

[그림 13-4] 이더리움의 구성

이더리움의 동작 과정을 살펴보면, 다음과 같다. 먼저, 개발자가 솔리디티 언어로 스마트 계약(Contract)을 작성한다. 그 뒤 solc로 스마트 계약을 컴파일하여 그에 맞는 바이트 코드를 생성한다. 이 바이트 코드는 이더리움 클라이언트 중 하나인 geth를 이용하여 블록체인에 배포(등록)한다. 그 다음에 P2P 네트워크를 통해 배포된 스마트 계약의 바이트 코드는 블록체인에 저장되어 EVM에서 실행하고 JSON-RPC 서버의 HTTP 통신으로 스마트 계약을 조작하거나 블록체인의 다양한 정보를 브라우저로 가져온다.

4) 계정

비트코인과 같이 화폐로서의 교환 기능뿐만 아니라 프로그램 실행을 위한 기능이 추가되었으며, 또한 기능 개선을 위해 일부 수정된 기능이 포함되었다. 계정의 경우 비트코인과 동일하게 개인키에 의해 통제되는 외부 소유 계정(Externally Owned Accounts)과 계약 코드에 의해 통제되는 계약 계정(Contract Accounts) 2가지로 구분 된다.

계정(계좌, Account)은 이더리움이 블록체인에 범용 소프트웨어 구현이 가능하므로 비트코인 처럼 단순히 UTXO(Unspent Transaction Output의 약자로, 아직 쓰지 않은 잔액)만으로는 상태 표현에 한계가 있어 등장한 개념이다. 계정은 아래 4개의 필드로 구성되어 있으며, 각 계정은 주소와 일대일 대응하고 있다.

[표 13-17] 이더리움 계정 필드

변수명	내용
Nonce	해당 계정에서 발생시키는 거래가 한 번만 발생하도록 보장하는 기능
Balance	해당 계정이 보유하고 있는 Ether의 잔액을 표시
Code Hash	해당 계정이 코드(스마트 계약)를 가지고 있다면 코드 해쉬 값을 가짐
Storage	해당 계정이 코드를 가지고 특정 값의 저장이 필요한 경우 그 값을 저장하고 있는 트라이의 해쉬 값을 가짐

EOA(Externally Owned Accounts)는 외부 객체에 의해 소유된 계정(이더리움 이용자가 직접 개인키로 제어)이며 아무런 코드를 가지고 있지 않은 계정이다. CA(Contract Accounts)는 코드를 가지고 있는 계정이며 메시지를 받을 때마다 자신의 코드를 활성화 시키는 계정이다.

5) 채굴

만약 두 채굴자가 거의 비슷한 시간에 블록을 채굴한다면 어떻게 처리해야 하는가? 라는 질문에 이더리움 네트워크는 총 블록의 난이도가 더 높은 체인을 선택한다. 그러면 난이도가 낮은 체인이 탈락하게 되는데, 이처럼 선택되지 못한 블록을 스테일 블록(stale block)이라고 하는데, 이더리움에서는 스테일 블록을 엉클 블록(uncle block)이라고 부른다.

이 엉클 블록은 블록 생성 평균 시간이 짧아지면 자주 발생하게 된다. 왜냐하면, 채굴자가 블록을 찾아서 다른 노드에 전파 시키는데 시간이 소요되는데, 블록 생성 시간이 짧다는 것은 채굴자들이 쉽게 퍼즐의 해답을 찾을 수 있다는 말이 된다. 그런데 이렇게 되면 블록을 찾았다는 신호가 전달되기 전에 다른 채굴자가 새로운 블록을 찾을 수 있기 때문이다.

이 엉클 블록의 문제점은 트랜잭션 확정(confirmation)을 늦춘다는 것이다. 어떤 트랜잭션이 엉클 블록에 속한다면, 그 트랜잭션은 확정되지 못한다. 즉 해당 트랜잭션이 포함된 블록이 다시 채굴되어야 한다. 또 엉클 블록이 자주 발생한다는 것은 엉클 블록을 채굴하는데 그만큼 해쉬 파워가 소모되었다는 것이다. 이것은 평균 블록 생성 시간을 늦추게 되고, 평균 블록 생성 시간이 늦어졌기 때문에, 결국 난이도를 낮추게 되어 네트워크 보안 수준을 떨어트리는 문제가 발생한다.

이더리움은 고스트 프로토콜(Ghost Protocol)이란 방식으로 이러한 엉클 블록 문제를 해결한다. 즉 정상적인 블록들이 N개의 엉클블록을 가질 수 있게 함으로써, 엉클블록이 메인 체인에 붙도록 한 것이다. 그렇게 되면 엉클 블락도 메인 체인에 속하므로, 난이도가 낮아지지 않는 효과를 가져온다.

이더리움은 채굴시에 Ethash라 불리는 수정된 작업증명(Proof-of-Work, PoW) 방식을 이용하며, 약 12초당 한 개의 블록이 생성될 수 있도록 알고리즘이 설계되어 있다. 채굴에는 DAG 파일(2차원 배열 데이터)이 이용되며, 이것은 GPU4) 연산을 더 효율적으로 높이고 ASIC5)을 이용한 채굴을 방지하도록 설계했다. 그러나 고속으로 생성되는 블록으로 인해 생성되는 엉클(혹은 Stale)블록이 보안성을 저하시키므로, 이를 해결하기 위해 수정된 GHOST(Greedy Heaviest Observed Subtree) 프로토콜 도입했다. 이 경우에도 이중지불(Double-Spending)과 같은 보안 문제가 발생 가능하다.

6) 거래

트랜잭션은 개인키를 이용하여 전자 서명된 데이터 패킷이다. 트랜잭션 완료시 생성하는 결과에 따라 Message call 트랜잭션과 Contract creation 트랜잭션으로 구분된다.

Message call 트랜잭션은 한 계좌에서 다른 계좌로 메시지 전달 시 사용되는 message call을 생성한다. Message call은 노드에서 로컬로 실행되는 계약 함수 호출이며, 블록체인에 브로드 캐스트 하지 않고 실행되어도 상태 변화를 일으키지 않는 연산이다.

Contract call 트랜잭션이란 트랜잭션 실행이 성공하면, 관련된 코드가 있는 계정이 생성되며, 다음 8개의 필드로 구성되어 있다.

[표 13-18] 트랜잭션 구조

구분	내용
nonce	발신자가 트랜잭션을 보낼 때 마다 1씩 증가하는 숫자, 트랜잭션의 고유한 식별자로 사용됨
gasPrice	트랜잭션 실행에 필요한 Wei의 양
gasLimit	트랜잭션의 접근 허용 범위를 설정
timestamp	트랜잭션 실행을 위해 소비할 수 있는 gas의 최대 양, 사용자(트랜잭션의 발신자)가 계산을 위해 지불할 수 있는 수수료의 양
To	트랜잭션을 받는 사람의 주소
Value	송신자에게 전송할 Wei의 총 개수
Signature	트랜잭션 생성자의 서명
Init	Contract creation 트랜잭션에서 사용되는 필드
Data	Message call 트랜잭션에서 사용되는 필드, Message call의 입력 데이터를 나타냄

네트워크에 트랜잭션이 발생하기 전인 Genesis state로 시작하여 트랜잭션이 실행되면 Final state로 전환된다.

어느 한 시점에서 Final state는 이더리움 네트워크의 현재 상태(Current state)를 나타낸다. 따라서 마지막 state에서 다음 State로 전환하기 위해서는 트랜잭션의 유효성 검사(Mining)를 거쳐야 하며 유효성 검사(Mining)란 채굴자 노드가 컴퓨터 리소스를 투입하여 유효한 블록을 생성하는 경우이다.

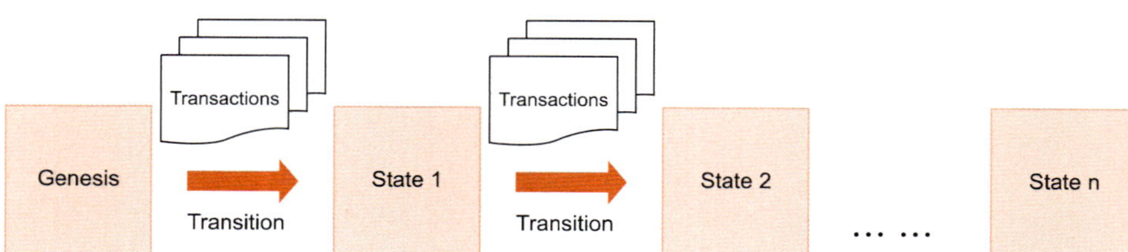

[그림 13-100] 트랜잭션 기반 상태 머신

GHOST 프로토콜은 가장 최신의 블록넘버를 가진 경로(계산을 가장 많이 수행한 경로)를 선택하도록 하고 있으며 Stale 블록(Uncle 블록)에 대한 보상을 지급함으로써, Stale 블록을 메인체인에 포함하여 난이도의 상승을 유도한다.

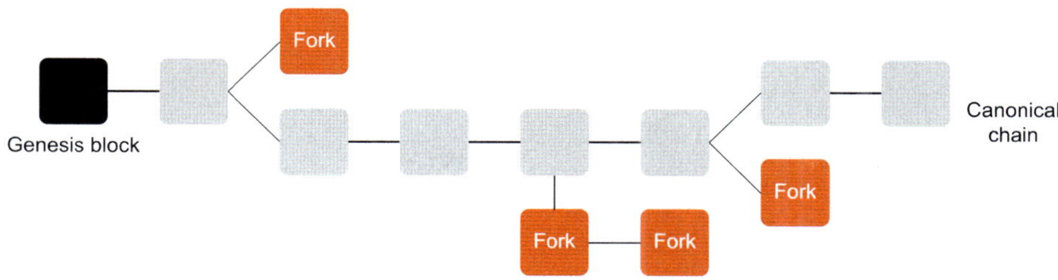

[그림 13-6] 거래과정과 특징

데이터 구조는 스마트 계약에 해당하는 프로그램이 트랜잭션에 포함되는 형태로 처리되며, 프로그램 전파나 실행이 블록체인을 통해 이루어진다. 정보는 UTXO(Unspent Transaction Output) 방식으로 유지되며 정보 집계시 모든 블록 참조가 요구된다. 블록은 다음과 같은 15개의 필드로 구성 되어 있다.

[표 13-19] 블록 구조

구분	내용
Parent Hash	이전 블록의 해쉬 값
Ommers Hash	블록에 포함된 Ommers 리스트의 해쉬 값
Beneficiary	블록의 채굴시 수수료가 전송될 주소
State Root	모든 트랜잭션이 실행된 후 최종 승인에 적용되는 state trie의 루트 노드 해쉬 값
Transactions Root	블록의 거래 목록 부분에 각 트랜잭션으로 채워진 transaction trie의 루트 노드 해쉬 값
Receipts Root	블록의 거래 목록 부분에 각 거래 영수증으로 채워진 transaction recipt trie의 루트 노드의 해쉬 값
Log Bloom	블룸 필터는 거래 목록의 각 거래 영수증에서 각 로그 항목에 포함된 색인 정보로 구성
Difficulty	현재 블록의 난이도
Number	이전 블록들의 총 개수, genesis block에서는 number가 0이 됨
Gas Limit	블록 당 가스 소비량 한도
Gas Used	블록에 포함된 트랜잭션에 의해 소비된 가스의 총 량
Timestamp	블록의 생성 시간을 Unix 시간으로 표현
Extra data	블록에 관련된 임의의 데이터를 저장
Mixhash	이 블록을 만들기 위해 적절한 계산 작업이 수행되었음을 증명하는 nonce와 결합
Nonce	계산 작업이 수행되었음을 증명하는데 사용되는 해쉬 값

[표 13-20] 블록 헤더의 구성요소

구분	내용
Block Num	이 블록의 Number(Genesis Block Number는 0임)
Prev Hash	부모 블록의 블록 헤더 해쉬(Prev Hash)가 블록 헤더에 포함되어 체인의 형태로 연결됨)
Timestamp	이 블록의 Unix Timestamp
Uncles Hash	이 블록의 Uncle에 해당하는 Block List의 Hash 값
Beneficiary	이 블록을 채굴한 Miner의 Account address(Block reward 수취)
Extra Data	이 블록과 관련된 추가 Data
Gas Limit	이 Block이 포함할 수 있는 최대 Gas의 수
Gas Used	이 Block에 포함된 거래의 Execution을 통해 사용된 Gas의 합계
Difficulty	이 블록의 난이도 Level
Nonce	Mix Hash와 결합하여 이 블록이 충분한 컴퓨터 계산을 수행했음을 증명(Dagger–Hashimoto)
Mix Hash	Nonce와 결합하여 이 블록이 충분한 컴퓨터 계산을 수행했음을 증명(Dagger–Hashimoto)
Logs Bloom	Log 정보로 구성된 Bloom Filter

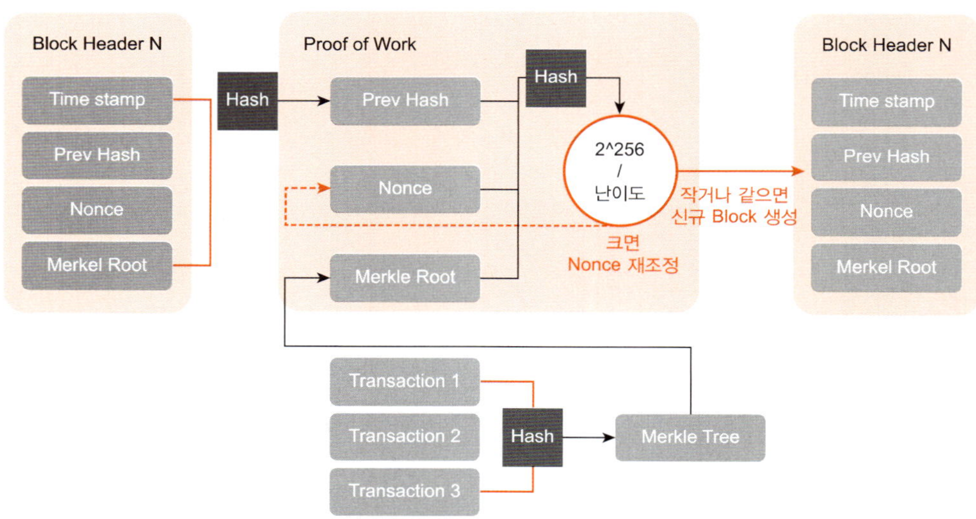

[그림 13-7] 작업증명을 통한 블록체인 구성

합의 알고리즘은 현재는 PoW(Proof of Work)를 채택 중이며 앞으로 PoS(Proof of Stake)로 변경될 예정이다. 이더리움은 컴퓨터 네트워크 상에서 공식적이고 보안적인 관계를 위해 사용자 인터페이스와 프로토콜을 결합하였다. 전체 프로세스가 자동화 되어 있어 스마트 계약 템플릿 활용시 비용 및 위험 절감의 효과가 있다. 또한 계정과 동일한 주소를 가지고 이 주소에 트랜잭션을 발행하여 다양한 동작 수행이 가능하다.

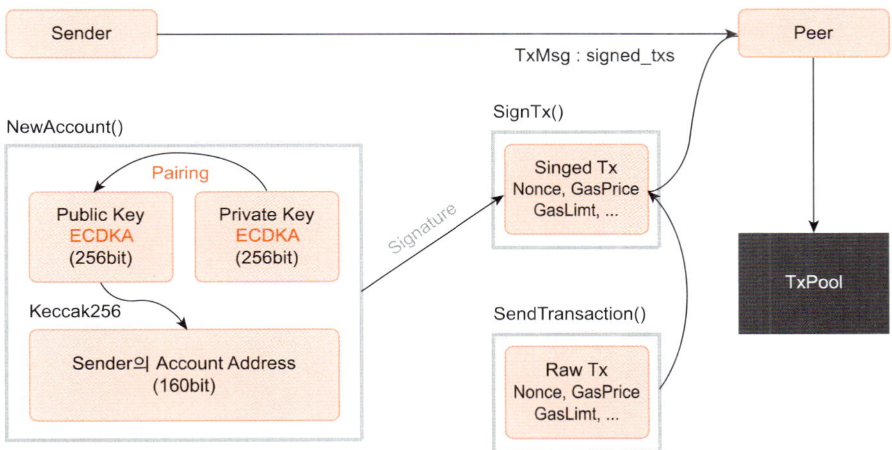

[그림 13-8] Account 생성부터 Block 전파까지

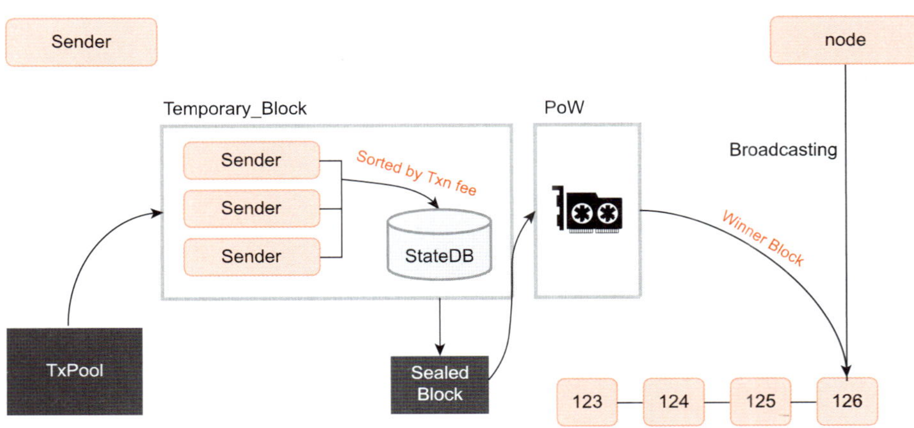

[그림 13-9] 채굴에서 노드 생성까지

이더리움 네트워크의 종류에는 3가지가 있다. 먼저 메인 넷(Main Net)은 현재 구동 중인 이더리움 네트워크이며, 현재 메인 넷 버전은 homestead 버전이다. 다음으로는 테스트 넷(Test Net)이 있는데 이는 스마트 계약과 dApps를 메인 넷에 배포하기 전 테스트하기 위한 블록체인 네트워크이며, Ropsten이라고 불린다. 마지막으로 프라이빗 넷(Private Net)은 새로운 genesis block을 만들어 생성하는 사적인 용도의 네트워크이며, 단일 조직에서 운영하는 사적인 용도의 블록체인에서 사용한다.

ERC20이란 이더리움 블록체인 상에서 발행되는 토큰(token)의 표준이고 (1) 토큰간 혹은 ERC20 표준을 사용하는 dApp 간의 상호 운용성(interoperability)을 증진하며, (3) 다른 토큰 통합 시 오류 및 버그의 가능성을 줄여주고, (4) 토큰을 사고팔기 위해 해당 토큰의 계약과 상호작용 한다.

7) DAO 해킹으로 등장한 이더리움 영역

DAO 그 자체는 일반적인 분산형 조직(DAO : Decentralized Autonomous Organization)을 나타내는 표현이다. DAO는 독일의 스타트업 기업인 Slock.it 사가 2016년 4월에 시작한 크라우드 펀딩 프로젝트이며, 이더리움 기반에서 스마트 계약을 동작시켜 만든 프로그램으로 스마트 계약을 통해 중개인이 존재하지 않는 자율적 시스템이다. DAO는 ICO(Initial coin offering)를 통해 전 세계에서 약 2천억원의 모금을 조달받아 크라우드 펀딩 역사상 가장 많은 자금을 모금 받은 것으로 기록되었다. DAO에서는 DAO 토큰을 발행해서 크라우드 세일로 판매했고, 이로 벌어들이는 자금으로 조직 운영에 필요한 이더리움을 마련했다.

DAO Attack이란 2016년 6월 발생한 사건으로, DAO 프로그램의 Split 기능의 취약점을 이용해 발생한 공격이다. DAO 프로그램은 Split 기능에 취약점이 있었고 인출 의뢰, 송금을 반복하여 공격을 시행 하였다. 해커들이 DAO의 계약에 취약점을 발견했고, 이를 이용해서 무한 Split을 진행 했다. 원래는 split한 만큼 DAO 토큰이 분해되어야 하는데 취약점 공격으로 DAO 토큰이 살아 있어서 이더리움을 자식 DAO로 무한 인출했다. 해커는 자신이 비트코인의 팬이고, 스마트 계약(smart contract)이 싫어서 이러한 사태를 일으켰다고 주장했다. 이러한 해킹 사태로 600억 가량의 이더리움이 해커의 손에 넘어갔고, 이 때문에 이더리움은 하드 포크를 진행했다.

DAO의 메커니즘을 살펴보면, DAO 참가자는 이더를 담보로 DAO 토큰을 소유하게 된다. 또한 참가자는 DAO 토큰의 소유로 개인이나 기업의 신규 사업 제안에 출자가 가능하다. 제안은 '큐레이터'라는 관리자가 부정이 없는지 확인 후 문제없이 승인된 DAO에 투표권을 부여한다. 투표에서 많은 득표를 한 사업은 출자금을 받을 수 있다. 그로 인해 출자금을 받은 사업은 이익의 일부를 출자자에게 보상으로 돌려준다.

만약 투표 결과에 찬성하지 않는다면 자신이 DAO에 모아둔 자금을 DAO에서 떼어낼 수 있는 기능이 존재하여 적용 할 수 있다. 앞서 언급한 기능이 Split 기능이며, 이를 통해 자신의 자금을 가지고 올 수 있다. 약 1,500억 원이라는 크라우드 펀딩 사상 최고의 자금을 모았다는 결과를 제공했으나, Split 기능이 DAO Attack 사건을 일으켰다.

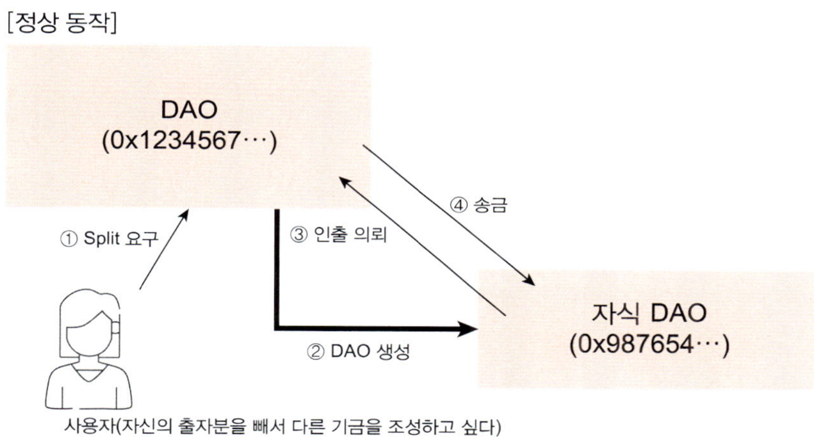

[그림 13-10] The DAO Attack – Split 기능의 정상 동작

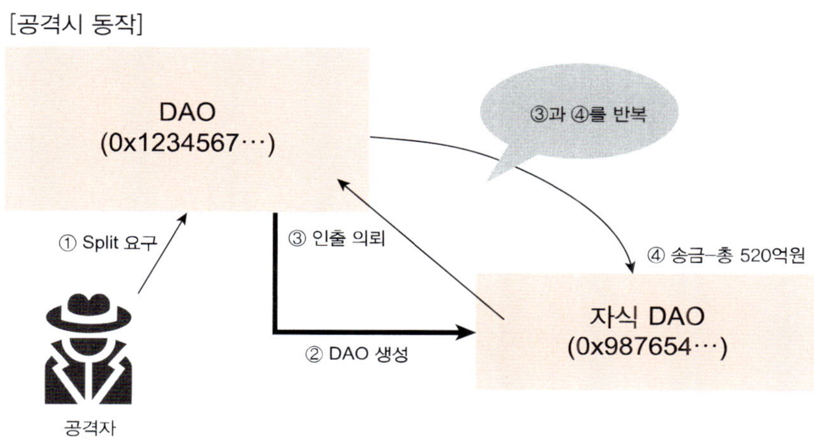

[그림 13-11] The DAO Attack – Split 기능을 악용한 공격

DAO Attack의 결과는 결국 자식 DAO를 통해 약 520억 원 가량을 이동시키게 되었다. 그러나 자식 DAO 안에 있는 자금은 27일간 움직이지 못하게 되어 있었는데, 왜냐하면 이는 새롭게 만든 DAO에 추가 찬성자들이 합류할 수 있도록 대기하는 기간인 Split Creation Period가 존재하기 때문이다.

DAO Attack에 대응방안은 크게 3가지가 존재한다. 첫째는 소프트 포크로, 부정하게 이동되었던 자금을 차단하여 일체 인출 시키지 않는 방안이다. 새로운 체인이 생성되지 않는 선에서 업데이트 진행하는 방법이며, 기존의 버전과 새로운 버전 두 버전을 동시에 사용할 수 있다. 공격자가 자금에 손을 대지 못하게 되지만, 차단된 자금은 동결 상태가 되어 어느 누구도 사용할 수 없게 된다는 한계가 존재한다.

둘째는 하드 포크로, 블록체인을 다시 작성해 공격자의 DAO로 이동된 자금을 환불용 DAO로 옮기는 방안이다. 블록체인에 새로운 체인이 생성되는 업데이트를 진행하는 방법으로, 블록체인에 영구적으로 포크가 발생한다. 기존 사용자들은 강제적으로 새로운 버전으로 업그레이드 해야 한다. 이는 모든 블록체인을 다시 쓰는 것이 아닌 공격자의 DAO와 관련된 부분만을 수정하는 방법이다.

셋째, 이념 중시 비 대응이란, 비 집권형 이념을 중시하여 블록체인을 각 사용자의 실수나 사정으로 변경하는 것을 허용하지 않는 방안이다. 이더리움은 아무것도 하지 않고 법적 수단과 수사 등 외부 수단에 해결을 맡기는 방법이다.

최종적으로, 대다수는 하드 포크를 선택하였고, 하드 포크로 인한 프로그램에 대한 패치가 배포되었다. '블록체인의 변조 불가성이 가장 중요하다'라는 주장과 함께 하드 포크에 대한 비판이 등장하였다. 이더리움 자체를 변경하는 것에 대해 반대하는 부류는 '이더리

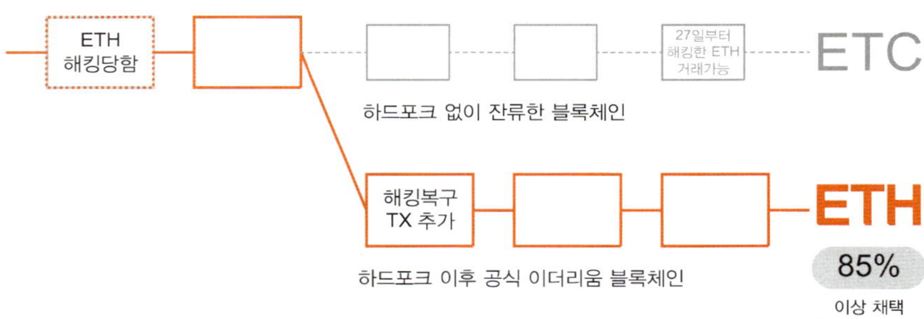

[그림 13-12] 하드포크가 진행되어 두 갈래로 나뉘게 된 이더리움

움 클래식(Ethereum Classic)'이라는 다른 영역을 만들게 되었다. 그 결과에 따라 이더리움 클래식(Ethereum Classic)과 이더리움 홈스테드(Ethereum Homestead) 두 갈래의 체인으로 나뉘게 되었다.

DAO Attack이 주는 시사점은 블록체인 플랫폼의 취약점이 아닌 그 기능을 사용해 만들었던 DAO 프로그램의 취약점 문제이다. DAO의 사례는 어떤 요인으로 블록체인에 잘못된 정보가 기록될 수 있고, 잘못된 부분에 대해 기술적 측면과 비즈니스적인 측면 모두 검토와 검증이 필요함을 시사한다.

비트코인과 이더리움 비교

비트코인과 이더리움의 차이점을 비교하면 다음과 같다.

[표 13-21] 비트코인과 이더리움 특징 비교

구분	비트코인	이더리움
핵심개념	전자화폐	전자화폐 + 플랫폼
설립자	사토시 나카모토	비탈릭 부테린
출시년도	2009년 1월	2015년 7월
언어	스크립트언어	튜링 완전한 언어(Solidity, Serpent, LLL)
합의 알고리즘	PoW	POW(POS 전환예정)
블록생성시간	약 10분	약 17초
노드수	7,811개(2017년 7월 11일 기준)	27,864개(2017년 7월 11일 기준)
발행량	16,440,325 BTC	93,194,092 ETH
최대발행량	2140년 21,000,000 BTC	2128년 1억 ETH 유지

출처 : bitnodes.21.co/www.ethernodes.org

비트코인의 경우 SHA-256 알고리즘을 사용하지만, 이더리움은 EtHash 알고리즘을 사용하고 있다. 비트코인은 블록체인 기술을 기반으로 만들어진 디지털 화폐 중의 하나이다. 내가 철수에게 100원을 주었다는 기록을 모든 참여자들의 컴퓨터들에게 블록으로 분산되어 저장된 것이다. 그래서 해킹도 어렵고, 믿을 수 있고, 투명하다는 장점이 있다.

이더리움은 비트코인보다 한 단계 업그레이드 된 것으로 블록에 기록을 저장하고 스마트 계약(smart contract) 기능을 구현할 수 있다. 이더리움은 비트코인과 달리 이건 '프로그래밍이 가능한 블록체인'이다. 비트코인은 암호화폐이지만, 이더리움은 이더라는 암호화폐 중심의 새로운 생태계를 만드는 플랫폼이다. 이더리움 기술을 토대로 앱(dApp)을 만들 수 있다.

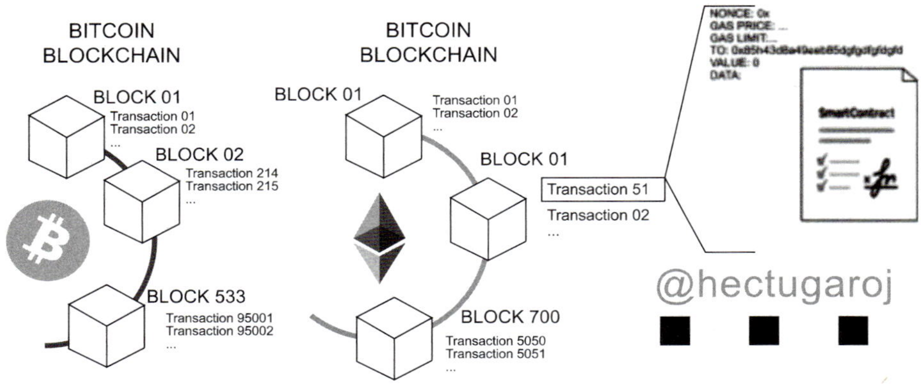

[그림 13-13] 비트코인과 이더리움의 차이점

여기에서 스마트 계약을 쉽게 이해하는 것으로 우리의 실생활에서 볼 수 있는 자판기를 예로 들 수 있는데, 정해진 금액만 기계에 입력하면 원하는 제품을 받아 볼 수 있는 것처럼 스마트 계약은 서로가 정해진 규칙을 정해 놓은 것을 말한다. 즉 자판기에 1,000원을 입력하면 자동으로 물 1병이 나온다. 이게 스마트 계약 기능으로 대변된다. 우리가 물 1병을 얻을 수 있는 경우 상점에서 직접 비용을 지불하고 점원을 통해서 구매하는 경우도 있지만 이것은 제3자가 개입하는 것으로 스마트 계약 방식이 아닌 것이다.

기술 활용 측면에서 비트코인은 블록체인 이라는 기술만을 사용한 경우이고 이더리움은 블록체인 기술과 스마트 계약 기술을 활용한 소프트웨어 플랫폼이다. 그리고 비트코인은 디지털 화폐 중의 하나로서 결제 수단으로 이용되고 있으나 이더리움은 활용할 수 있는 기술이며 이더리움에서 사용 되는 화폐는 이더이다. 따라서 비트코인과 이더는 화폐이고 이더리움을 화폐인 이더를 사용 할수 있도록 지원 하는 플랫폼 환경이다.

철수가 최신 영화를 다운로드 받기 위해 1이더를 보내면 다운로드를 받는 경우 이를 거래 할수 있는 앱을 이더리움이라는 플랫폼에서 제공한다. 예를 들면, 우리가 일반 앱을 다운로드 받기 위해 구글 플레이스토어 또는 앱스토어에 접속하는 원리와 동일한 것이다.

이렇게 영화를 이더리움 기술을 통해서 사고팔 수 있게 만들어주는 앱들이 dApp이다. 그리고 바로 이 dApp을 만들어낼 수 있는 플랫폼이라는 측면에서 이더리움은 비트코인과 구분된다.

이와 같은 스마트 계약을 이용한 거래를 하는데 전혀 비용이 없는 건 아니다. 가스 비용이라는 수수료가 존재한다. 그러나 기존 유사한 플랫폼을 이용하는데 과금 되는 수수료 20%에 비교하면 가스 비용 정도는 아주 저렴하다. 그리고 이 가스 비용은 기존의 시스템처럼 중앙 독점 체제인 한 기관에게 보내지는 것이 아니라, 스마트 계약을 통해 채굴한 이더리움에서 활동하는 모든 사람들에게 분배된다.

[표 13-22] 비트코인과 이더리움의 거래관련 기능 비교

구분	비트코인	이더리움
저장의 가치	• 더 많은 사람이 비트코인을 알아보기 때문에, 더 쉽게 사고팔고 저장할 수 있음 • 비트코인의 최대 발행량은 2100만개	• 이더리움은 정기적으로 새로운 이더를 영원히 발행
거래의 수단	• 비트코인이 이더리움보다 저장의 가치로써는 더 큼 • 비트코인을 전송하는데 오랜 시간이 걸릴 뿐더러 높은 수수료를 지불	
블록생성 시간	• 새로운 블록의 생성에 걸리는 시간은 10분	• 17초마다 새로운 블록이 생성
채굴	• 비트코인 채굴자는 비트코인을 수령 • 채굴자는 블록의 유효성을 검증함으로써 보상을 받음	• 이더리움 채굴자는 이더를 수령 • 블록의 유효성을 검증하는 것과 더불어, 각 거래와 스마트 계약의 유효성을 검증하여 추가적으로 이더를 받을 수 있음 • 거래나 스마트 계약을 성사시키고 싶은 단체들은 가스(gas)라고 불리는 수수료를 이더로 납부
분산화	• 비트코인 채굴 단체 상위 4곳의 채굴력을 합하면 전체 주별 수용량의 53% • 전 세계의 비트코인 소프트웨어를 돌리는 노드의 56%는 데이터센터에 위치	• 이더리움의 경우에는 채굴력이 더 집중되어있음
스마트 계약		• 가상화폐에 지금까지 없었던 스마트 계약이라는 새로운 개념을 제공
프로그래밍 언어	• C++ 프로그래밍 언어를 사용하며 사용할 수 있는 프로그램 명령어가 70개 이하	• 'Turing complete'라는 풍부하고 복잡한 자체의 프로그래밍 언어를 사용하는데, 이는 무려 7가지의 다른 프로그래밍 언어를 통합

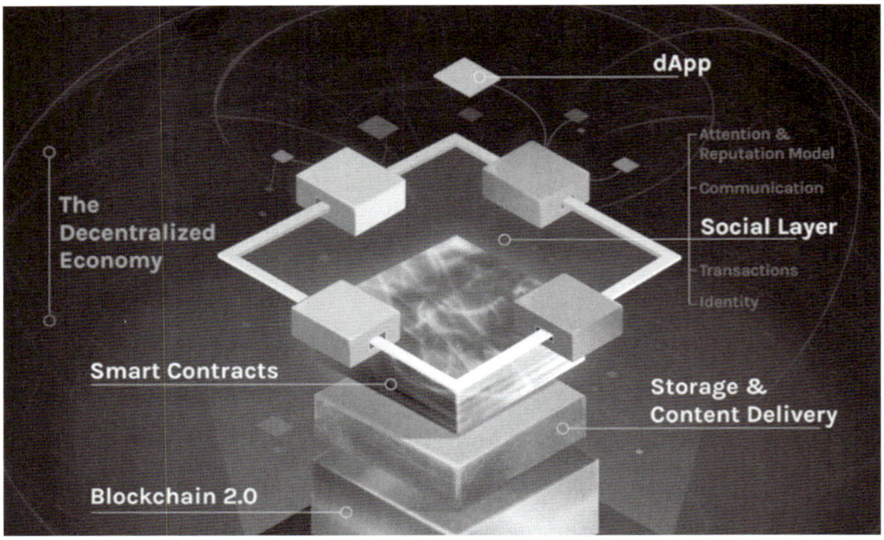

[그림 13-14] 이더리움의 구성도

3. 프라이빗 블록체인 플랫폼

하이퍼레저 패브릭

하이퍼레저(Hyperledger)는 리눅스 재단에서 주관하는 블록체인 오픈소스 프로젝트 이며 금융, IoT, 물류, 제조, 기술 산업 등 여러 산업에 걸쳐 응용 가능한 블록체인 기술을 만드는 것을 목표로 진행하고 있다. 하이퍼레저 이외에도 R3, 리플, 이더리움 등 다른 블록체인 플랫폼도 있다.

이 중 하이퍼레저가 특별한 이유는, 1) 프라이빗 블록체인 플랫폼으로서 기업 비즈니스를 구현하기에 적합한 환경이라는 점, 2) 특정 비즈니스 모델에 특화된 타 플랫폼과 달리 여러 산업에 범용적으로 도입 가능한 기술 표준을 제시한다는 점이다.

하이퍼레저 프로젝트 내에서 하이퍼레저 패브릭 외에도 다양한 기업들에 의해 블록체인 프레임워크가 개발중이며, Hyperledger Sawtooth lake, Hyperledger Iroha, Hyperledger Burrow, Hyperledger Indy가 있다. 하이퍼레저 패브릭은 모듈러 아키텍쳐를 이용한 어플리케이션/솔루션 개발을 가능케 하는 파운데이션으로서, 합의나 멤버십 서비스 등 핵심 기술 요소들이 plug-and-play 방식으로 구현될 수 있도록 한다. 사실상 '하이퍼레저'라고 명명할 때에는 하이퍼레저 패브릭을 의미하는 경우가 많을 정도로, 하이퍼레저 프로젝트 전체의 핵심이 되는 부분으로 2018년 9월에 1.3 버전을 릴리즈 하면서 상용 블록체인 기술의 혁신을 이끌었다.

멤버십 서비스는 네트워크에게 사용자 접근을 제어할 수 있도록 하였다. 사용자의 신분을 식별함으로써, 부적합한 접근을 거부하였다. 또한 새로운 사용자를 등록함으로써, 허가된 네트워크 참여 노드를 확장했으며 사용자의 역할에 따라 적절한 권한을 부여한다. 권한은 인증서를 통해 부여받을 수 있으며, 인증서는 3개의 인증기관에서 관리한다.

하이퍼레저 패브릭의 핵심은 블록체인 서비스이며, 참여자간 신뢰할 수 있고, 안전하게 공유할 수 있는 분산 원장을 제공한다. 블록체인 서비스는 consensus mamager, distributed ledger, peer to peer protocol, ledger storage로 구성되었다.

Consensus manager는 합의 알고리즘 인터페이스를 제공한다. 기업은 자사의 네트워크 요구사항에 따라 합의 알고리즘을 선택할 수 있으며, 선택한 알고리즘에 따라 네트워크 합의가 일어난다. PBFT, SIEVE, NOOPS 등의 알고리즘 선택 가능하다. 예를 들어, "input a"의 코드를 실행하는 트랜잭션이 발생하면, 노드들은 정해진 규칙에 따라 트랜잭션을 받아들일지, 거부할지 선택한다. PBFT 알고리즘의 경우, 전체 합의 노드의 1/3이 트랜잭션을 받아들이면 "input a" 코드가 실행된다.

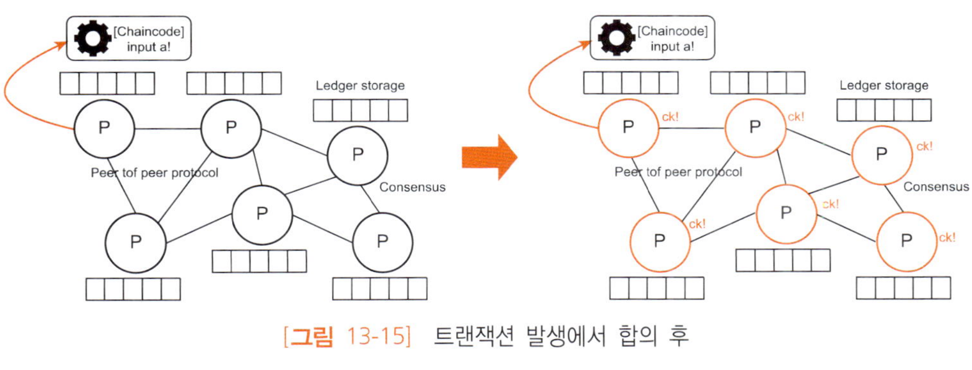

[그림 13-15] 트랜잭션 발생에서 합의 후

[표 13-23] Hyperledger Fabric 용어

구분	규격
Transactor	• 트랜잭션(거래)을 일으키는 엔티티를 말함 • 대표적으로 클라이언트 애플리케이션
Transaction	• 트랜잭션은 블록체인 네트워크에 대해서 비즈니스 로직을 수행하기 위한 요청 • 트랜잭션의 유형은 deploy, invoke 및 query dlau, 체인코드를 통해서 사전 정의된 인터페이스에 대한 함수를 구현
Ledger	• 트랜잭션과 현재 세계 상태를 포함하는 일련의 암호 학적으로 링크 된 블록. 이전 거래의 데이터 외에도 원장에는 현재 실행중인 체인 코드 애플리케이션의 데이터가 포함
World state	• 트랜잭션에 의해서 체인코드가 호출될 때 상태 및 데이터 저장을 위한 Key-value 데이터베이스
Chaincode	• 다양한 트랜잭션의 유형을 구현한 블록체인에 임베드되는 로직 • 개발자에 의해 체인코드가 작성되고 블록체인 네트워크로 디플로이 한다. 최종 사용자는 블록체인 네트워크를 구성하는 피어 또는 노드와 인터페이스 되어 있는 클라이언트 애플리케이션을 통해서 체인코드를 실행 • 체인코드는 트랜잭션을 일으키고 유효성이 확인되면 공유원장에 추가하고 World state를 수정
Validating peer (VP)	• 블록체인 네트워크에서 원장을 관리 유지하기 위해서 트랜잭션의 유효성을 검증하는 합의 프로토콜을 실행하는 노드 • 검증된 트랜잭션은 원장에 블록 단위로 추가된다. 트랜잭션이 합의에 실패하면 블록에서 제거되므로 장부에 기록되지 않는다. Validating peer는 체인코드를 deploy, invoke, query 할 권한을 가짐
Non-validating peer (NVP)	• 트랜잭터가 Validating peer에 접속 할 수 있도록 프록시 역할을 하는 노드 • Non-validating peer (NVP) 는 호출된 요청을 Validating peer로 전달하며, 이벤트 스트림, REST 서비스를 담당하는 노드
Consensus	• 블록체인 네트워크의 트랜잭션(deploy, invoke) 순서를 유지하는 프로토콜, Validating 노드들은 합의 프로토콜을 구현하여 트랜잭션을 승인하기 위해서 함께 동작
Permissioned network	• 각 노드는 블록체인 네트워크에서 접근 권한을 관리해야 하는 노드이며, 각 노드는 권한이 있는 사용자만 접근할 수 있음

하이퍼레저 패브릭이 제공하는 서비스의 특징은 다음과 같다. 첫째, 멤버십 서비스(Membership Services)는 블록체인 네트워크에서 인증 서비스를 제공한다. Non-permissioned 블록체인의 경우 사용자 인증이 필요 없으며, 모든 노드는 동등하게 트랜잭션 처리가 가능하고 블록에 트랜잭션 정보를 입력할 수 있다. 멤버십 서비스는 PKI(Public Key Infrastructure)와 분산화/합의 컴포넌트를 non-permissioned 블록체인에서 permissioned 블록체인으로 변환시킨다.

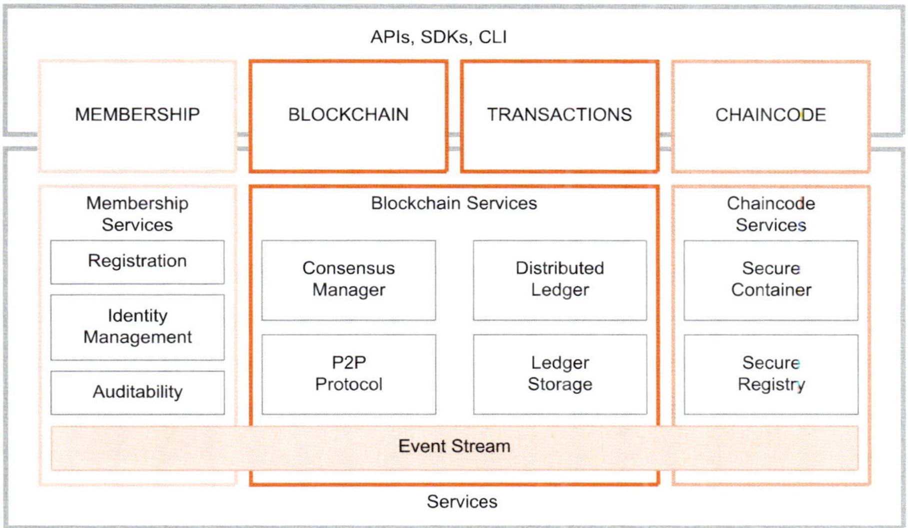

[그림 13-16] Fabric은 크게 3가지 서비스로 구성

Permissioned 블록체인에서 엔티티가 장기적인 인증서(enrollment certificates)를 획득하기 위해 등록 절차를 거치게 되며, 엔티티 유형에 따라 구별될 수 있다. 사용자의 경우 TCA(Transaction Certificate Authority)가 인증서를 발급 할 수 있다. 여기에서 획득한 인증서는 트랜잭션을 발생시킬 때 인증하는데 사용된다.

둘째, 블록체인 서비스(Blockchain Services)는 HTTP/2 표준을 기반으로 P2P 프로토콜을 통해서 분산원장을 관리한다. 데이터 구조는 해쉬 알고리즘을 통해 World state를 복제하는 등 관리 하는데 가장 효율적으로 관리할 수 있도록 최적화되어 있다. 필요에 따라 다른 합의 알고리즘 플러그인(PBFT, Raft, PoW, PoS)을 연결하고 구성 할 수 있다.

셋째, 체인코드 서비스(Chaincode Services)는 투포 블럭 노드에서 안전하고 가벼운 방법으로 체인코드가 실행되도록 보장한다. 환경은 보안 OS 및 체인 코드 언어, Go, Java 및 Node.js의 런타임 및 SDK 계층을 포함하는 일련의 서명 된 기본 이미지와 함께 "잠긴" 보안 컨테이너이다. 필요한 경우 다른 언어를 사용할 수 있다.

운영 환경이거나 개발 환경일 경우 다양한 validating peer와 non-validating peer를 이용하여 블록체인 네트워크를 구성해야 한다. 이 구성에서 non-validating peer는 이벤트 처리 및 REST API 서비스 관리 등의 역할을 하게 되는 노드이다. Validating peers 들은 블록체인 네트워크 상에서 일어나는 모든 이벤트, 트랜잭션 등의 데이터를 공유하게 된다. 각각 블록체인 네트워크는 validating peer와 non-validating peer로 이루어져 있다. 다양한 목적에 따라서 이와 같은 조합으로 다양한 블록체인을 구성 할 수 있다.

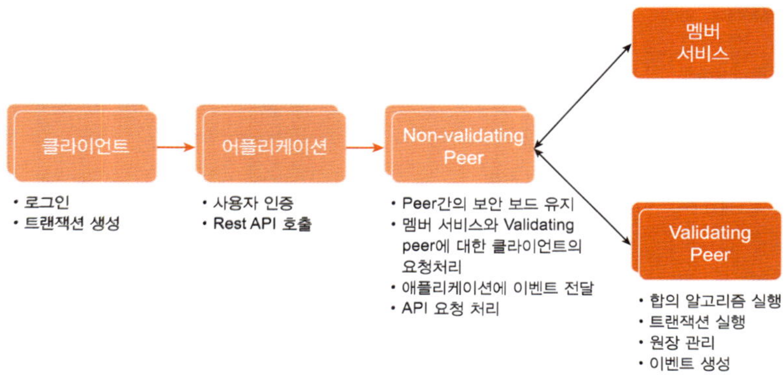

[그림 13-17] Fabric 운영 구조도

코다

코다(Corda)의 개발 주체는 R3이며, 처음 개발은 2017년 10월에 진행 되었다. 개발 배경을 보면 금융권에 금융서비스 특성과 관련 법률 및 규제로 인한 다양한 요구사항이 존재하나 기존 퍼블릭 블록체인으로는 한계점을 보유하고 있어서 이를 해결하기 위한 방안으로 등장했다.

전통적 블록체인은 모든 데이터를 모든 참여자에게 전파하기 때문에 각 노드의 관점에서 원장은 객관적(objective)이다. 내 원장에 기록된 데이터가 나와 관계가 있든 없든 객관적 사실로서 받아들여진다. 반면에 코다의 원장(ledger)은 기본적으로 각 노드의 관점에서 주관적(subjective)이다. 자신과 관련 있는 정보에 대해서만 보관한다.

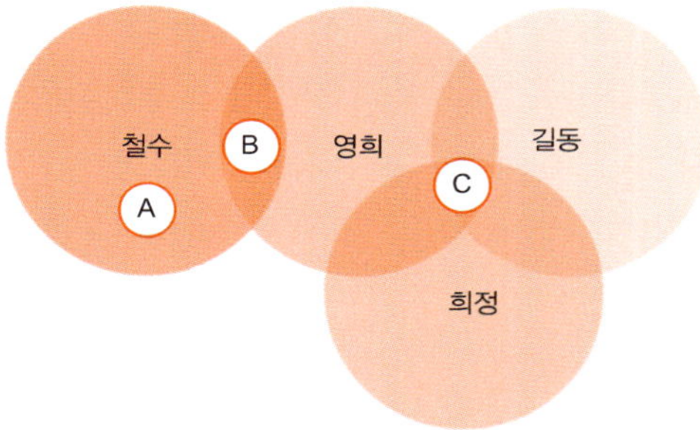

[그림 13–18] 코다의 원장구조

상기의 벤다이어그램에서처럼 철수, 영희, 길동, 희정이가 가진 원장과 그 원장에 기록된 정보 A, B, C을 보여준다. 전통적 블록체인과 다르게 철수와 영희에게 관련 있는 데이터 B는 철수와 영희만 보관한다.

원장은 크게 on-ledger와 off-ledger로 나뉘는데, 말 그대로 데이터가 원장의 "안"과 "밖"에서 관리될 수 있음을 의미한다. 데이터가 원장의 "안"(on-ledger)에 기록되어 있다 하더라도 필수적으로 누군가와 공유되고 있음을 뜻하지 않지만, 누군가와 공유되고 있는 정보라면 반드시 on-ledger에 기록되어야 하고, 마찬가지로 원장의 "밖"(off-ledger)에 기록된 정보는 반드시 혼자만 관리되어야 한다.

코다의 원장 구조에선, (1) 어느 곳에도 중앙 집중적인 원장(central ledger)은 존재하지 않고, (2) 각 네트워크 참여자(network peer)는 팩트(facts)가 기록된 원장을 독립적으로 관리하며, (3) 거래에 관련 있는 참여자 간의 팩트는 항상 동일하고, (4) On-ledger에 기록된 데이터라고 하더라도 꼭 공유되어야 되는 것은 아니다.

[표 13-24] 금융권 블록체인의 대표적 요구사항

구분	내용
프라이빗 채널	거래와 직접적인 관계가 있지 않는 참여자에게는 거래 내용 비공개
노드별 권한 차등적용	금융권 특성상 거래에 접근할 수 있는 노드의 권한에 차이를 두어야 함
빠른 속도	금융 서비스에서 느린 속도는 금전적인 손해로까지 이어질 수 있으므로 속도가 중요함
스마트 계약	기존의 중개자 없이 금융거래를 수행하기 위해 필요한 필수요소
Customizing	금융권 내에도 매우 다양한 서비스가 존재하고, 그에 따른 요구사항이 다르므로 커스터마이징하여 확장 가능해야 함

상태는 특정 시간(specific point in time)에 공유된 사실(shared facts)에 대한 데이터를 보관하는 객체로서 복잡하고 다양한 계약 또는 자산을 표현하는 데 사용할 수 있다. 현금, 어음, 채권과 같은 자산이나, 금리스왑, 신디케이트론 등과 같은 금융상품, 또는 다자간 계약까지도 구현할 수 있다. 상태 객체에는 다양한 속성이 포함될 수 있는데, 예를 들어, 채권은 발행 날짜, 상환 날짜, 명목금액 등이 포함될 수 있다. 상태는 비가역성을 지니기 때문에, 특정 유형으로 작성되면 다른 유형으로 변경할 수 없다. 즉 채권 형태의 상태 객체가 생성되면 항상 채권의 형태 이어야 한다.

계약/자산의 상태는 항상 변화하기 때문에 상태의 업데이트 또는 진화(evolution)가 가능하다. 특히 금융의 영역에서 계약은 새로운 계약이 생성되고, 기존의 계약은 파기되는 일련의 과정이기 때문에 이 계약의 "현 상황"을 나타내는 상태라는 개념은 굉장히 중요하다.

계약의 상태는 항상 변화하므로 코다는 이 상태가 변화할 때마다 새로운 상태를 생성시키고, 기존의 상태를 과거의 역사(history)로 만든다. 유효한 계약은 항상 최신 버전 이어야 하고, 그 이전의 계약은 그저 참고자료로서 'off-ledger'에 들어가며 회계감사나 감독의 용도로 특정 기관한테 제공될 수 있다. 예를 들어 철수가 영희에게 1만 원을 빌렸다고 가정해 보자. 철수는 2017년 5월 30일까지 1만 원을 갚아야 한다. 이제 이 상태에서 철수가 영희에게 5천원을 지급했다고 가정한다.

[그림 13-19] 코다의 계약 거래 업데이트 과정

기존의 계약서는 과거의 것이 되어야 하고, 5천원이 지급됐다는 사실이 입력된 최신 버전의 계약서가 새로 생성 되어야 한다. 이렇게 계약은 생애주기 동안 계약 상태의 시퀀스(sequence)가 있다. 위 예제의 시퀀스는 아래와 같을 것이다.

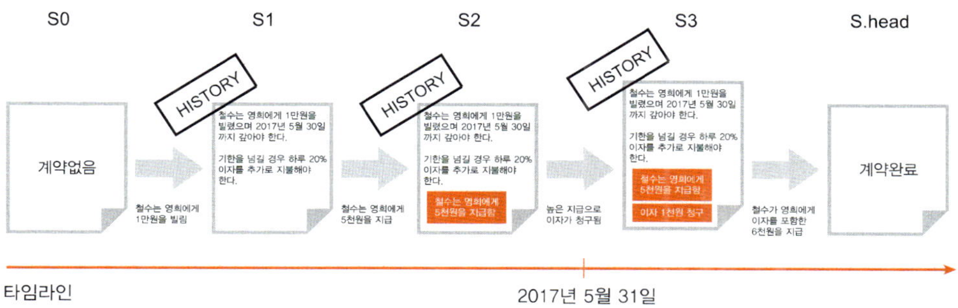

[그림 13-20] 상태 처리 과정

이 계약 상태의 시퀀스는 연대순(chronological order)으로 진행되어야 하고, 각 상태는 특정 시간(specific point in time)의 사실(facts)을 가리켜야 한다. 시퀀스의 헤드(S.head)가 유일한 최신 상태이고 그 이전의 나머지 상태들은 계약의 효력을 잃은 과거의 상태이다.

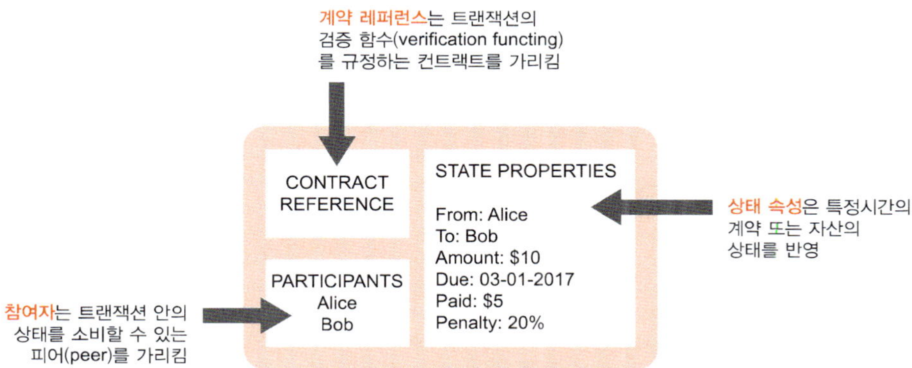

[그림 13-21] 코다의 상태 객체

[그림 13-21]은 계약(Contracts) 측면에서 코다의 상태 객체를 표현한 그림이다. 상태 객체는 크게 3가지 요소를 포함하는데, 특정 시간의 계약/자산의 상태를 반영하는 속성(properties), 트랜잭션 안의 상태를 소비하는 참여자(participants), 그리고 트랜잭션을 검증하는 함수를 규정하는 계약 레퍼런스(contract reference)가 있다. 아래 사진처럼 코다에서

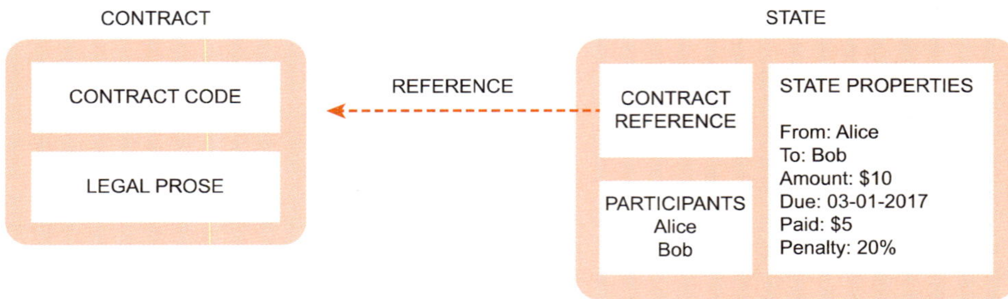

[그림 13-22] 계약 레퍼런스(contract reference)

각 상태(state)는 항상 계약(contract)을 레퍼런스로 가리켜야 한다.

계약 레퍼런스(contract reference)는 계약 코드(contract code)와 법률언어(legal prose)로 구성되어 있는데, 계약 코드는 트랜잭션을 검증하고 거래에 참여하는 모든 피어로부터 실행되어야 하는 코드이다. 코다는 계약 코드가 항상 동일한 아웃풋의 출력을 보장한다. 계약 코드는 피어로부터 항상 동일한 결과 값을 도출해야 하기 때문에 랜덤 수를 발생시키는 등의 비결정적(non-deterministic)인 코드는 실행될 수 없다. 따라서 코다의 계약 코드는 샌드박스 형태의 환경에서 결정성을 보장받은 후에 실행될 수 있다. 여기서 샌드박스는 변형된 버전의 JVM을 의미한다.

법률언어(Legal prose)는 계약 코드와 함께 계약 레퍼런스의 구성하는 중요한 요소이다. 법률언어가 상태 객체에 포함 되어야 하는 이유는 거래 과정에서 문제가 발생했을 경우 법적으로 해소할 수 있고, 체결된 거래가 법적으로 용인되어야 하기 때문이다. 컴퓨터에 의해 실행된 계약이 법적 구속력을 지녀야 한다.

[그림 13-23] 법률계약서와 계약의 변수를 해싱하여 도출된 해쉬값

코다는 실제 법률계약서와 계약의 변수(예: 발행자, 금액, 이자, 기간, 등 특정 계약에 맞는 변숫값)를 해싱하여 도출된 해쉬값을 계약 레퍼런스에 입력한다. 즉 계약 코드 단독으로는 충분하지 못한 상태를 계약서와 변숫 값의 해쉬를 레퍼런스로서 입력하여 법적 유효성을 보장한다.

연습문제

01 다음 글 상자에서 설명하는 블록체인과 관련된 내용을 보기에서 고르시오.

> • 반중앙형 블록체인
> • 컨소시엄에 포함된 소수의 주체들만 참여 가능
> • 주체들간 합의된 규칙을 통해 공증에 참여
> • 네트워크 확장이 용이하고 거래속도가 빠름

① 컨소시엄 참여자들의 합의에 따라 법칙을 바꿀 수 있음
② 네트워크 확장이 어렵고 거래 속도가 느림
③ 중앙기관의 의사 결정에 따라 용이하게 법칙을 바꿀 수 있음
④ 중앙기관에 의하여 거래 증명이 이루어짐

02 비트코인에 대한 설명으로 맞는 것을 모두 고르시오.
① 가상화폐에 지금까지 없었던 스마트 계약이라는 새로운 개념을 제공
② 새로운 블록의 생성에 걸리는 시간은 10분
③ C++ 프로그래밍 언어를 사용하며 사용할 수 있는 프로그램 명령어가 70개 이하
④ 채굴자는 블록의 유효성을 검증함으로써 보상을 받음

03 하이퍼레저 패브릭의 서비스가 아닌 것을 고르시오.
① 멤버십 서비스
② 블록체인 서비스
③ 컨센서스 서비스
④ 체인코드 서비스

04 하이퍼레저 패브릭에서 사용하는 용어에 대한 설명으로 틀린 것을 모두 고르시오.

> ㉠ Ledger : 트랜잭션과 현재 세계 상태를 포함하는 일련의 암호 학적으로 링크 된 블록
> ㉡ Chaincode : 트랜잭션에 의해서 체인코드가 호출될 때 상태 및 데이터 저장을 위한 Key-value 데이터베이스
> ㉢ Consensus : 트랜잭션과 현재 세계 상태를 포함하는 일련의 암호 학적으로 링크 된 블록
> ㉣ Transactor : 트랜잭션(거래)을 일으키는 엔티티를 말함

① ㉠, ㉡
② ㉡, ㉢
③ ㉠, ㉡, ㉢
④ ㉠, ㉢, ㉣

05 다음 중 코다(Corda)에 대한 설명으로 틀린 것은?

① 기존 퍼블릭 블록체인의 한계점을 해결하기 위한 방안으로 등장하였다.
② 계약의 상태가 변화할 때마다 새로운 상태를 생성시킨다.
③ On-ledger에 기록된 데이터는 반드시 공유된다.
④ 실제 법률계약서와 계약의 변수를 해싱하여 도출된 해쉬값을 계약 레퍼런스에 입력한다.

정답	1. ②	2. ②, ③, ④	3. ③	4. ③	5. ③

PART

IV

블록체인 기반 환경변화

CHAPTER 14

토큰 경제

1. 토큰 경제 개념

토큰 경제(Token Economy) 개념은 행동 치료 목적으로 행동주의 학습이론가인 스키너(Skinner)가 만든 개념으로 알려지고 있으며, 주로 정신병원에서 행동 치료 목적으로 환자들이 자신을 돌볼 수 있도록 행동을 유도하기 위해 활동한 대가를 토큰으로 주는 것이다. 대가로 받은 토큰은 타 재화와 교환이 가능하며, 제공된 과제의 복잡성에 따라 토큰의 수량도 달라진다.

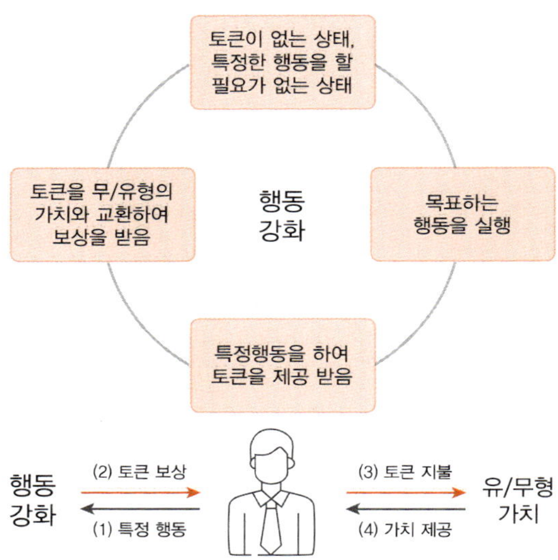

[그림 14-1] 토큰 경제 구조

다른 측면에서 토큰 경제를 설명하면, 1970년대 영국에서 초등학생 사이에서 유행 했던 놀이에서 찾아볼 수 있다. 초등학생들은 앨범에 들어갈 스티커를 수집하기 위해 놀이터에서 서로 스티커를 교환하였다. 이 과정에서 앨범을 스티커로 거의 다 채울 무렵이 되면 희귀한 스티커는 다른 스티커 대비 가치가 높아서 다수의 스티커 모음과 교환하는 현상이 발생한다. 즉 희소성의 원리에 따라 가치가 상승되는 현상이 발생한다.

기존 자본주의 시스템에서 대표적인 것 중의 하나가 주식을 통한 기업의 성장이다. 즉 기업이 성장하면 운영자 보다 엔젤투자자, 벤처 캐피탈에게 많은 이익이 제공되는 구조이다. 이 경우 단점은 기업 가치가 올라가도 주식을 보유하지 않은 초기 참여자에는 아무런 보상이 주어지지 않는 구조이다.

토큰 경제의 핵심은 참여자 모두에게 보상이 주어질 수 있는 구조이다. 웹의 플랫폼 비즈니스, 스마트폰의 공유 경제처럼 블록체인의 특성을 반영한 것이 토큰 경제이다.

일반 플랫폼 비즈니스는 플랫폼에 참여한 이해관계자 중에 공급자, 판매자, 개발자에 보상이 주어졌고, 공유경제 역시 참여자 일부에게만 보상이 제공되지만, 토큰 경제는 양쪽 모두에게 보상을 줄 수 있는 구조이다. 토큰경제는 플랫폼의 운영을 위해 필요로 하는 컴퓨팅 자원을 제공하고 이를 검증하는 채굴자 까지도 보상 대상의 영역이 넓어졌다.

[표 14-1] 토큰 경제

구분	내용
개념	• 참여자로 하여금 서비스에서 원하는 특정 행동에 대한 보상으로 유 무형의 가치를 가진 토큰을 제공함으로써 그 행동을 유도 및 강화 하는 방법을 제시하는 환경
특정행동	• 해당 서비스의 가치를 높일 수 있는 행위(ex. 비트코인 블록생성 마이닝) • 가치를 높일 수 있는 모든 행위에 대해 직접적인 토큰 보상을 하는 것은 아님 (ex. 비트코인 사용자에 의한 거래 발생인 네트워크 유틸리티 제공)
ICO	• 프로젝트 사업계획과 기술 스펙을 담은 백서를 공개한 후 초기 자본에 투자 하려는 사람들에게 코인을 먼저 제공하는 초기 코인 제공(Initial Coin Offering) 사업 • 프로젝트 진행자는 아이디어를 통해 필요한 자금을 조달할 수 있고 투자자 입장에서는 프로젝트의 성공여부에 따라 투자 가치를 회수할 수 있음
디앱(dApps)	• 탈 중앙화 어플리케이션(Decentralized applications)의 준말임 • 기본적으로 스마트 계약과 사용자 인터페이스의 구성된 앱, 사용자 인터페이스는 기존처럼 HTML이나 자바 스크립트 같은 언어를 활용하고 앱내 비즈니스 플로우를 구성하고 데이터 변화를 저장하는데 스마트 계약을 사용

플랫폼 주체, 개발자 커뮤니티, 채굴업자 그리고 이 플랫폼을 이용해서 서비스를 개발하는 dApp 그리고 이를 통해 상품과 콘텐츠를 공급하는 공급자와 이를 소비하는 소비자에 이르기 까지 다양한 이해관계자들 모두에게 보상이 주어지는 시스템이다. 이 측면이 기존의 플랫폼이나 서비스들과 큰 차이점이다.

블록체인으로 서비스를 구현하고 사업을 고려할 때, 무엇보다 토큰 경제를 기반으로 한 보상 매커니즘을 어떻게 디자인 하느냐가 성공의 중요한 요소이다. 어느 범위까지 어느 비율로 어떤 활동(activity)에 보상을 주고, 그 보상의 방법을 메인 넷의 코인, 자체 코인 그리고 토큰으로 어떻게 구성하고 이들 간에 교환의 기준을 어떻게 설계할 것인지에 대해 정교하게 설정해야 한다.

블록체인 생태계에서 기여도를 받을 수 있는 구조로 기술을 이용한다면, 기존에 많은 주식을 보유하고 있어서 더 많은 과실을 얻어갈 수 있었다면 토큰 경제 측면은 각 프로젝트별 생태계에 기여하는 사람이 가질 수 있는 계약이 생성된다. 이는 종이 서류를 제출하는 행위가 아닌 블록체인 네트워크 내부에서 유기적으로 생성되어 진행되므로 기존 경제 사회에서 조금 더 발전된 시스템 이라고 볼 수 있다. 이처럼 블록체인 기술 배경에는 토큰 경제가 있다.

2. 토큰 경제의 특징

토큰 경제를 쉽게 풀어 설명하면, 출발지와 목적지를 입력하면 근처에 있는 택시를 불러주도록 설계된 블록체인 택시앱을 사례로 설명하고자 한다. 블록체인 생태계에선 택시(Taxi)앱을 초기 부터 적극 사용한 택시 기사와 승객, 또 기존의 앱을 응용해 더 좋은 택시앱을 만든 개발자들에게 택시 토큰을 발행해 준다. 이들이 택시를 직접 개발한 것은 아니지만 택시가 시장에 확산되도록 기여했기 때문이다. 택시 토큰을 받은 사람들은 그걸로 택시앱을 이용할 수도, 달러나 원화 같은 법정통화로 환전할 수도 있다. 하지만 택시 토큰을 갖고 있다가 택시 앱이 크게 인기를 끌어 택시 토큰의 가치가 높아질 때 환전하면 더 높은 보상을 받을 수 있다. 따라서 택시 토큰은 화페이자 주식으로서 가치를 보유하고 있다.

현재 전통적인 서비스 모델은 기업이 아무리 성공해도 초창기 부터 제품 · 서비스를 사용하면서 입소문 내주던 소비자들에겐 어떤 보상도 제공되지 않는다. 예를 들면, 우버의 기업 가치가 수십 조원이 돼도 우버 택시기사의 삶은 여전하고, K팝 스타가 아무리 잘나가도 소속사만 이익을 챙길 뿐 무명 때부터 열심히 응원한 팬들에겐 음원 파일 하나 돌아가지 않는다. 따라서 상품(우버 · K팝 스타)을 믿고 참여한 이들이 언제든 주주가 될 수 있고 보상받을 수 있는 가능성을 제공하는 공정한 모델이 토큰 경제가 제공하는 환경이다.

현재 우리 경제에서 발생하는 다양한 현상들은 이와 같은 방식으로 설명으로 할 수 있다. 예를 들면, 디지털 토큰의 P2P 대출 전략과 수요 공급의 법칙뿐만 아니라 암호화폐 공개(ICO : Inicial coin offering)를 둘러싼 열풍은 토큰 경제에 기반한다.

이렇게 사용할 수 있는 토큰을 암호화폐 시장에서 최초로 사토시 나가모토가 블록체인 기술과 토큰 경제를 기반으로 한 비트코인 생태계를 만들었다. 개발자 없이도 자생할 수 있는 플랫폼의 시초이며, 현재 관련 분야가 매우 각광을 받고 있다.

온라인 서비스는 무한복제에 들어가는 생산비용이 0인 것은 기존 디지털 경제와 마찬가지이지만, 추적 가능성과 (데이터가) 훼손되지 않는다는 블록체인의 특성으로 가치 평가가 이루어진다.

최종적으로 경제가 물물교환 체계와 유사해질 수 있다. 각자가 자신이 만든 것을 블록체인 플랫폼에 올리고, 이것을 평가하는 시스템을 운영하여 그것에 대한 보상으로 토큰이 나올 수 있다. 각 토큰들의 교환 비율이 있고, 거래소에서 원하는 재화나 서비스를 구매할 수 있는 다른 토큰으로 교환하는 시나리오가 가능하다. 결국 토큰 중심의 물물교환 경제가 될 것이다.

토큰 경제가 조성되기 위해서는 다음과 같이 세 가지 필수요소인 (1) 토큰들(Tokens), (2) 백업 강화물(Back-up Reinforcers), (3) 지정된 특정행동(Specified Target Behaviors)이 필요하다.

첫째 강화물로서 효과적인 토큰이 존재 해야 한다. 토큰은 물질적 강화물, 서비스 또는 권한(백업 강화물)을 교활할 수 있는 객체 또는 심볼이다. 토큰의 가치는 다른 사물과 교환될 수 있다. 토큰은 주요 강화물이 아니라 보조 또는 학습 강화물 이다. 토큰은 상벌점 제도에서는 상점 또는 벌점이 될 것이고, 암호화폐 생태계에서는 암호화폐가 될 것이다.

둘째, 백업 강화물(Back-up reinforcers)이 필요하다. 토큰은 본질적인 가치가 없지만 다른 가치 있는 강화 이벤트와 교환될 수 있다. 즉 백업 강화물이란 정의에서의 토큰과 교환 가능한 강화제이다. 상벌점 제도에서는 상점을 가장 많이 모은 사람에게 주는 상장이나 벌점이 많은 사람이 받는 화장실 청소와 같은 벌이 될 것이고, 암호화폐 시장에서는 실제 생활에서 쓰이는 재화 또는 현금 등을 의미한다. 대부분의 토큰 경제는 실질적으로 모든 것이 될 수 있는 백업 강화물(예를 들어 선호하는 물건, 활동, 특권 등)을 선택할 수 있다. 가능한 강화물은 다음과 같다.

[표 14-2] 백업 강화물들

구분	사례
물질적 강화물(Material reinforcers)	과자, 담배, 저널, 돈
서비스(Service)	침대에서의 아침 식사, 객실 청소, 활동
특권 및 기타 추가 사항 (Privileges and other extras)	건물이나 지역을 떠날 때, 침대에 머물러야 할 때 허가를 받고, 전화를 걸거나, 벽에 당신의 이름이나 그림이 있는 경우

백업 강화물은 토큰 경제가 설정된 개인 또는 그룹의 기능 또는 직원이 사용할 수 있는 가능성에 따라 선택된다. 직원이 시작하기 전에 직원은 각 백업 강화물에 대해 얼마나 많은 토큰을 지불 해야 하는지 결정하여 종종 가격표가 노출되거나 고객에게 제공된다. 일부 백업 강화 장치는 언제든지 구입할 수 있지만, 다른 경우는 교환 시간이 제한되어 있기도 하다(ex. 토큰 샵 영업시간).

셋째, 마지막으로 지정된 특정 행동들(Specified Target Behaviors)라는 것은 토큰 경제가 참여자들이 어떤 행동을 하도록 만들 것인가 이다. 토큰 경제가 작동하려면 기준을 명시하고 명확히 해야 한다. 대표적인 사례를 보면, 상벌점 제도에서는 선생님 말을 잘 듣고, 수업시간에 조용히 하고, 친구끼리 싸우지 않게 하는 것을 의미 한다. 반면 대부분의 많은 암호화폐 생태계가 이 부분이 누락되어 있기 때문에 암호화폐 생태계와 상벌점 제도 사이에 거리가 있다고 느끼게 되는 요소이다.

긍정적으로 행동한다고 판단했기 때문에 토큰을 주는 직원은 시스템적인 방식으로 수행되지 않기 때문에 토큰 경제의 일부가 아니다. 때로 고객 설명서에는 각 대상 행동에서 얻을 수 있는 토큰 수를 지정하는 경우가 있다. 예를 들어, 침대를 만드는 것이 목표 행동이라면, 직원과 고객은 잘 만들어진 침대가 어떻게 보이는지 알아야 한다. 시트를 매트리스 아래에 놓고 쿠션을 위에 올려 놓아야하는가? 그러나 종종 이러한 사양을 만드는 것은 어렵다. 예를 들어 정중하게 먹고 긍정적인 협력을 하는 등의 행동을 지정하기란 어렵다.

각 타겟 행동에서 얼마나 많은 토큰을 얻을 수 있는 지 계획하는 동안 몇 가지 요인을 고려해야 한다. 한편으로는 고객이 최소한의 노력으로 최소의 토큰을 얻을 수 있어야 하며, 또 다른 측면은 쓸모없는 노력을 하지 않도록 해야 한다.

때로는 토큰 손실에 따른 처벌 가능성이 포함되며 기술적으로는 '응답 비용(Response cost)'라고 한다. 파괴적인 행동은 토큰 손실로 인해 벌금이 부과될 수 있다. 이것은 또한 응용 프로그램이 시작되기 전에 명확하게 규정되어야 한다. 상기의 3가지 기본적인 요구사항 이외에도 다른 기능들이 존재할 수 있다.

토큰 경제 설계 시 고려해야 할 사항으로 (1) 어떻게 네트워크 수요와 토큰의 수요 일치시킬 것인가? (2) 어떻게 토큰의 심한 가격 변동성 해결할 것인가? (3) 어떻게 사람들이 토큰을 보유해야 할 유인을 만들 것인가? 이다 이를 정리하면 다음과 같은 사항으로 정리된다.

첫째, 블록체인 생태계는 공동소유, 알아서 돌아가는 자율적인 네트워크(Co-Creation)
둘째, 모든 참여자들에게 가치를 제공할 수 있어야 한다(Value Creation).
셋째, 토큰은 가치창출 수단이면서 네트워크가 돌아가도록 만드는 기반 시스템(Value Capture)
넷째, 토큰을 팔아서 수익을 창출해야 한다.
다섯째, 공동의 인센티브 메커니즘이 중요하다.
여섯째, 참여자들의 전략적 행동과 보상 구조 설계 중요하다.
일곱째, 거버넌스(Governance)를 만들고 운영하는 시스템 필요하다.
여덟째, 특정인에게 부가 집중되는 것을 막아야 한다.

토크노믹스란 토큰 + 이코노믹스를 의미한다. 토크노믹스의 목표는 참여자 모두 이익 얻는 토큰 경제를 의미한다. 기존 경제에서는 목표를 예측하나 토큰노믹스에서 바람직한 목표를 설계하며, 모두에게 이익이 되는 성과를 도출하기 위한 게임 규칙을 정하게 된다. 많은 종류의 재화와 서비스와 자산의 토큰 경제화로 인하여 정보와 부의 독점성과 편중화를 분산화 한다. 토큰 경제를 위해서는 (1) 토큰의 설계 (2) 토큰의 발행 (3) 토큰의 분배과정을 거친다.

[표 14-3] 토큰 경제와 생태계 설계시 고려사항

구분	내용
Co-Creation	블록체인 생태계는 공동소유, 알아서 돌아가는 자율적인 네트워크
Value Creation	모든 참여자들에게 가치를 제공할 수 있어야 함
Value Capture	토큰은 가치창출 수단이면서 네트워크가 돌아가도록 만드는 기반 시스템
Revnue	토큰을 팔아서 돈을 벌어야 함
Incentive Mechanism	공동의 인센티브 메커니즘이 중요
Compensation	참여자들의 전략적 행동과 보상 구조 설계 중요
Operating System	거버넌스(Governance)를 만들고 운영하는 시스템 필요
Nonconcentration	특정인에게 부가 집중되는 것을 막아야 함

암호화폐의 토큰 경제에 대해 자세히 살펴보면, 우리가 흔히 보는 코인 또는 토큰들은 투자자 입장에서 구매해야 하는 당위성을 찾기 어렵다. 수많은 백서들은 우리는 다양한 방법으로 토큰 경제를 만들 것이라고 제시를 하고 있지만, 제시하는 토큰 경제를 살펴보면, 토큰가치에 대한 답이 없는 경우가 많다. 가치가 있다고 말하기 힘든 가장 주된 이유가 토큰 경제의 세 가지 필수요소 중 하나인 지정된 목표 행동들(Specified Target Behaviors)이 없거나, 이에 대한 연결고리가 약하기 때문이다. 즉 토큰들이 시장성과 가치를 보유하기 위해 다음의 특징을 보유하고 있어야 한다.

[표 14-4] 토큰 경제의 다른 특징들

구분	내용
Social reinforcement (사회적 강화)	• 토큰 강화는 필수적이지만 항상 사회적 강화를 수반 • 토큰은 명시적이고 즉각적인 강화를 하고 행동을 강화하기 위한 것이지만, 결국에는 사회적 강화가 배운 것을 유지하기 위해 충분해야 함
Shaping(조성)	• 효과가 있는 학습의 모든 원칙은 토큰 경제 내에서 적용 • 조성은 고객이 모든 것을 한 번에 완벽하게 처리할 것으로 기대하지 않는다는 것을 의미 • 행동은 단계적으로 얻어질 수 있으며 처음에는 목표에 접근하는 행동에 대해 고객을 강화할 수 있음 • 만약 목표 행동이 30분 동안 주의를 기울이고 있는 것이라면, 고객은 처음에는 5분 동안 주의력을 강화할 수 있음

[표 14-4] 토큰 경제의 다른 특징들(계속)

구분	내용
Immediacy of reinforcement (강화즉시성)	• 강화물은 반응이 나온 직후에 주어지면 행동에 더 큰 영향을 제공함 • 보상을 더 오래 기다려야 할수록, 효과는 더 적어지고, 배우는 게 더 적어질 것임 • 이것은 지연 할인(delay discounting)의 원칙이며, 즉각적인 토큰 보상은 이후의 강화로 연결할 수 있음
Learning to plan ahead and save earnings	• 때로는 집에서 주말을 보내고, 영화를 보러가거나, 소풍을 가는 등의 허가를 받는 것과 같이 더 많은 보상을 받을 수도 있음 • 목표 행동의 한 사례에 대해 한 번에 그러한 보상이 주어지면 부족한 자원이 곧 고갈되고 그 결과 인센티브가 상실됨 • 토큰의 장점 중 하나는 더 큰 보상을 부분으로 나눌 때 사용할 수 있다는 것임 • 고객은 나중에 비싼 보상을 얻기 위해 토큰을 절약할 수 있으며 이는 즉각적으로 매력있는 작은 보상에 획득한 토큰을 모두 소비해서는 안 되며 앞으로 계획을 세우는 것을 배움 • 이렇게 하면 자기 통제 능력을 습득할 수 있음
Individual and group contingencies	• 대부분 토큰 경제는 그룹을 대상으로 함 • 이 시스템은 전체 병동이나 학급에서 운영되며 이 그룹 내에서 우발적인 개인별 목표와 강화물이 추가될 수 있음
Consistent application	• 토큰 경제의 힘은 주로 응용 프로그램의 일관성에 의존 • 이를 달성하기 위해서는 직원 교육이 필수적임
Leveled system	• 흔히, 토큰 경제는 단계적 프로그램 • 고객은 최고 수준에 도달할 때까지 다른 수준을 통과할 수 있음 • 이 시점에서 행동은 토큰 강화 없이 수행 됨 • 레벨이 높아질수록 더 복잡한 행동이 필요하며 한 단계에서 다음 단계로 나아갈 수 있는 인센티브는 점점 더 바람직한 강화물의 유용성임

3. 토큰 경제와 ICO

2008년 리만 브라더스 사태 등을 통해 기존의 법정화폐에 대한 불신이 시장에 증가했다. 이를 해결하기 위한 방안 중 하나로 등장한 블록체인과 암호화폐를 통한 '토큰 경제(Token Economy)'를 통해 모든 자산의 토큰화(Toknization)가 가능한 경제 시스템이 등장했다.

토큰 경제의 목표는 참여자 모두가 이익을 얻는 토큰 경제이며, 기존 경제에서는 목표를 예측하나 토큰 경제에서는 바람직한 목표를 설계하며, 모두에게 이익이 되는 성과를 도출하기 위한 게임 규칙을 정하게 된다. 많은 종류의 재화와 서비스와 자산의 토큰화로 인하여 정보와 부의 독점성과 편중화를 분산화 할 수 있다.

토큰 경제 설계자는 주로 기존의 비즈니스 모델을 분석해 블록체인의 토큰 경제와 결합할 수 있는 구조를 제시하고 블록체인 프로젝트를 보다 완성도 높게 만드는 역할을 한다. 백서에 적힌 첫 토큰 경제 시스템이 완벽하게 구축되는 경우는 아주 적기 때문에 프로젝트 팀은 프로젝트의 지속 가능성과 토큰의 내재 가치, 온체인과 오프체인 요소 등 구성 트랜잭션을 살펴보아야 한다.

토큰의 설계 단계에서 전통적인 방식과 다른 점 중의 하나는 컨설팅 하는 틀이 존재하지 않는다는 것이다. 블록체인 기업의 컨설팅은 모든 컨설팅 상품의 성격을 다루고 있으며 기존의 컨설팅 업무는 경영 컨설팅과 전략컨설팅, 오퍼레이션 컨설팅, 시스템 구축 컨설팅 등의 형태로 나뉜다. 이는 토큰 경제라고 불리는 분야는 프로젝트의 사업 단위를 분석하고 컨설팅하는 역할이다.

토큰 경제 설계자들은 시간이 지날수록 프로젝트 단위가 아닌 블록체인 산업 전체에서 새로운 시스템과 사업 모델을 만드는 일도 하게 된다. 검토해야 할 사항과 내용이 넓은 반면 실제 컨설팅 사례는 충분하지 않아서 매건 마다 새롭게 최적화한 토큰 경제를 만들어야 하는 실정이다. 일반적으로 토큰 경제 모델을 초기에 설계해도 완벽하게 나올 수 없는 것이 현실이며 예측하지 못한 여러 요소로 인해 계획이 변경되기 때문에 ICO 이후에도 계획을 수정하면서 변경하는 경우가 발생한다.

ICO를 올바르게 분석하기 위해 토큰 경제(Token Economy)를 이해할 필요가 있다. 거의 모든 ICO 토큰 또는 코인들은 토큰 경제의 생태계 위에 돌아가는 것을 추구한다. 블록체인 ICO를 계획하는 사업가나 또는 유망한 ICO 스타트업을 발굴하여 투자하려는 투자자들은 토큰 경제의 이해를 통하여 ICO 스타트업에 대하여 보다 정확히 이해하고 분석할 수 있다.

ICO 토큰에 대한 투자는 불확실한 미래에 대한 투자라고 말할 수 있는데, 이는 ICO 토큰이 미래에 더 큰 가치를 가지게 될 것이라고 보기 때문에 투자가 이루어지는 것이다.

연습문제

01 다음 글 상자에서 설명하는 개념을 보기에서 고르시오.

> 행동 치료 목적으로 행동주의 학습이론가인 스키너(Skinner)가 만든 개념으로 알려지고 있으며, 주로 정신병원에서 행동 치료 목적으로 환자들이 자신을 돌볼 수 있도록 행동을 유도하기 위해 활동한 대가를 토큰으로 주는 것이다. 대가로 받은 토큰은 타 재화와 교환이 가능하며, 제공된 과제의 복잡성에 따라 토큰의 수량도 달라진다.

① 스마트 계약

② 토큰 경제

③ 블록체인 네트워크

④ DAPP

02 토큰 경제가 조성되기 위한 필수 요소끼리 알맞게 묶인 것을 고르시오.

① 백업 강화율, 지정된 특정 행동

② 토큰들, 스마트 계약

③ 백업 강화율, 블록체인 네트워크

④ ICO, DAPP

03 토큰 경제 설계 시 고려해야할 사항과 내용이 알맞게 짝지어진 것은?

① Co-Creation : 거버넌스(Governance)를 만들고 운영하는 시스템 필요

② Revnue : 블록체인 생태계는 공동소유, 알아서 돌아가는 자율적인 네트워크

③ Operating System : 토큰을 팔아서 돈을 벌어야 한다.

④ Nonconcentration : 특정인에게 부가 집중되는 것을 막아야 한다.

04 다음 빈칸에 순서대로 들어갈 단어로 알맞은 것을 고르시오.

> 토큰 경제를 위해서는 (1) 토큰의 ____ (2) 토큰의 ____ (3) 토큰의 _____ 을 거친다.

① 발행 - 판매 - 회수과정
② 발행 - 설계 - 분배과정
③ 설계 - 분배 - 발행과정
④ 설계 - 발행 - 분배과정

05 토큰 경제와 ICO에 관한 설명으로 틀린 것을 고르시오.

① 토큰에는 설계 컨설팅 틀이 필요없다.
② 재화와 서비스와 자산의 토큰 경제화로 인하여 정보와 부의 독점성을 분산화 할 수 있다.
③ ICO 토큰에 대한 투자는 불확실한 미래에 대한 투자라고 볼 수 있다.
④ ICO 토큰이 미래에 더 큰 가치를 가지게 될 것이다.

정답	1. ②	2. ①	3. ④	4. ④	5. ③

CHAPTER 15 블록체인이 가져올 산업변화 전망

1. 산업의 변화 전망

환경의 변화

블록체인은 인공지능, 사물인터넷, 로보틱스 등과 함께 미래 환경을 전환 할 수 있는 핵심 기술로 언급되고 있다. 연구자들이나 기술 전문가들이 바라보는 블록체인에 대한 기대는 시장의 금융거래를 포함한 다양한 거래·계약 등에서 제3자 중개와 공증 또는 보증 없이 거래의 신뢰성, 안전성, 그리고 이중 거래의 차단을 보장할 수 있다는 것이다.

블록체인 기술로 이러한 스마트 계약과 암호화 화폐에 기반한 인센티브 시스템은 우리가 협력하고 조직을 운영하는 방식을 새롭게 바꿀 수 있다. 블록체인 기술은 DO(Decentralized Organization) 또는 DAO(Decentralized Autonomous Organization)를 가능하게 한다. 이를 통해 (1) 중계 기관이 사라지고, (2) 현재 사회의 계층구조가 불필요하게 되고, (3) 서비스 제공시 제공자와 고객의 경계선이 존재하지 않는다.

첫째, 블록체인 기술은 중개상 또는 중계기관이 필요하지 않은 구조이다. 따라서 이와 관련된 비즈니스 영역은 줄어들 것이다. 대표적인 사례로 비트코인을 이용하면 기존의 은행이나 금융결제원이 필요 없다. 은행 등 금융기업들은 블록체인(분산장부)을 사용하여 금융결제원(은행 간의 중개상)을 제거가 목적이지만 블록체인 시스템은 은행 자체 업무가 불필요하는 구조를 가지고 있다.

중개상의 역할(ex. 위험 분산, 정보 비대칭 해소 등)을 참여자들이 나누어 하고 참여자 간에 직접 거래를 함으로써 사회·경제적 비용을 줄일 수 있다.

둘째, 조직 사회가 보유하고 있는 계층구조가 불필요 하게 된다. 블록체인 시스템에는 계층구조가 존재하지 않는다. 비트코인이나 이더리움에는 상사나 부하 직원이 없고 모두가 동료(peer)이며 각각의 역할이 다르고 영향력이 다를 뿐이다. 의사 결정은 민주주의적인 방법으로 한다. 즉 우리가 알고 있는 민주주의와는 형식적으로는 다르지만 Proof of Work, Proof of Stake, Liquid Democracy, Futarchy 등을 이용한다.

통제와 운영관리하는 메인 조직이 없으며 모두가 직접 통제하는 조직이다. 이러한 네트워크 구조는 계층 구조가 보유하고 있는 여러 가지 단점인 높은 의사소통 비용, 대리인 비용(agency costs)을 절감하고 높은 유연성(flexibility)과 확장성(scalability)을 가진다.

셋째, 블록체인 기반 서비스에서 서비스 제공자와 고객과의 경계가 사라진다. 블록체인 기반 환경에서 서비스 제공자와 서비스를 사용하는 고객은 서로 분리되지 않는다. 참여자가 시스템 전체를 능동적으로 움직이는 주체가 되어 직접 화폐를 발행하고, 거래를 승인하고, 화폐의 가치를 결정하며, 거래 보안을 책임진다. 따라서 참여자 전체가 은행이자 고객인 것이다.

블록체인이 가져올 변화

2013년 맥킨지 컨설팅에 따르면, 정부(공공기관)가 보유하고 있는 디지털 정보를 언제 어디서나 무료로 사용할 수 있다면 미국 내에서 1.1조 달러, 세계적으로는 2.6조 달러의 경제적 가치를 창출할 수 있다고 추정했다. 정부가 생산하는 다양한 정보인 부동산 사기 기록이나, 의약용품 부작용, 농경지 수확량 등 관련 정보는 존재하지만 일반인들이 사용하기에는 한계가 있다. 이런 정보는 대부분 1년에 한번 정부 통계치를 발표할 뿐 날씨 외에는 실시간으로 전달되는 정보는 거의 없다.

대부분의 중요 정보(데이터)는 공인받은 제3자에 의해 검증 및 기록되고, 안전을 위해 강력한 보안 시스템을 갖춘 중앙 서버에 저장 후 보관된다. 반면 블록체인 기술에서 자율적으로 권한 위임이 가능하므로 승인 권한을 중개 기관인 특정 기관이 독점하지 않는 구조를 가지고 있다. 거래 승인 또는 기록 등록 등 각종 업무를 수행하기 위해 각국의 중앙은행 및 관련 행정기관 같은 제3의 공인기관이나 신뢰성 있는 중개자의 연계 없이 블록체인 기반 시스템에서 신뢰 할 수 있는 직접 거래가 가능하다는 의미다. 거래 당사자 및 등록 대상자의 신분은 암호화되어 익명성이 충분히 보장되는 구조이므로 개인정보 노출에 대한 우려도 상대적으로 적다. 이는 블록체인이 가져올 변화는 정보(데이터)의 민주화(Democratization)라고 볼 수 있다.

현재의 사용하고 있는 다양한 서비스에 대해 저비용으로 인한 편의성과 신뢰성이 확보될 것이다. 블록체인 기술 도입으로 인한 권한과 정보의 민주화는 신속성, 안전성, 투명성, 비용 절감 등 구체적으로 사용자의 편의성을 증가시키는 효과를 가져다준다. 대표적인 사례로 국제 송금 서비스를 보면, 한국의 A 은행 계좌에서 영국의 B 은행 계좌로 일정 금액을 송금할 경우 거래에 필요한 필수 입력 정보는 매우 많다. 국제적으로 사용되는 수신은행의 식별코드(SWIFT Code)에서부터 은행주소, 연락처, 수신자의 계좌 정보, 주소, 연락처 등을 요구하고, 안전한 송금 서비스에 필요한 각종 행정 업무로 인해 A 은행과 B 은행, 때로는 중개 은행까지 평균 7~8%에 해당하는 각종 수수료를 부가함은 물론 송금 서비스를 완료하기 까지 최소 1~2일의 기간이 소요되며 주말이 있는 경우 송금 기간은 늘어난다. 이와 같이 복잡한 절차와 소용 비용을 소비하면 소액 송금의 경우 경제성은 현저히 떨어진다.

비트코인과 같은 블록체인 플랫폼을 이용할 경우에 수신지 주소라고 할 수 있는 공개키와 수신자가 소유권을 주장할 수 있는 개인키 정보만을 요구하며, 즉시 거래가 가능하다. 또한 현금화를 위해 비트코인 거래소가 부과하는 수수료는 은행 거래 수수료 대비 저렴하다.

블록체인 기술은 공공 영역에서의 환경 변화를 제공하고 있다. 유엔 미래보고서에 따르면, 우리 미래를 바꿀 수 있는 놀라운 기술 중의 하나로 블록체인을 제시했다. 이 보고서는 안전한 거래를 중시하는 금융 분야뿐만 아니라 정부가 기록하고 관리해야 하는 각종 공공 서비스 영역에서 블록체인이 큰 변화를 제공 할 것으로 예측했다. 또한 정부가 독점적으로 보관해온 모든 자료나 정보를 여러 곳으로 분산함으로써 누구나 분석 및 활용이 가능해지고, 출생/사망/결혼 신고 및 토지/기업 등기와 같은 기능에 적용할 경우, 정부가 하는 행정기능의 일부를 대체할 수 있다는 측면에서 매우 중요하다.

블록체인 기술을 활용하여 정부 기능을 분산하고 효율화를 통해 정보의 민주주의가 이루어지면 국가 시스템의 형평성과 운영 투명성이 증가 한다. 대표적인 사례로 중앙아메리카에 위치한 온두라스 정부는 부정부패와 탈세를 막기 위해 블록체인을 이용한 부동산 등기 시범 시스템을 구축했다. 또한 유럽에 위치한 섬나라인 맨섬은 기업등록 시스템에 블록체인 기술을 도입을 하고 있다.

블록체인과 관련한 산업 전망

WEF(World Economic Forum)가 ICT 분야의 전문가 및 고위 경영진을 대상으로 조사한 결과에 따르면, 2025년까지 글로벌 GDP의 최소 10%가 블록체인 플랫폼에서 일어날 것이라고 전망한 응답자 비율이 50%를 넘었다. WEF는 블록체인 기술이 여러 영역에서 다양한 적용 사례들이 나타나면서 기술 도입 속도가 가속화 될 것으로 전망했다.

다양한 글로벌 IT기업과 창업기업(스타트업)은 블록체인 기술 등장으로 인해 이 분야에서 새로운 기회를 발굴하고 있다. 인텔, MS, IBM 등 IT 기업들은 블록체인을 기반으로 새로운 서비스를 제공하기 시작했다. 그 사례로 이더리움 블록체인 기술을 기업에 효율적으로 적용하기 위한 EEA(Enterprise Ethereum Alliance)는 기업용 블록체인 오프소스인 하이퍼레져(Hyper ledger)를 발표했으며, 150개가 넘는 조직이 구성 멤버로 참여하고 있다.

블록체인 기술이 비트코인이라는 화폐에서 시작하여 금융 분야에서 가장 활발히 적용되고 있으며 블록체인 기술은 금융 서비스 뿐만 아니라 다양한 산업 분야에서 활용되고 있다.

2018년 기준 국가들의 블록체인 활용 사례들을 보면, 에스토니아는 전자시민권 발급을 블록체인 기술을 기반으로 도입했고, 스웨덴은 부동산등록 시스템에 블록체인 기술을 도입했다. 스위스는 가상화폐로 공공요금을 납부할 수 있으며, 일본은 자금 결제법을 개정해서 암호화폐를 통화와 같은 결제수단으로 인정하고 또 세금면제 혜택을 검토하고 있다.

물류 및 유통 영역 사례에서 IBM은 Walmart, Nestle, Unilever 등 글로벌 유통기업들과 컨소시엄을 구성하여 소비자들에게 오염된 식품이 소비자에게 전달되지 못하도록 유통이력을 추적하는 데에 블록체인 기술을 활용하고 있다.

건강 관련 개인정보를 사용자의 고유 식별 번호와 더불어 데이터 호수(Data Lake)에 저장되어 자신의 데이터에 대한 접근 권한을 가진 사용자가 데이터를 공유하는 방법을 관리하는 방법을 연구하고 있다.

이처럼 블록체인 기술은 다양한 분야에서 접목되고 이에 따라 새로운 서비스가 등장하고 있으며 기존의 시장에서 해결하지 못했던 문제들에 대해 해결책을 제시하고 있다. 많은 전문가들은 블록체인 기술이 가져올 변화는 기존의 패러다임과 질서 자체를 변화 시킬 것이라고 인정하고 있다.

연습문제

01 블록체인 기술로 인해서 올 환경의 변화로 적절치 못한 것을 고르시오.

① 은행과 같은 금융기관이 사라진다.

② 현재의 사회계층구조가 불필요하게 된다.

③ 서비스 공급자와 고객의 경계선이 사라진다.

④ 실물 화폐가 쓸모없어진다.

02 빈칸에 들어갈 말로 알맞은 것은?

> 제3의 공인기관이나 신뢰성 있는 중개자의 연계 없이 블록체인 기반 시스템에서 신뢰 할 수 있는 직접 거래가 가능하다. 거래 당사자 및 등록 대상자의 신분은 암호화되어 익명성이 충분히 보장되는 구조이므로 개인정보 노출에 대한 우려도 상대적으로 적다. 이는 블록체인이 가져올 변화는 정보(데이터)의 ______라고 볼 수 있다.

① 획일화

② 민주화

③ 차별화

④ 공공화

03 다음 중 블록체인 기술을 국내에 도입한 사례가 없는 국가를 고르시오.

① 스웨덴

② 덴마크

③ 맨섬

④ 온두라스

04 블록체인 기술이 앞으로 가져올 변화에 대해 틀린 것을 고르시오.

① 국가 시스템의 형평성과 운영 투명성이 증가 한다.

② 다양한 서비스에 대해 편의성과 신뢰성이 확보 될 것이다.

③ 공공 영역에만 환경 변화를 제공하고 있다.

④ 정부가 하는 행정기능의 일부를 대체할 수 있게 된다.

05 블록체인과 관련한 산업 전망에 대한 설명으로 틀린 것을 고르시오.

① 2025년까지 글로벌 GDP의 최소 10%가 블록체인 플랫폼에서 일어날 것이라고 전망한 응답자 비율이 70%를 넘었다.

② EEA는 기업용 블록체인 오프소스인 하이퍼 레저를 발표했다.

③ 인텔, MS, IBM 등 IT 기업들은 블록체인을 기반으로 새로운 서비스를 제공하기 시작했다.

④ WEF는 블록체인 기술이 여러 영역에서 다양한 적용 사례들이 나타나면서 기술 도입 속도가 가속화 될 것으로 전망했다.

정답	1. ④ 2. ② 3. ② 4. ③ 5. ①

참고문헌

[국내 문헌]

김성준(2017), 블록체인 생태계 분석과 시사점, 한국과학기술기획평가원

김예구(2015), 블록체인 기술과 금융의 변화, KB지식 비타민 15-91호

강병훈(2017), 新 핀테크 기술 '블록체인(Block Chain)'을 아시나요?, [K-ICT스마트콘텐츠센터]

김유석(2018), 블록체인과 ICO의 개요, 딜로이트

김성진(2018), 핀테크 및 블록체인 기술 발전이 금융산업에 미치는 영향 = The Effect of FinTech and Block Chain Technology on Financial Industry, 경북대학교 산업대학원

김경환(2014), [ICT법 바로알기] 비트코인(Bitcoin)의 동작원리

김희열(2018), 블록체인 플랫폼의 보안 위협과 대응 방안 분석, 경기대학교 컴퓨터공학부

국회의원 김종석, 국회의원 하태경, 한국금융ICT융합학회(2018), 미국 모바일금융 핀테크 산업 및 블록체인 암호화폐 산업 동향과 시사점

김태오(2013), 가상화폐의 이용현황과 시사점 : Bitcoin과 Linden Dollar를 중심으로, 금융결제원

고민석(2018), 블록체인 기술 기반의 은행 서비스 선정 연구 = A Study on the Selection of Banking Services Based on Block Chain Technology, 전북대학교 정보과학대학원

국제결제은행 BIS(2018), 가상화폐의 한계와 정책적 시사점

남대일 등 5인(2015), 101가지 비즈니스 모델 이야기, 한스미디어

노상규(2018), [조직없는 조직화] 블록체인이 꿈꾸는 세상 (What Blockchains Dream),

노상규(2016), 오가닉 비즈니스, 오가닉미디어랩

데일리 금융 그룹(2017), 합의 알고리즘 개요

박성준(2016), 가계의 자산 포트폴리오, 부동산에서 금융·안전자산으로

백종찬(2017), R3의 분산원장 코다(Corda) 이해하기

보건의료 R&D동향(2018), 헬스케어 분야에서의 블록체인 기술, KHIDI

보안연구부 보안기술팀(2015), 국내외 블록체인 활용 동향 및 보안 기술 보고서, 금융보안원

박소영(2015) 블록체인 기술과 금융권의 대응방안, 디지털타임스

송영조, 최창옥(2017), 4차 산업혁명의 경제적 의미와 정부 역할 - OECD 국가 비교 중심으로, 한국정보화진흥원

신동선(2018), 항공산업에서의 블록체인 기술 활용 방안, 인하대학교 물류전문대학원

서정호 외 3인(2017), 금융업의 블록체인 활용과 정책과제, 디지털금융연구센터

아카하네 요시하루, 아이케이 마나부(2017), 블록체인 구조와 이론, 위키북스

임성훈, 김용태(2015), 헬스케어산업 관점에서 본 린스타트업 적용 사례연구: ㈜휴메딕스 사례를 중심으로, 한국벤처창업학회

원종현(2018), ICO의 현황과 과제, 국회입법조사처

유형원 등 5인(2018), 헬스케어 빅데이터 유통을 위한 블록체인 기술 활성화 방안, 한국빅데이터학회

조용호(2013), 비즈니스 모델, 고객 중심으로 통합적 · 입체적 접근을, [Management Solutions] Business Model Innovation 131호

전시현(2017), 블록체인, 어느 분야에 사용될까?, 인더스트리뉴스

조중환(2018), 데이터 경제의 부상과 블록체인 기술

조준석(2017), 블록체인 생태계 분석과 시사점

정다운(2019), 블록체인 기술을 활용한 전자투표시스템 개선방안, 순천향대학교 일반대학원

정승화(2017), 블록체인과 분산장부 기술의 도입을 위한 법적 고찰, 법무부

정용식(2018), 마트폰 LED-ID를 이용한 암호화폐 거래 인증 기법에 관한 연구 = A Study on Cryptocurrency Exchange Authentication Method using Smartphone LED-ID, 서울과학기술대학교

정성모(2010), 스마트 그리드 보호를 위한 SCADA 보안 솔루션 설계, 한남대학교 일반대학원

중소벤처기업부(2018), 중소기업 기술 로드맵

부경대학교 산학협력단(2016), 보건복지인력 정보활용능력 교육과정 개발 필요성에 관한 연구, 한국보건복지인력개발원

한국해양수산개발원(2017), KMI 동향분석 제26호, 블록체인 기술 적용으로 컨테이너 화주의 비용 20% 절감 가능

한현욱(2018), 블록체인 기술의 의료분야 활용 현황 및 정책제언, KHIDI 전문가 리포트 2018

한국인터넷정보학회(2017), 블록체인 방식을 활용한 온라인 투표시스템 적용 가능성 연구

홍준, 서귀빈, 강민구(2018), 블록체인 기술과 토큰 이코노미 발전분석, 한국인터넷정보학회

홍승필(2016), 금융권 블록체인 활용 방안에 대한 정책 연구, 성신여대 IT학부
홍승필 등 3인(2018), 개인정보보호를 고려한 스마트 컨트랙트 설계 방안 연구, 보안공학 연구지원센터
jayden yoo(2018), 행동 심리 치료 관점에서의 토큰 이코노미
Ki-Heung Kim, Jae-Hyun Shim(2018), 물류 및 유통산업의 블록체인 활용과 정책 방향
Kimchai Yeow 등 5인(2018), Decentralized Consensus for Edge-Centric Internet of Things: A Review, Taxonomy, and Research Issues
Seoyoung Oh, Changhoon Lee(2017), 부동산 시장의 신뢰성 향상을 위한 블록체인 응용 기술, 한국전자거래학회

[해외 문헌]

Acute Angle Cloud Team(2018), 백서
Giru Jang(2011), 성공적인 비즈니스 모델의 조건, SERI 경영 노트 108호
Scott Carey(2015), 블록체인이 주류 기술이 될 수 없는 7가지 이유,
ROA Invention LAB(2018), 스타트업의 일반적 ICO 프로세스
ROA Invention LAB(2018), 합의 알고리즘의 발전과 진화방향
Wattana Viriyasitavat(2018), Blockchain characteristics and consensus in modern business processes

[참고 사이트]

박성현(2017), 4차 산업혁명 기반 살려야,
http://www.futurekorea.co.kr/news/articleView.html?idxno=38010

사기 ICO를 판별하기 위한 8가지 방법, https://blog.naver.com/kiss365_2000/221366805058

양자 암호화, "만능은 아니지만 보안 강화에 기여"
http://www.itworld.co.kr/news/107153#csidx05ae838464c6a96811a03150784eef4

컨센서스(Consensus)란 무엇인가? - 비잔틴 장군문제(BGP)란?
https://steemit.com/kr/@donekim/consensus-bgp

해킹에서 주로 사용되는 암호 10종류, https://hellogic.tistory.com/49
ICO 참여시 주의할 점, https://blog.naver.com/miven1/221261782717

저자정보

저자 **유순덕**(koreasally@gmail.com)

- 현재 한세대학교 국제경영학과 교수
- 전자금융(2015), 전자금융 넌 도대체 누구?(2017), ICDL 디지털 마케팅(2018)의 저자임
- 빅데이터, 핀테크, 블록체인, 창업 기술 등 관련 분야에서 활동 중